Start mit GIMP

Bild für Bild

W0406101

Start mit GIMP

Sehen und Können

MICHAEL GRADIAS

Markt+Technik

Bibliografische Information der Deutschen Nationalbibliothek
Die Deutsche Nationalbibliothek verzeichnet diese Publikation in der Deutschen Nationalbibliografie; detaillierte bibliografische Daten sind im Internet über http://dnb.d-nb.de abrufbar.

Die Informationen in diesem Produkt werden ohne Rücksicht auf einen eventuellen Patentschutz veröffentlicht.
Warennamen werden ohne Gewährleistung der freien Verwendbarkeit benutzt.
Bei der Zusammenstellung von Texten und Abbildungen wurde mit größter Sorgfalt vorgegangen.
Trotzdem können Fehler nicht vollständig ausgeschlossen werden.
Verlag, Herausgeber und Autoren können für fehlerhafte Angaben und deren Folgen weder eine juristische Verantwortung noch irgendeine Haftung übernehmen.
Für Verbesserungsvorschläge und Hinweise auf Fehler sind Verlag und Herausgeber dankbar.

Alle Rechte vorbehalten, auch die der fotomechanischen Wiedergabe und der Speicherung in elektronischen Medien.
Die gewerbliche Nutzung der in diesem Produkt gezeigten Modelle und Arbeiten ist nicht zulässig.

Fast alle Hardware- und Softwarebezeichnungen und weitere Stichworte und sonstige Angaben, die in diesem Buch verwendet werden, sind als eingetragene Marken geschützt. Da es nicht möglich ist, in allen Fällen zeitnah zu ermitteln, ob ein Markenschutz besteht, wird das ® Symbol in diesem Buch nicht verwendet.

10 9 8 7 6 5 4 3 2 1

13 12 11

ISBN 978-3-8272-4719-3

© 2011 by Markt+Technik Verlag,
ein Imprint der Pearson Education Deutschland GmbH.
Martin-Kollar-Straße 10–12, D-81829 München/Germany
Alle Rechte vorbehalten
Lektorat: Birgit Ellissen, BEllissen@pearson.de
Korrektorat: Martina Gradias
Herstellung: Martha Kürzl-Harrison, mkuerzl@pearson.de
Einbandgestaltung: Marco Lindenbeck, webwo GmbH, mlindenbeck@webwo.de
Satz: Michael Gradias, www.gradias.de, gradias@t-online.de
Fotos: Michael Gradias, www.gradias-foto.de
Druck und Verarbeitung: Firmengruppe Appl, aprinta druck, Wemding
Printed in Germany

Liebe Leserin, lieber Leser,

in diesem Buch lernen Sie Gimp kennen – ein sehr interessantes, kostenloses Programm für den ambitionierten Fotografen.

Bild für Bild zeige ich Ihnen, wie Sie sehr leicht Ihre Fotos von der Kamera auf den Computer übertragen. Sind Bilder nicht ganz so gut gelungen, macht das gar nichts: Schritt für Schritt erfahren Sie, wie Sie zum brillanten Bild gelangen. Dies ist gar nicht so schwer, wie es vielleicht zunächst erscheinen mag. Auch den Umgang mit Effekten lernen Sie kennen.

Die verwendeten Bilder finden Sie übrigens – nach Kapiteln sortiert – auf der Website www.mut.de/24719. Dort können sie kostenlos heruntergeladen und zum Üben und für private Zwecke verwendet werden.

Ich wünsche Ihnen viel Freude bei der Arbeit mit Gimp. Ich hoffe, dass Ihnen dieses Buch viele Tipps und Anregungen zum Thema geben kann.

Ihr Autor Michael Gradias

Inhaltsverzeichnis

4 Komplexe Korrekturen 69

5 Bildteile auswählen 99

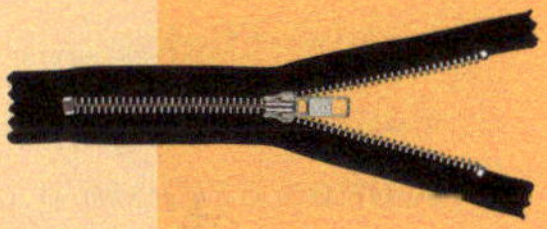

6 Mit Ebenen arbeiten 125

7 Effektvoll arbeiten 145

8 Filtereffekte anwenden 173

1

Bilder auf den Rechner bringen

Start

1 2

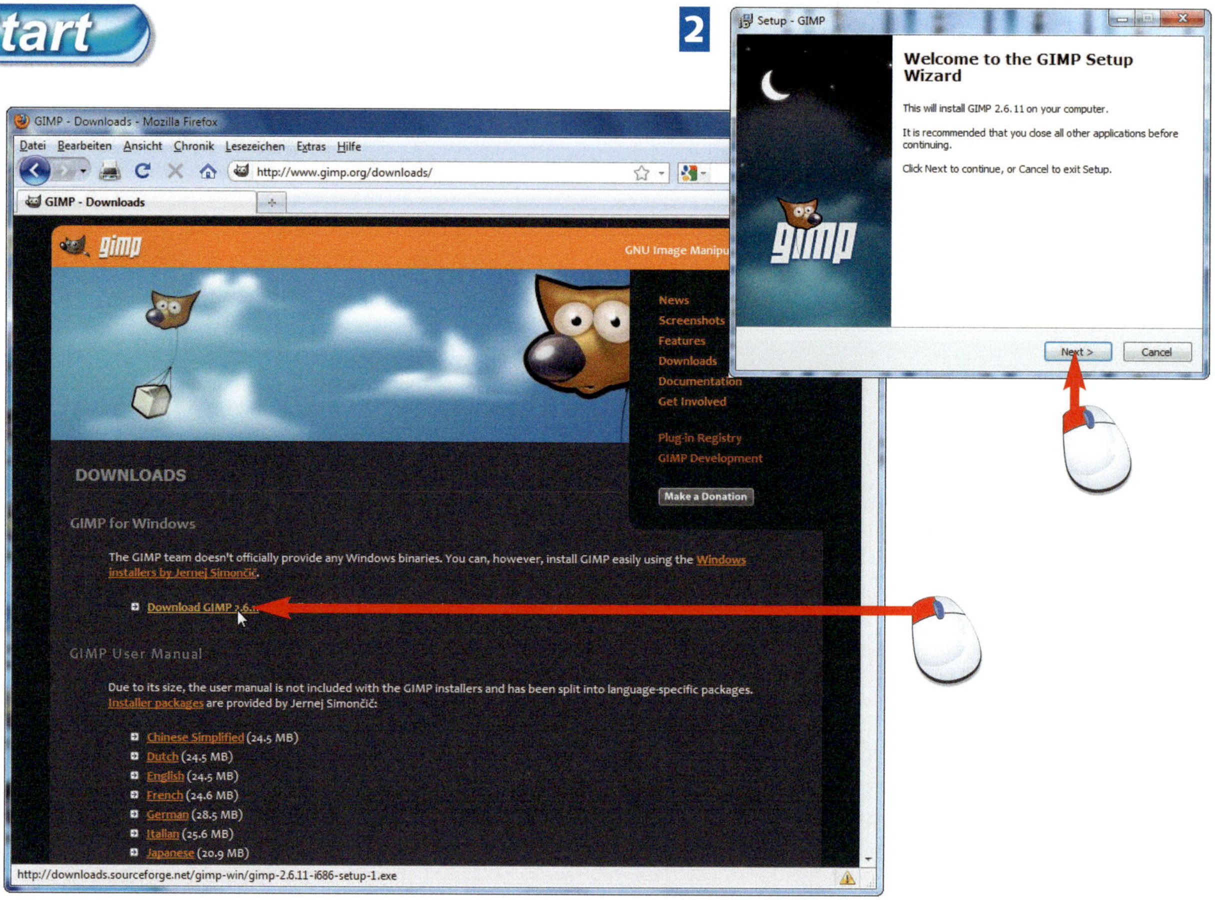

1 Laden Sie Gimp von der Gimp-Homepage http://www.gimp.org/downloads herunter und speichern Sie die Programmdatei auf der Festplatte.

2 Starten Sie die heruntergeladene Datei mit einem Doppelklick. Ein Assistent hilft bei der Installation. Mit der *Next*-Schaltfläche wechseln Sie jeweils zum nächsten Assistentenschritt.

Gimp (Abk. für **GNU Image Manipulation Program**) ist ein interessantes und leistungsfähiges Bildbearbeitungsprogramm, das Sie kostenlos herunterladen und verwenden dürfen, da es sich um ein Freeware-Programm handelt. Es ist sowohl für die Betriebssysteme Windows und Mac Os als auch für Lumix erhältlich.

WISSEN

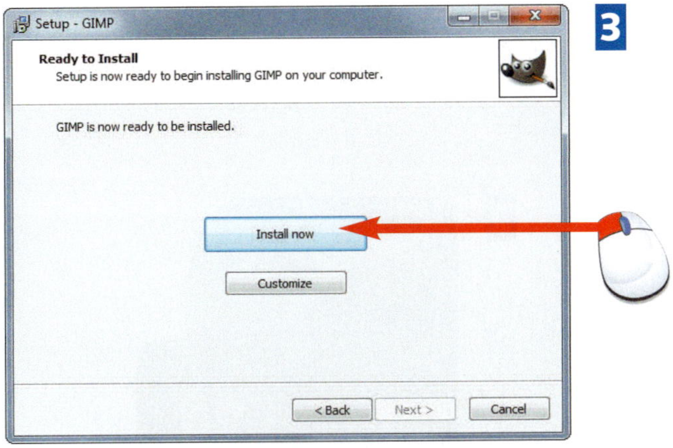

3

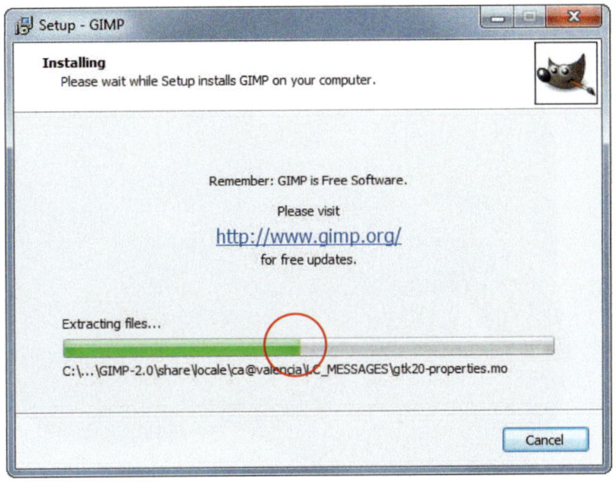

4

5

3 Klicken Sie auf die Schaltfläche *Install now*, um den Installationsvorgang zu starten.

4 Anschließend wird das Programm installiert. Dies kann einen Moment dauern. Der Fortschrittsbalken zeigt den Fortschritt an.

5 Aktivieren Sie die Option *Launch GIMP* (launch: engl. = starten), wenn im Anschluss an die Installation das Programm gleich gestartet werden soll.

Ende

Gimp ist eine sogenannte **Open Source**-Software. Bei diesen kostenlosen Freeware-Programmen darf jeder Erweiterungen erstellen.

FACHWORT

Das Tierchen, das im Startbildschirm von Gimp auftaucht, ist das „Maskottchen“ des Programms und trägt den Namen Wilber.

HINWEIS

Start

1

2

3

1 Die Fototour ist zu Ende. Die Fotos sind im „Kasten" – genauer gesagt im Speicher der digitalen Kamera, in unserem Beispiel eine digitale Spiegelreflexkamera von Nikon.

2 Die Fotos sind auf Speicherkarten gesichert. Die Nikon verwendet sogenannte SD-Karten.

3 Die SD-Karte gibt es in unterschiedlich großen Kapazitäten.

Es gibt viele verschiedene Speicherkartentypen. Einige Varianten gibt es nur in geringen Speichergrößen. Die SD-Karte ist inzwischen weitverbreitet und sehr beliebt. Ein Grund dafür ist unter anderem die große Kapazität. Sie erhalten diese Karten beispielsweise mit einer Kapazität von 8 oder sogar 16 GByte. Das sollte auch für lange Fototouren ausreichen.

WISSEN

4

5

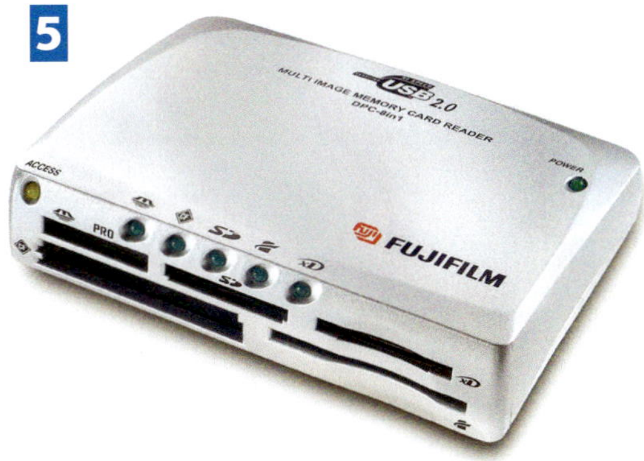

6

4 Nehmen Sie die Speicherkarte aus der Kamera und stecken Sie sie in den Kartenleser Ihres Rechners.

5 Verfügt Ihr Rechner nicht über ein internes Kartenlesegerät, lassen sich auch externe Varianten an den Rechner anschließen.

6 Die digitalen Fotos sollen nun von der Speicherkarte auf die Festplatte Ihres Rechners übertragen werden.

Ende

TIPP

Einige Fotografen verwenden die Speicherkarte als „Festplatte“. Dies ist nicht zu empfehlen. Schnell kann es passieren, dass bei einem Defekt alle Daten „futsch“ sind.

FACHWORT

Speicherkarten dienen zur Sicherung der Fotos. Sie können die Speicherkarte mit dem Film bei einer analogen Kamera vergleichen.

HINWEIS

Externe Kartenlesegeräte werden meist am USB-Anschluss Ihres Rechners angeschlossen.

Start

1

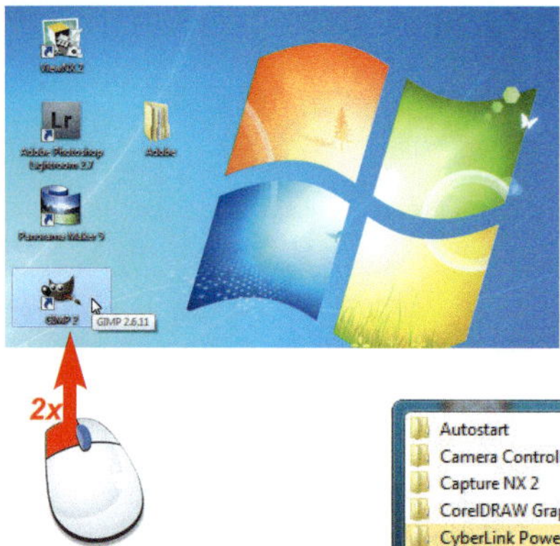

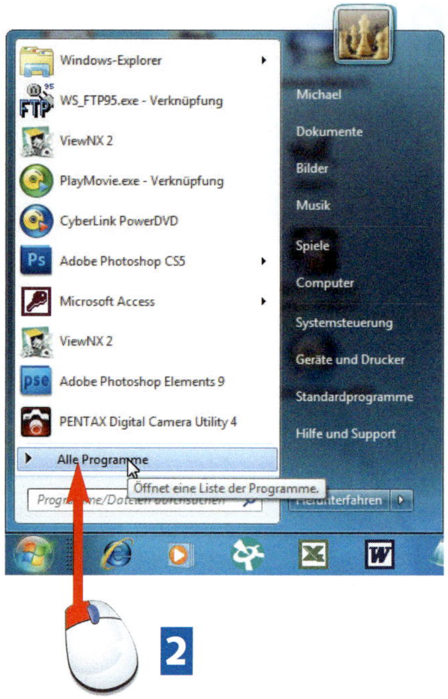

2

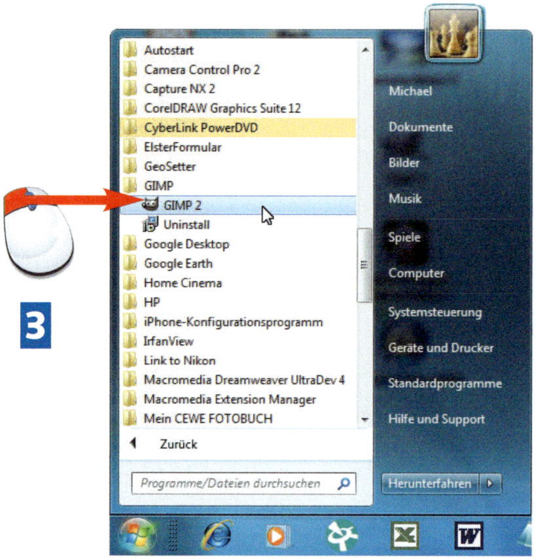

3

1 Wurde ein Programm-Icon auf dem Desktop angelegt, klicken Sie dies doppelt an, um Gimp zu starten.

2 Andernfalls öffnen Sie das Windows-Startmenü und rufen Sie die Option *Alle Programme* am Ende der Liste auf.

3 Suchen Sie den *GIMP*-Ordner und klicken Sie dort auf den Eintrag *GIMP 2*.

Wenn Sie einen schnellen Zugriff auf Gimp haben wollen, legen Sie ein Verknüpfungssymbol auf dem Desktop ab und starten Sie das Programm dort mit einem Doppelklick. Haben Sie eine Standardinstallation vorgenommen, wurde das Symbol automatisch auf dem Desktop abgelegt.

WISSEN

4

5

4 Nach dem Aufruf des Programms wird Gimp gestartet. Der Startvorgang kann einen Moment dauern. Ein Fortschrittsbalken am Fuß des Fensters zeigt den Stand der Dinge an.

5 Anschließend finden Sie diesen dreigeteilten Arbeitsbereich vor.

Ende

Die drei Fenster des Programms lassen sich unabhängig voneinander verschieben und frei auf der Arbeitsfläche platzieren.

TIPP

Die Aufteilung in verschiedene Programmfenster ist bei Windows-Programmen nicht unbedingt üblich. Daher muss man sich erst ein wenig daran gewöhnen.

HINWEIS

Start

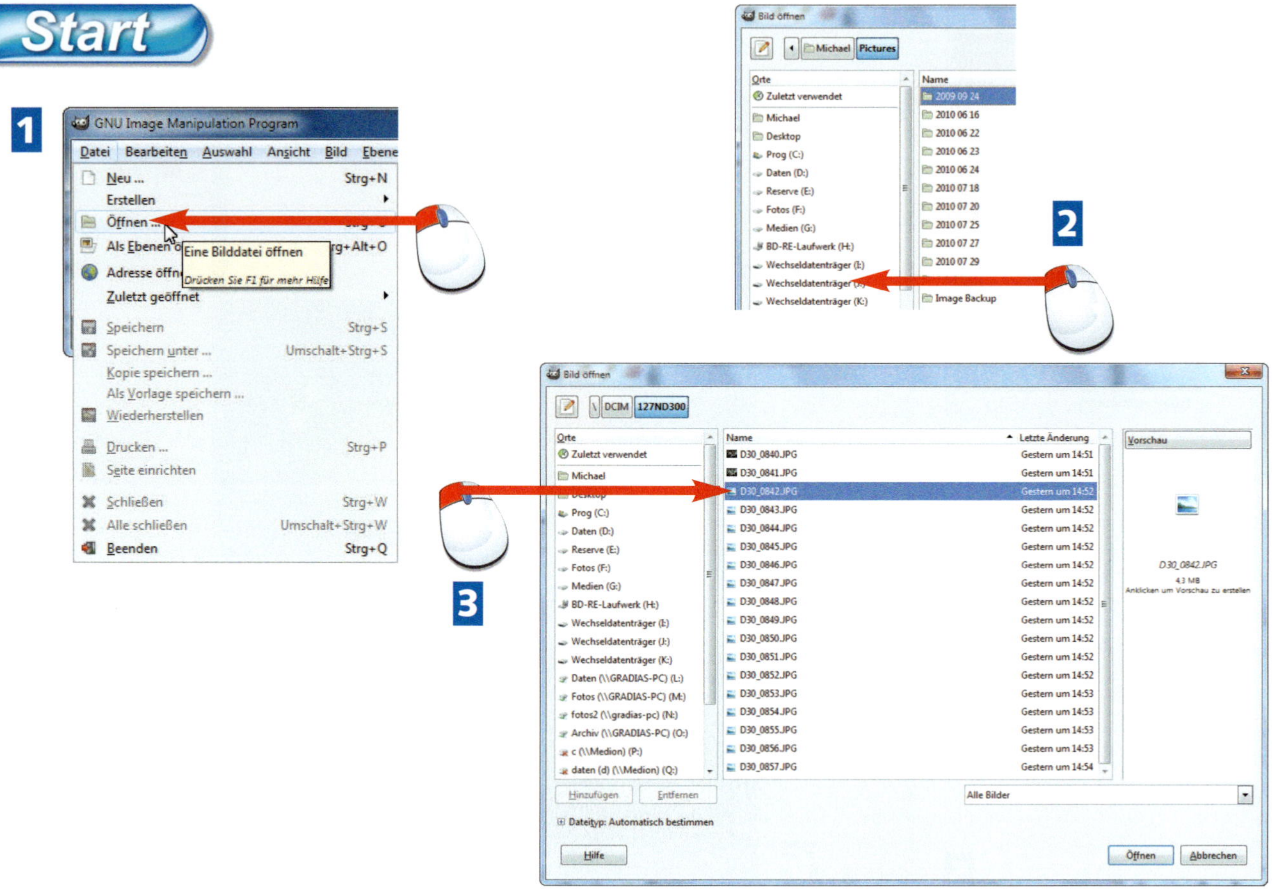

1 Rufen Sie aus dem Menü des mittleren Fensters im Arbeitsbereich die Funktion *Datei/ Öffnen* auf.

2 Im *Orte*-Bereich werden alle Festplatten angezeigt, die in Ihrem Rechner installiert sind – so auch etwaig eingelegte Speicherkarten, wie im obigen Beispiel.

3 Suchen Sie den gewünschten Ordner heraus und markieren Sie im mittleren Bereich das Bild, das Sie öffnen wollen.

Sie können mit Gimp Bilder aller gängigen Bildformate öffnen. Dabei ist auch das Laden direkt von der Speicherkarte möglich – ebenso wie das Scannen von Aufsichtsvorlagen. Die Vorgehensweise ist dabei recht einfach.

WISSEN

4
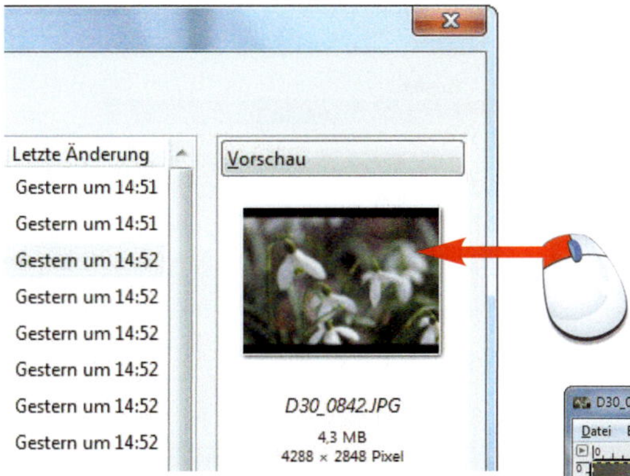

5
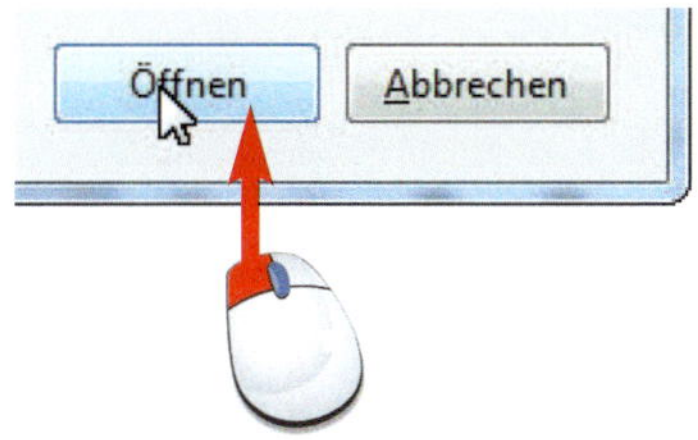

6

4 Im rechten Bereich des Dialogfelds wird ein Vorschaubild der ausgewählten Datei angezeigt. Wird ein Bild das erste Mal betrachtet, müssen Sie in den Bereich klicken, damit das Vorschaubild generiert wird.

5 Klicken Sie nach der Auswahl des Fotos auf die *Öffnen*-Schaltfläche.

6 Das Foto wird dann im mittleren Fenster des Arbeitsbereichs angezeigt und standardmäßig so in das Fenster eingepasst, dass es vollständig zu sehen ist.

Ende

Wenn Sie eine Speicherkarte in das Kartenlesegerät einlegen, wird diese im Windows-Explorer wie ein „normales" Laufwerk angezeigt.

HINWEIS

Fotos können auch per Drag & Drop geöffnet werden, indem Sie sie aus dem Windows-Explorer mit gedrückter linker Maustaste in das mittlere leere Fenster ziehen.

HINWEIS

Sie können auch mehrere Bilder gleichzeitig markieren. Klicken Sie die betreffenden Fotos im Öffnen-Dialogfeld nacheinander mit gedrückter Strg-Taste an.

TIPP

Start

1

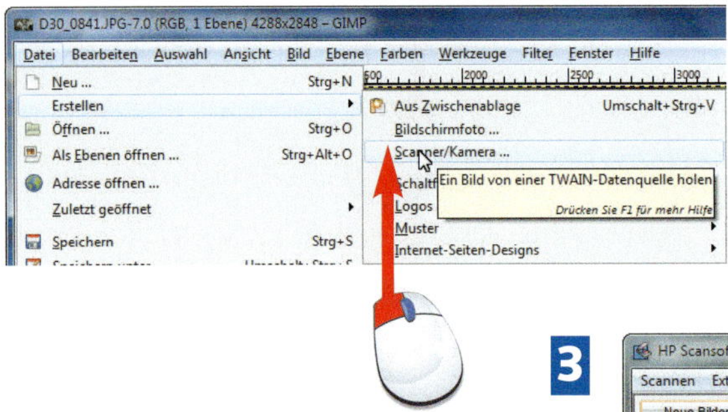

2

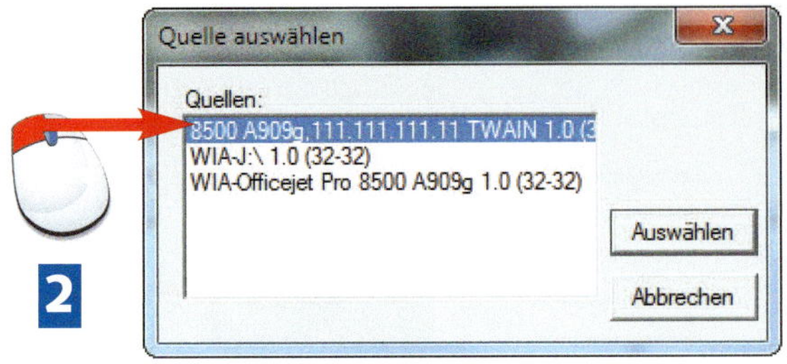

3

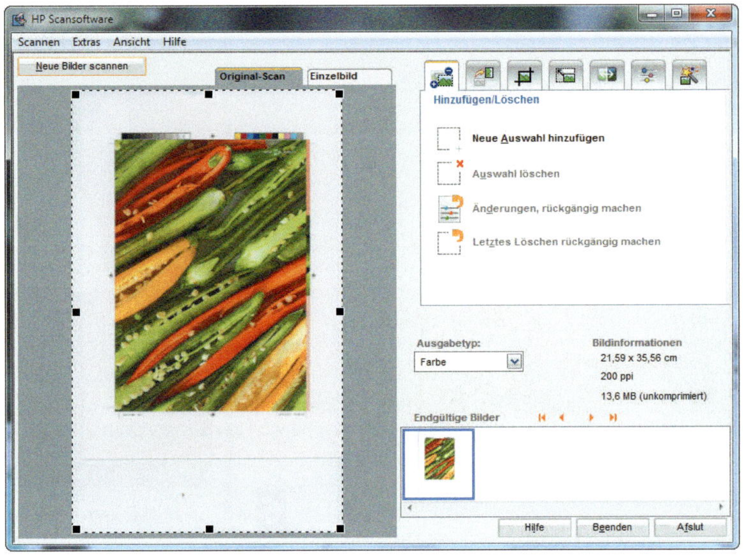

1 Sie können Bilder auch von anderen Quellen laden – beispielsweise vom Scanner. Rufen Sie dazu die Funktion *Datei/Erstellen/Scanner/Kamera* auf.

2 Wählen Sie in dem Dialogfeld, das dann erscheint, das Gerät aus, das Sie zum Scannen verwenden wollen.

3 Das TWAIN-Modul Ihres Scanners zeigt dann eine Vorschauansicht an.

Scanner dienen zur Digitalisierung von Papierabzügen oder Dias. Erst nach dem Digitalisieren können Sie diese Bilder im PC bearbeiten.

WISSEN

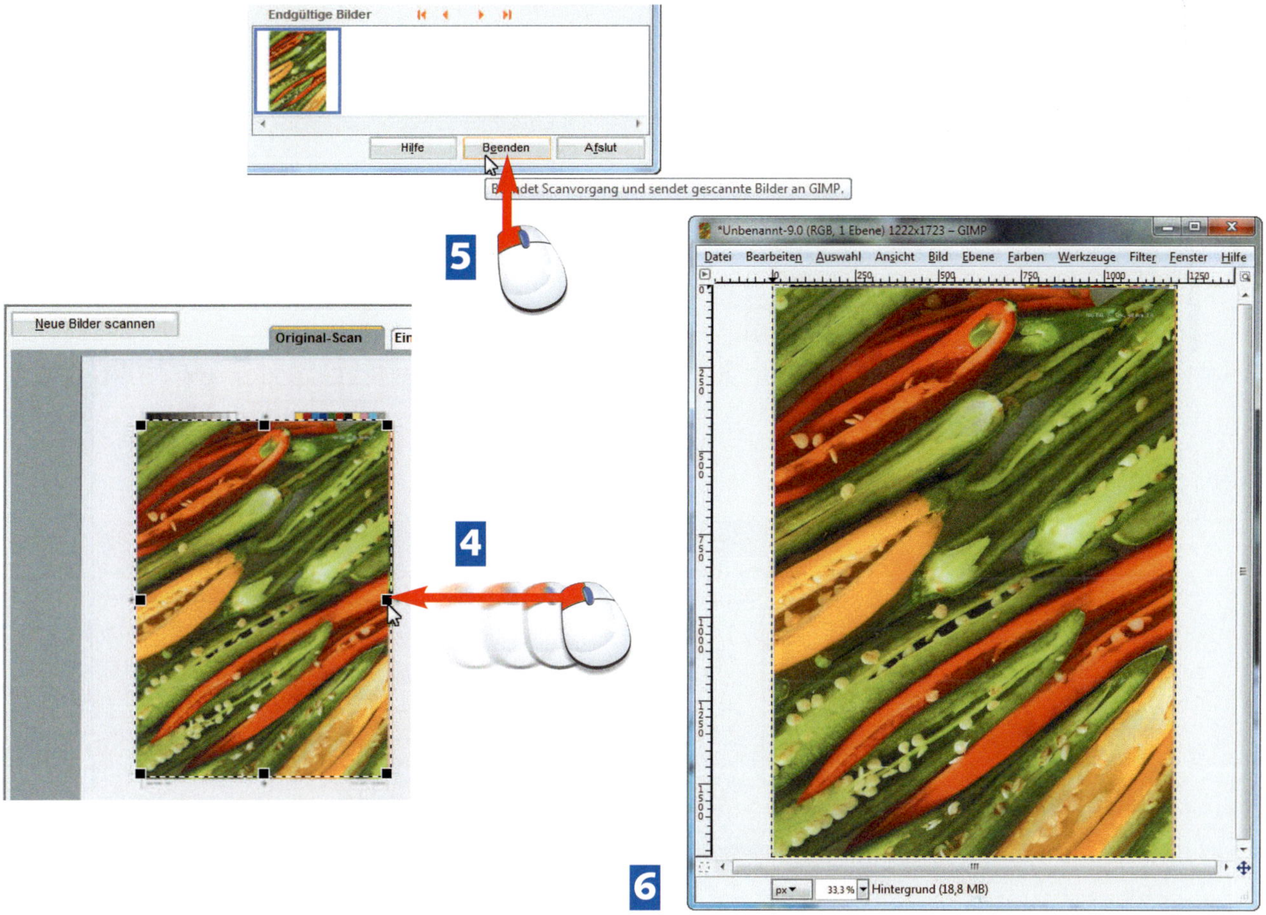

4 Nutzen Sie die acht Markierungspunkte, um den Bildausschnitt festzulegen, den Sie scannen wollen. Ziehen Sie die Markierungspunkte mit gedrückter linker Maustaste.

5 Verwenden Sie die *Beenden*-Schaltfläche unten rechts im Dialogfeld, damit das Bild in den Gimp-Arbeitsbereich übertragen wird.

6 Die gescannte Vorlage wird in einem neuen Arbeitsfenster angezeigt.

Ende

Jedem Scanner liegt ein Programm zum Scannen von Bildern bei. Dieses Programm wird **TWAIN-Modul** genannt. Es kann aus Gimp heraus aufgerufen werden.

FACHWORT

Über die passenden Einstellungen müssen Sie sich gegebenenfalls im Handbuch Ihres Scanners informieren. Jedes Scanner-Modul funktioniert ein wenig anders.

HINWEIS

Start

1

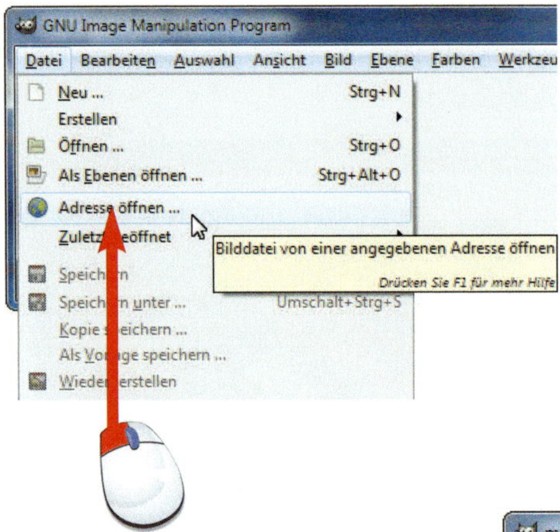

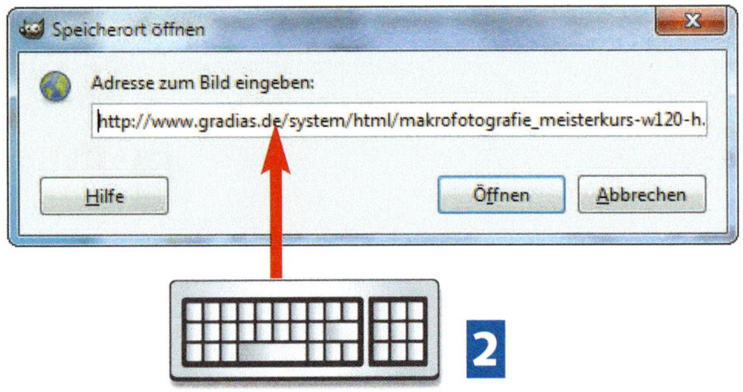

2

3

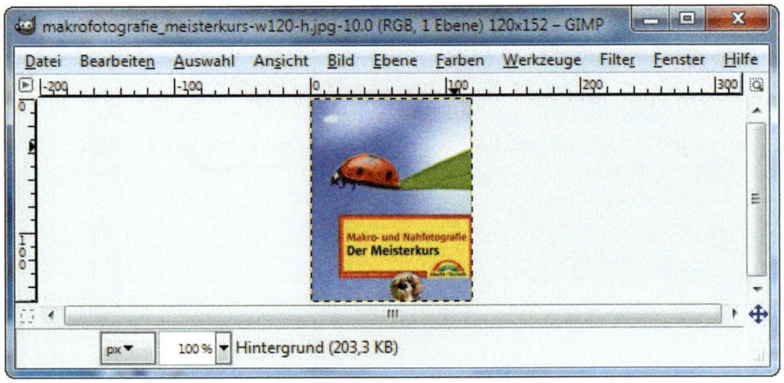

1 Wenn Sie Bilder aus dem Internet laden wollen, rufen Sie die Funktion *Datei/Adresse öffnen* auf.

2 Tippen Sie die Webadresse des Bildes in das Eingabefeld des Dialogfelds ein.

3 Nach dem Bestätigen wird das Bild im Arbeitsbereich geöffnet. Alternativ dazu können Sie übrigens das Bild auch per Drag & Drop von der Webseite in den Arbeitsbereich übertragen.

Gimp bietet beim Import verschiedene nützliche Optionen an. So lassen sich Bilder beispielsweise von Internetseiten laden. Auch das Erstellen von Screenshots ist möglich.

WISSEN

4

5

6

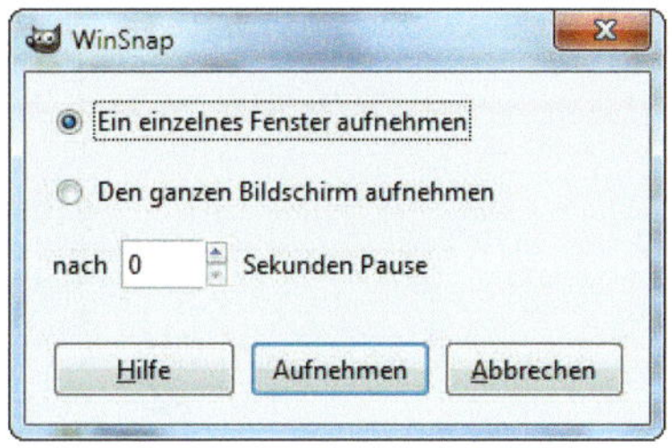

4 Rufen Sie die Funktion *Datei/Erstellen/Aus Zwischenablage* auf, wenn Sie aus dem Inhalt der Zwischenablage eine neue Datei erstellen wollen.

5 Um einen Screenshot zu erstellen, rufen Sie die Funktion *Datei/Erstellen/Bildschirmfoto* auf.

6 In diesem Dialogfeld finden Sie die Optionen zum Erstellen eines Bildschirmfotos.

Ende

HINWEIS

Wenn Sie Bilder aus dem Internet laden, müssen Sie natürlich beachten, dass Sie bei deren Verwendung keine Urheberrechte verletzen.

HINWEIS

Nach dem Markieren eines Bildes – beispielsweise auf einer Webseite – kann es mit der Tastenkombination Strg + C in die Zwischenablage kopiert werden.

FACHWORT

Als **Screenshot** (Bildschirmfoto) bezeichnet man Abbildungen des Bildschirminhalts.

Start

1

2

1 Laden Sie die Webseite http://www.xnview.de.

2 Folgen Sie den Links, um zum Downloadbereich zu gelangen. Laden Sie die Programmdatei herunter und installieren Sie XnView.

Gimp bietet keine Funktionen zur Bildverwaltung an. Hier können Sie sich mit einem anderen Programm behelfen, das bei privater Nutzung ebenfalls kostenlos im weltweiten Netz erhältlich ist: XnView. Dies können Sie nutzen, um Ihre Bilder zu sortieren, oder auch um Bilder in ein anderes Dateiformat zu konvertieren.

WISSEN

3

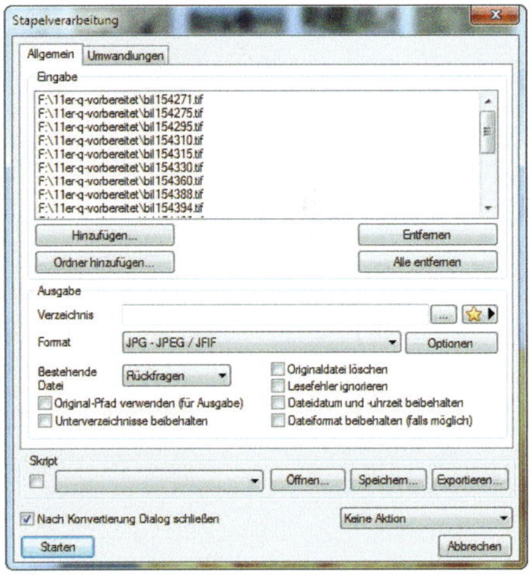

4

3 Der Arbeitsbereich von XnView ähnelt ein wenig dem des Windows-Explorers. Im rechten Bereich sind die Miniaturbilder und eine größere Ansicht des markierten Fotos zu sehen – links ist die Ordneransicht untergebracht.

4 XnView bietet einige interessante Funktionen an. So können Sie beispielsweise viele verschiedene Bilder in einem „Rutsch" in ein anderes Dateiformat konvertieren. Dieser Automatikmodus spart viel Arbeitszeit.

Ende

Je mehr Fotos Sie auf dem Rechner haben, umso wichtiger ist es, Ordnung zu halten – andernfalls wird die Suche nach einem bestimmten Bild zur Glückssache.

HINWEIS

Mit XnView können Sie auch Bilder verwalten und konvertieren, die im beliebten RAW-Format aufgenommen wurden.

HINWEIS

2

Gimp kennen lernen

Start

1 Die standardmäßige Verteilung der Gimp-Fenster nach dem Start wirkt etwas durcheinander. Der Werkzeugkasten mit den Werkzeugeinstellungen ist im linken Bereich angeordnet.

2 Das Bildfenster mit den Menüfunktionen finden Sie in der Mitte des Windows-Bildschirms …

3 … und am rechten oberen Rand sind die andockbaren Dialoge untergebracht.

An die Arbeitsoberfläche von Gimp müssen Sie sich zunächst ein wenig gewöhnen, da sie anders aufgebaut ist, als Sie es von vielen anderen Windows-Programmen kennen. Haben Sie sich aber erst einmal daran gewöhnt, ist die Bedienung gar nicht so schwer, wie es zunächst erscheinen mag.

WISSEN

4

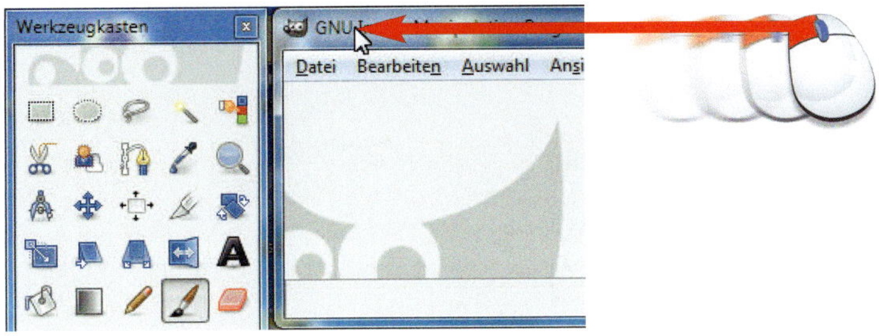

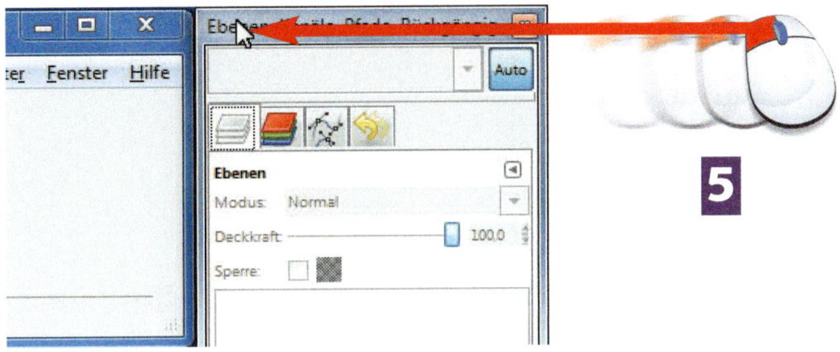

5

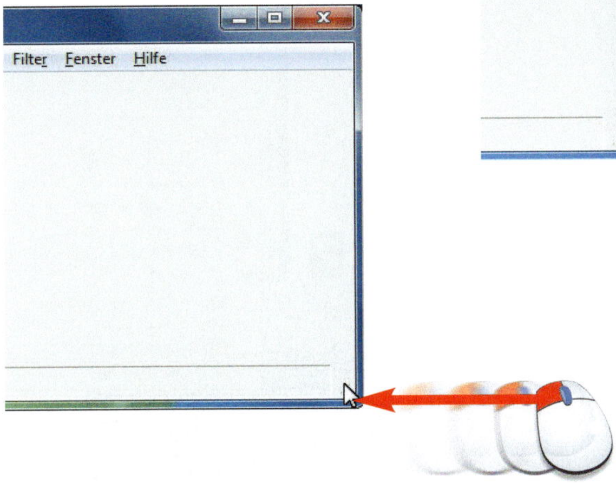

6

4 Klicken Sie eines der Fenster mit der linken Maustaste an, um es mit gedrückter Maustaste an eine neue Position zu schieben.

5 Das klappt mit allen drei Fenstern auf dieselbe Art und Weise. Positionieren Sie so die Fenster nach Ihrem Geschmack.

6 Soll die Größe des Fensters verändert werden, klicken Sie es mit der linken Maustaste am unteren rechten Rand an und skalieren Sie es mit gedrückter linker Maustaste auf die gewünschte neue Größe.

Ende

Die andockbaren Dialoge lassen sich öffnen oder schließen. Wird aber das Bildfenster oder der Werkzeugkasten geschlossen, wird Gimp beendet.

TIPP

Um die vielen Funktionen unterbringen zu können, sind die Funktionen der andockbaren Dialoge auf unterschiedlichen Registerkarten untergebracht.

HINWEIS

Start

1

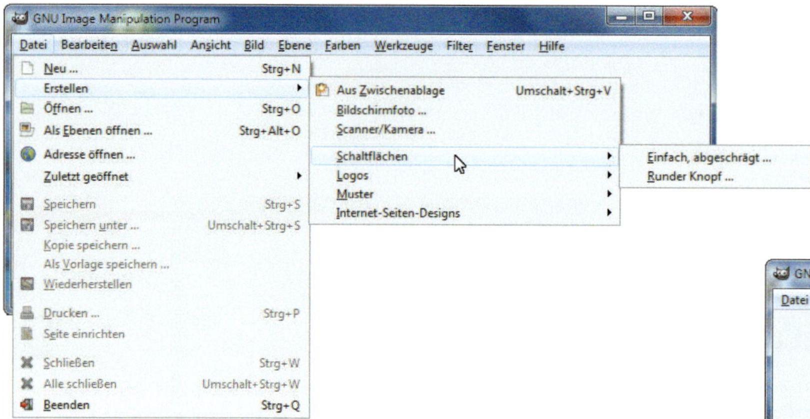

2

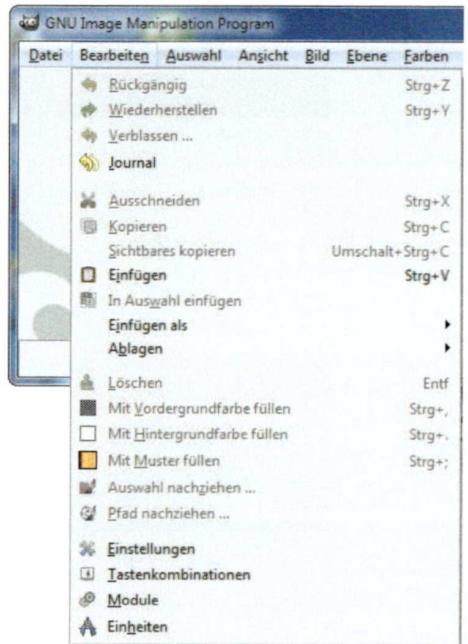

1 Die verfügbaren Funktionen werden in Menüs beziehungsweise weiteren Untermenüs bereitgestellt. Abgegraute Funktionen sind nicht verfügbar. Im *Datei*-Menü finden Sie Funktionen, die zur Steuerung und Verwaltung von Dateien von Bedeutung sind.

2 Das *Bearbeiten*-Menü enthält Funktionen, um unter anderem Änderungen zurückzunehmen oder Objekte zu kopieren oder einzufügen. Auch Füllungen werden über dieses Menü zugewiesen. Außerdem lassen sich hier Voreinstellungen anpassen.

Die Menüleiste von Gimp beherbergt alle Funktionen, die Sie benötigen, um Ihre Bilder zu bearbeiten. Die Bedienung entspricht der, die Sie auch von anderen Windows-Programmen kennen.

WISSEN

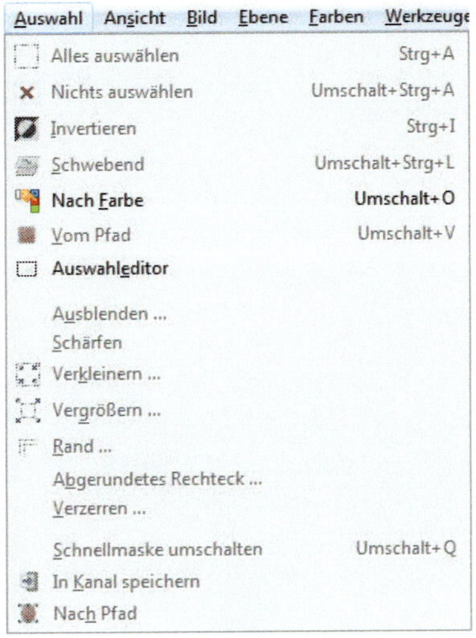

3

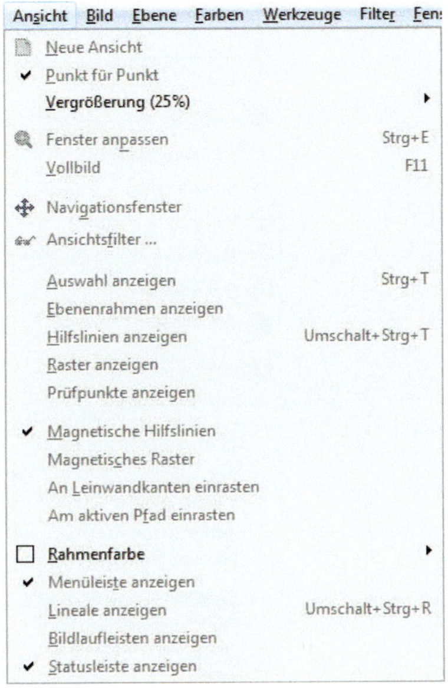

4

5

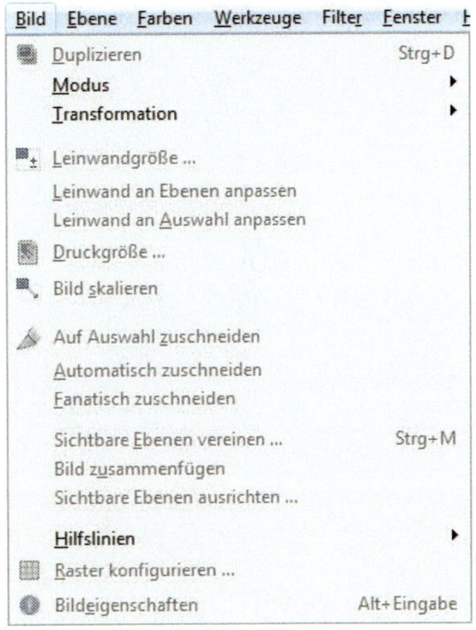

3 Wenn Sie Teile von Bildern bearbeiten wollen, sind die Funktionen im *Auswahl*-Menü von Bedeutung.

4 Die Funktionen des *Ansicht*-Menüs beziehen sich auf die Darstellung der Bilder. Dort werden auch Hilfsmittel wie etwa Lineale oder Raster angeboten.

5 Funktionen, die auf das gesamte Bild angewendet werden, finden sich im *Bild*-Menü. Zudem werden über dieses Menü Hilfslinien eingerichtet.

TIPP

Wenn Tastenkürzel für einen schnellen Aufruf für eine Funktion verfügbar sind, werden diese am Ende des betreffenden Menüeintrags angezeigt.

HINWEIS

Ist rechts hinter dem Eintrag ein nach rechts zeigender Pfeil zu sehen, ist für die ausgewählte Funktion ein Untermenü verfügbar.

HINWEIS

Werden drei Punkte hinter einem Eintrag angezeigt, bedeutet dies, dass nach dem Aufruf der Funktion ein gesondertes Dialogfeld geöffnet wird, um die Einstellungen vorzunehmen.

6

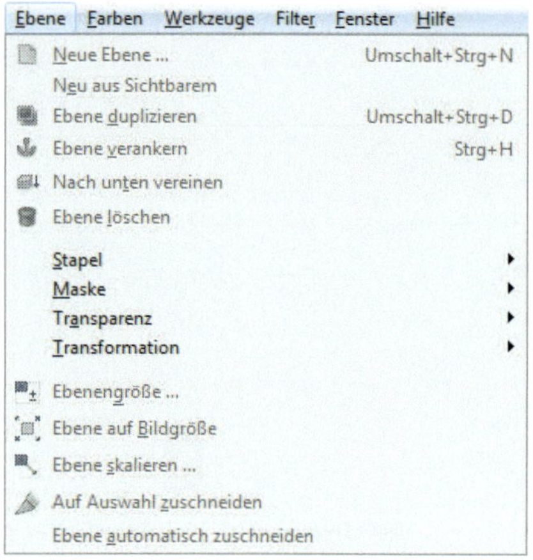

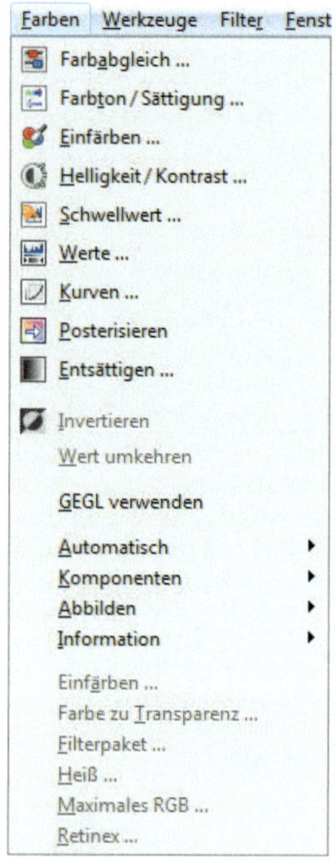

7

8

6 Die Funktionen des *Ebene*-Menüs werden benötigt, wenn Sie beispielsweise Bildteile zusammenmontieren wollen.

7 Wenn Sie Bilder korrigieren wollen, um etwa die Helligkeit oder den Kontrast anzupassen, schauen Sie in das *Farben*-Menü. Hier gibt es diverse Korrekturfunktionen.

8 Über das *Werkzeuge*-Menü lassen sich die verschiedenen Werkzeuge aufrufen.

Die Menübedienung kann übrigens auch per Tastatur erfolgen. Drücken Sie zum Aufruf eines Menüs die Alt-Taste zusammen mit dem unterstrichenen Buchstaben der Menübezeichnung. Innerhalb des geöffneten Menüs wird die betreffende Funktion durch Drücken des unterstrichenen Buchstabens aufgerufen.

WISSEN

9

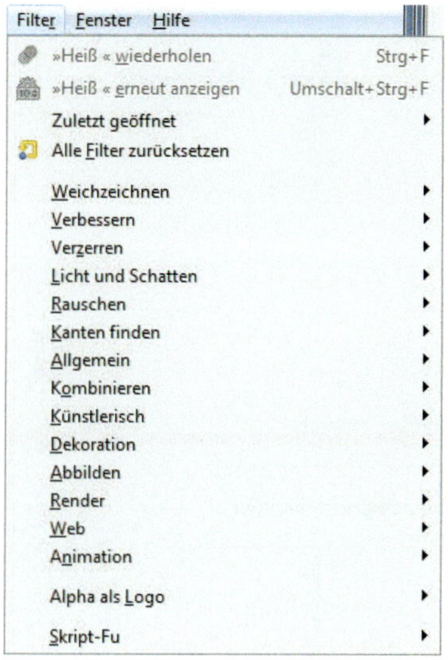

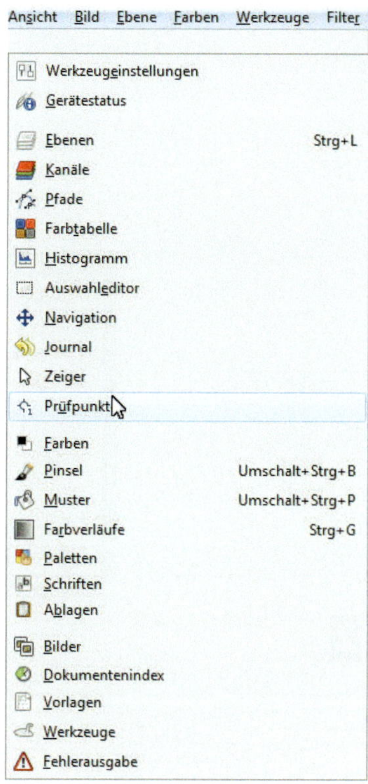

10

11

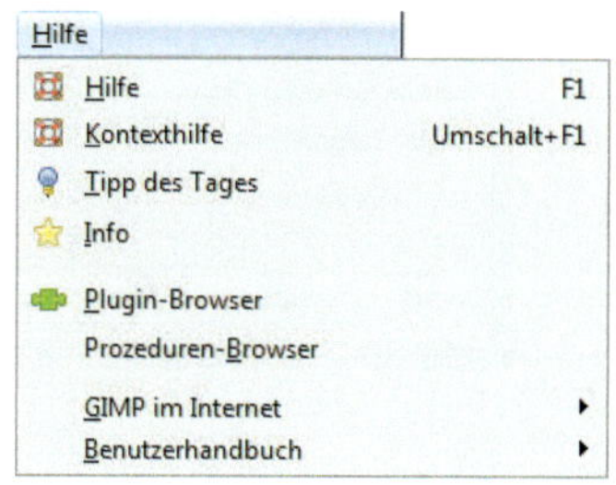

9 Um Bilder mit Effekten zu verfremden, sind die vielen Funktionen des *Filter*-Menüs nützlich.

10 Im *Fenster*-Menü finden Sie unter anderem Funktionen, um die andockbaren Dialoge ein- oder auszublenden.

11 Wenn Sie Hilfe benötigen, schauen Sie im *Hilfe*-Menü nach.

Ende

Bildkorrekturen sind bei Gimp stets „endgültig". Einstellungsebenen, wie sie bei teureren Programmen angeboten werden, gibt es bei Gimp nicht.

HINWEIS

Bilder können in Gimp aus mehreren sogenannten **Ebenen** bestehen. Sie können sich diese wie übereinanderliegende Schichten vorstellen.

FACHWORT

Die Werkzeuge sind sozusagen doppelt aufrufbar. Sie lassen sich über das Menü ebenso auswählen wie über den Werkzeugkasten.

HINWEIS

Start

1

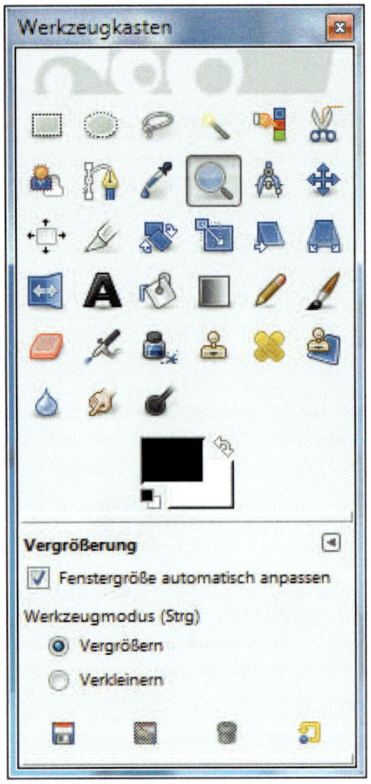

2

3

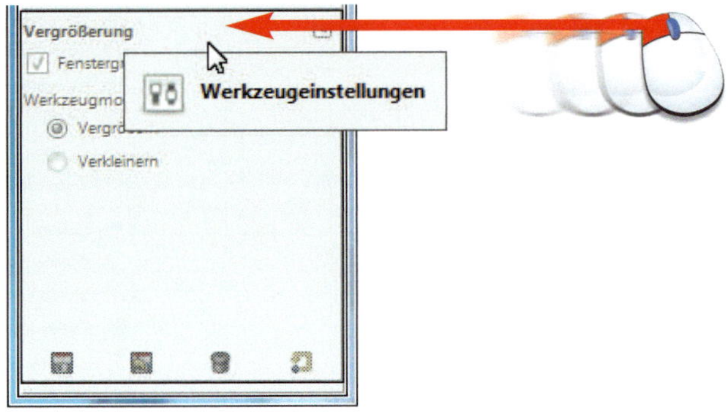

1 Der Werkzeugkasten besteht aus zwei unterschiedlichen Bereichen. Während im oberen Bereich die Werkzeuge untergebracht sind, ...

2 ... ist der untere Bereich standardmäßig mit einem andockbaren Dialog gefüllt – den *Werkzeugeinstellungen*.

3 Wenn Sie diesen Bereich in der Kopfzeile anklicken, können Sie ihn mit gedrückter linker Maustaste ...

Der Werkzeugkasten, den Sie standardmäßig links neben dem Bildfenster sehen, enthält alle Werkzeuge, die nötig sind, um zu malen oder um Auswahlbereiche zu erstellen. Auch das Transformieren von Objekten lässt sich mit den Werkzeugen erledigen. Zudem kann hier die Ansichtsgröße des Bildes variiert und die Vorder-/Hintergrundfarbe festgelegt werden.

WISSEN

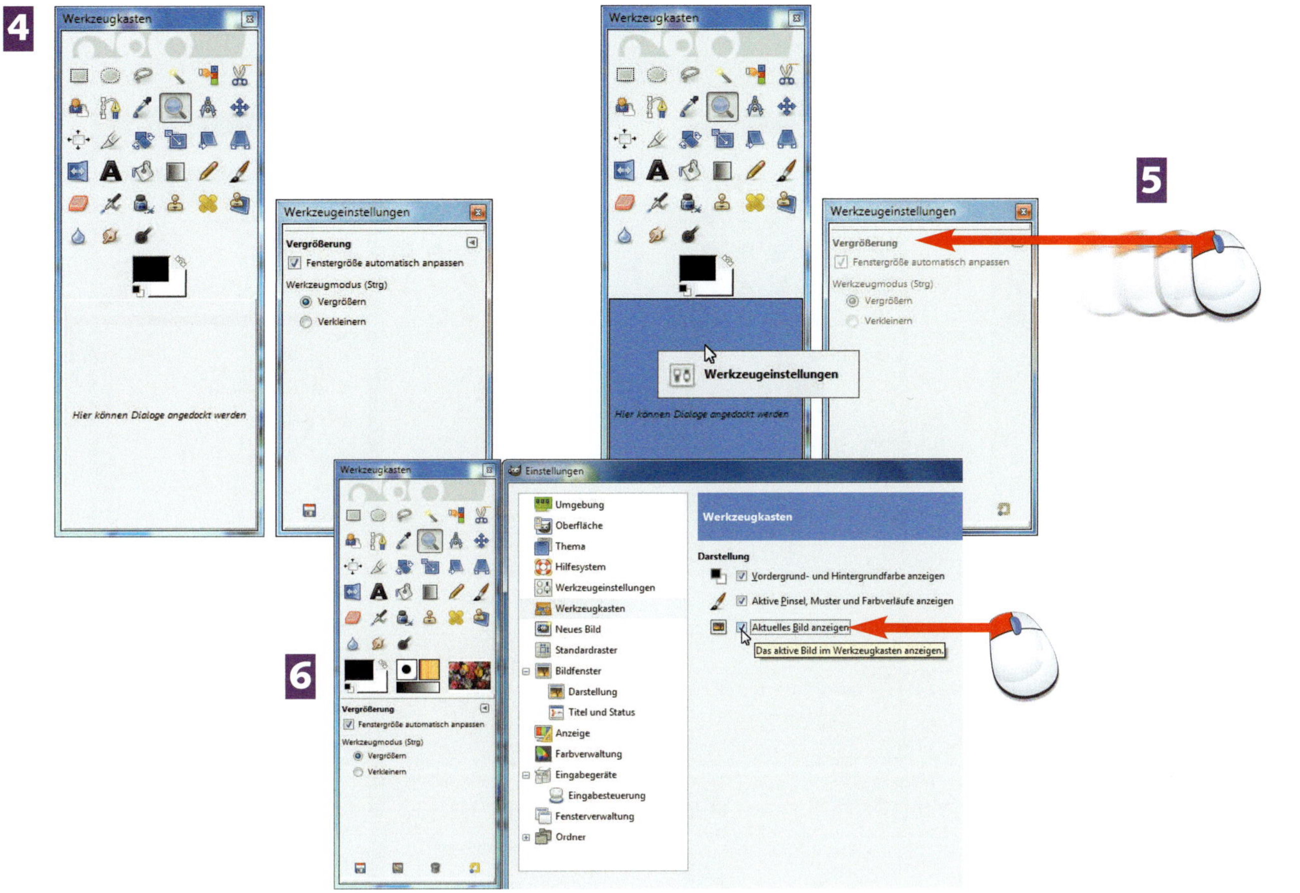

4 ... herausziehen und aus den Werkzeugeinstellungen so ein frei schwebendes Fenster machen, das Sie frei im Arbeitsbereich platzieren können.

5 Umgedreht funktioniert es auch: Sie können beliebige frei schwebende Fenster mit gedrückter linker Maustaste in den andockbaren Bereich ziehen.

6 Über die Funktion *Bearbeiten/Einstellungen/Werkzeugkasten* legen Sie fest, was im unteren Bereich des Werkzeugkastens angezeigt wird.

Ende

Der untere Bereich des Werkzeugkastens enthält standardmäßig den andockbaren Dialog *Werkzeugeinstellungen*. Sie könnten dort aber auch einen anderen andockbaren Dialog unterbringen.

TIPP

Es ist reine Ansichtssache, ob die zusätzlichen Informationen im Fußbereich des Werkzeugkastens eingeblendet werden sollen oder nicht.

HINWEIS

Den Werkzeugkasten anpassen

Start

1

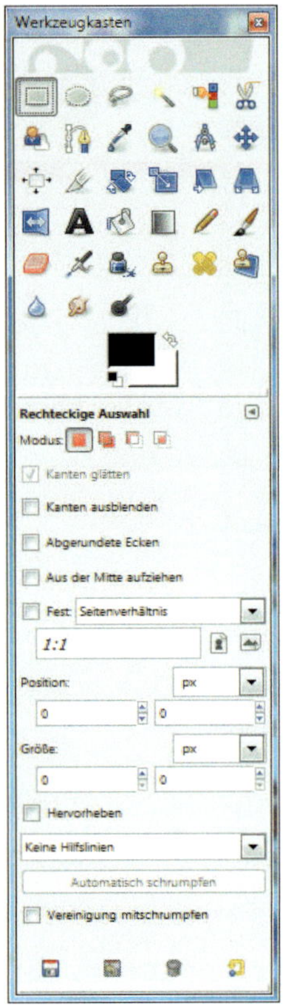

2

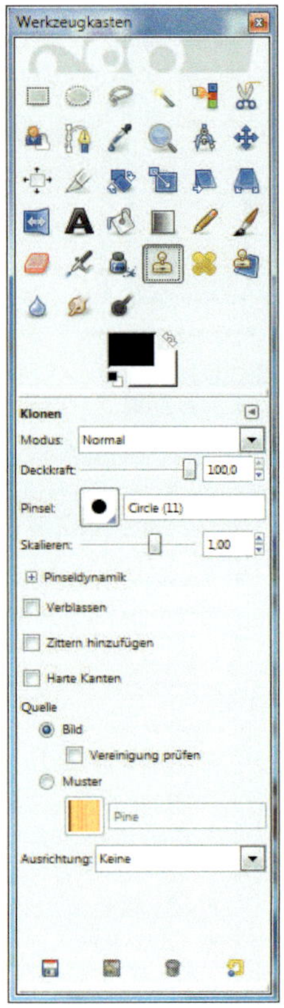

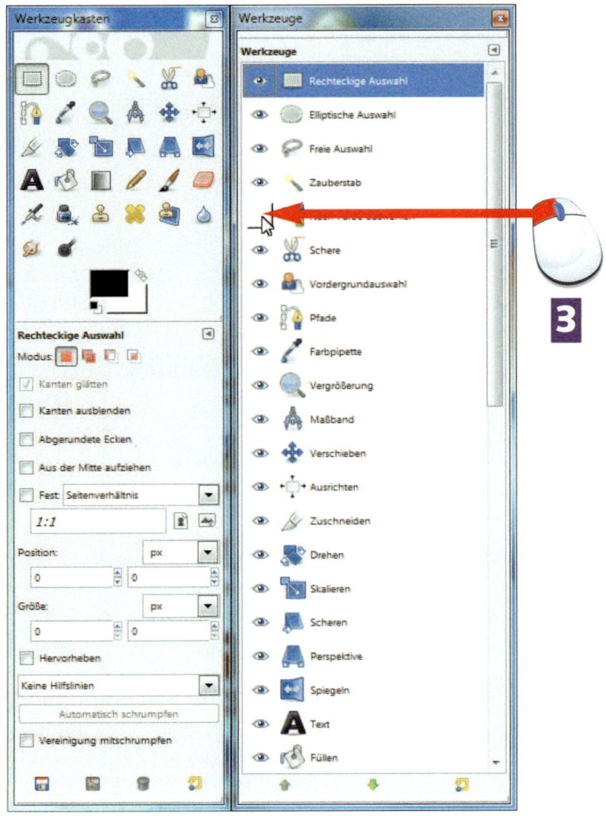

3

1 In den Werkzeugeinstellungen werden die zusätzlichen Optionen zum ausgewählten Werkzeug angezeigt.

2 Daher differieren die verfügbaren Optionen je nach ausgewähltem Werkzeug.

3 Rufen Sie die Funktion *Fenster/Andockbare Dialoge/Werkzeuge* auf, wenn Sie den Inhalt des Werkzeugkastens anpassen wollen. Ein Klick auf das Augensymbol vor einem Eintrag blendet das markierte Werkzeug ein oder aus.

Es ist sehr praktisch, dass der Inhalt des Werkzeugkastens angepasst werden kann. So haben Sie die Möglichkeit, die Werkzeuge, die Sie besonders häufig benötigen, selbst zusammenzustellen.

WISSEN

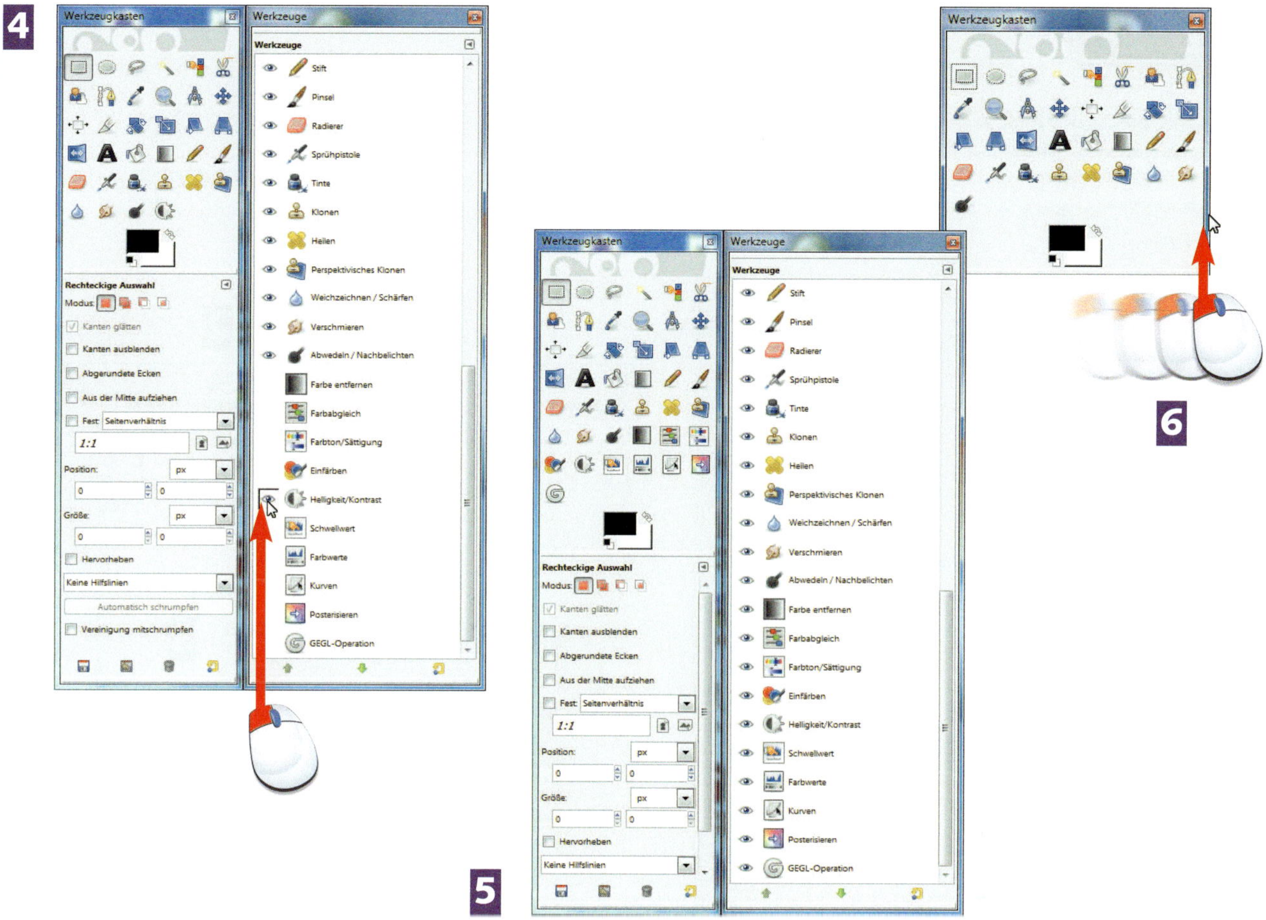

4 Am Ende der Auflistung im *Werkzeuge*-Dialog gibt es verschiedene Funktionen, um die Fotos zu optimieren – zum Beispiel die Helligkeit und den Kontrast.

5 Wenn Sie diese Funktionen häufiger nutzen, kann es sinnvoll sein, sie in den Werkzeugkasten aufzunehmen.

6 Wenn der Werkzeugkasten zu voll wird, können Sie den Steg rechts mit gedrückter linker Maustaste ziehen, um den Bereich zu vergrößern.

Ende

TIPP

Um die Reihenfolge zu ändern, in der die Werkzeuge im Werkzeugkasten angezeigt werden, verwenden Sie nach dem Markieren die Pfeiltasten in der Fußzeile des *Werkzeuge*-Dialogs.

TIPP

Klicken Sie im *Werkzeuge*-Dialogfeld die Schaltfläche rechts in der Fußzeile, um die Standardeinstellungen wiederherzustellen.

HINWEIS

Die zusätzlichen Werkzeuge am Ende der Auflistung entsprechen den Funktionen, die Sie auch über das *Farben*-Menü erreichen.

Start

1

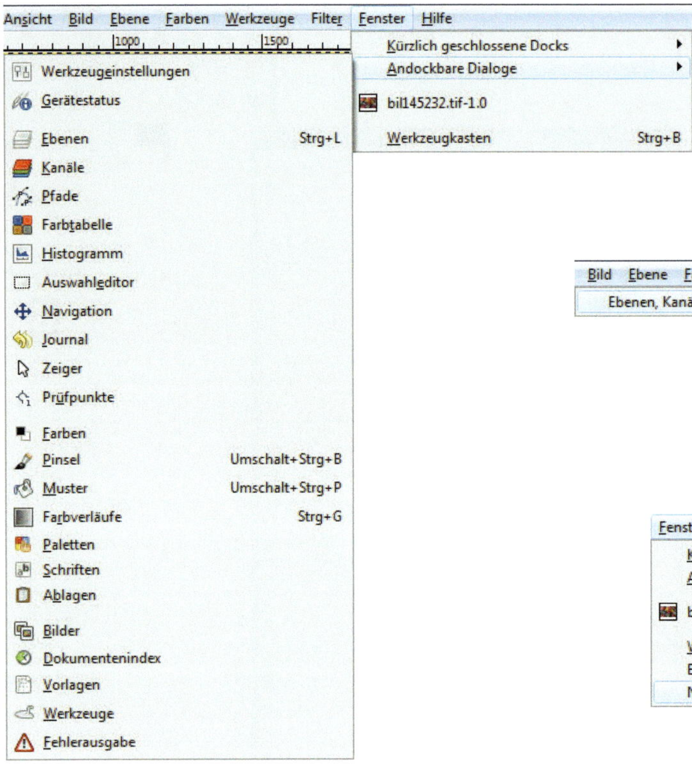

2

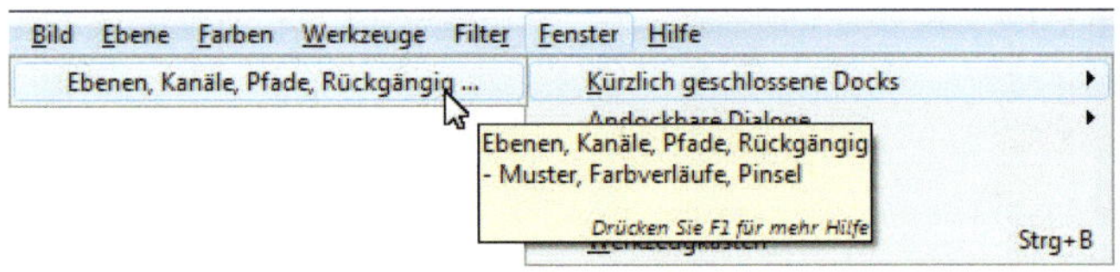

3

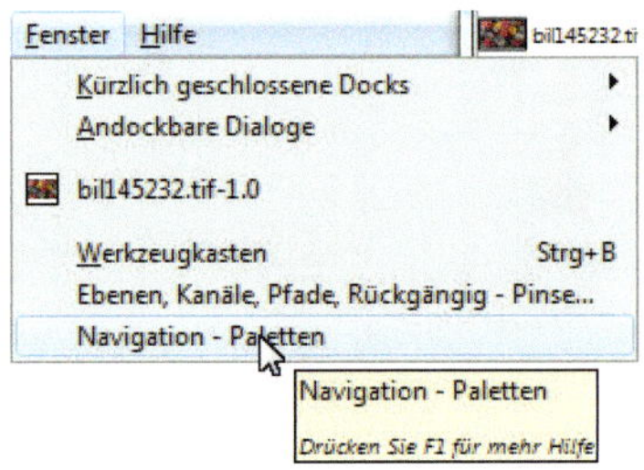

1 Die verfügbaren andockbaren Dialoge erreichen Sie über den Menüpunkt *Fenster/Andockbare Dialoge*.

2 Wurden Dialoge geschlossen, können Sie diese über das Menü *Fenster/Kürzlich geschlossene Docks* wieder öffnen.

3 Die aktuell geöffneten Dialoge werden am Ende der Liste des *Fenster*-Menüs angezeigt.

Um die vielen Funktionen, die Gimp anbietet, einigermaßen übersichtlich präsentieren zu können, werden in den andockbaren Dialogen die Optionen zu verschiedenen Themen zusammengefasst. Je nach Bedarf können Sie die Dialoge ein- oder ausblenden. So halten Sie Ordnung im Arbeitsbereich.

WISSEN

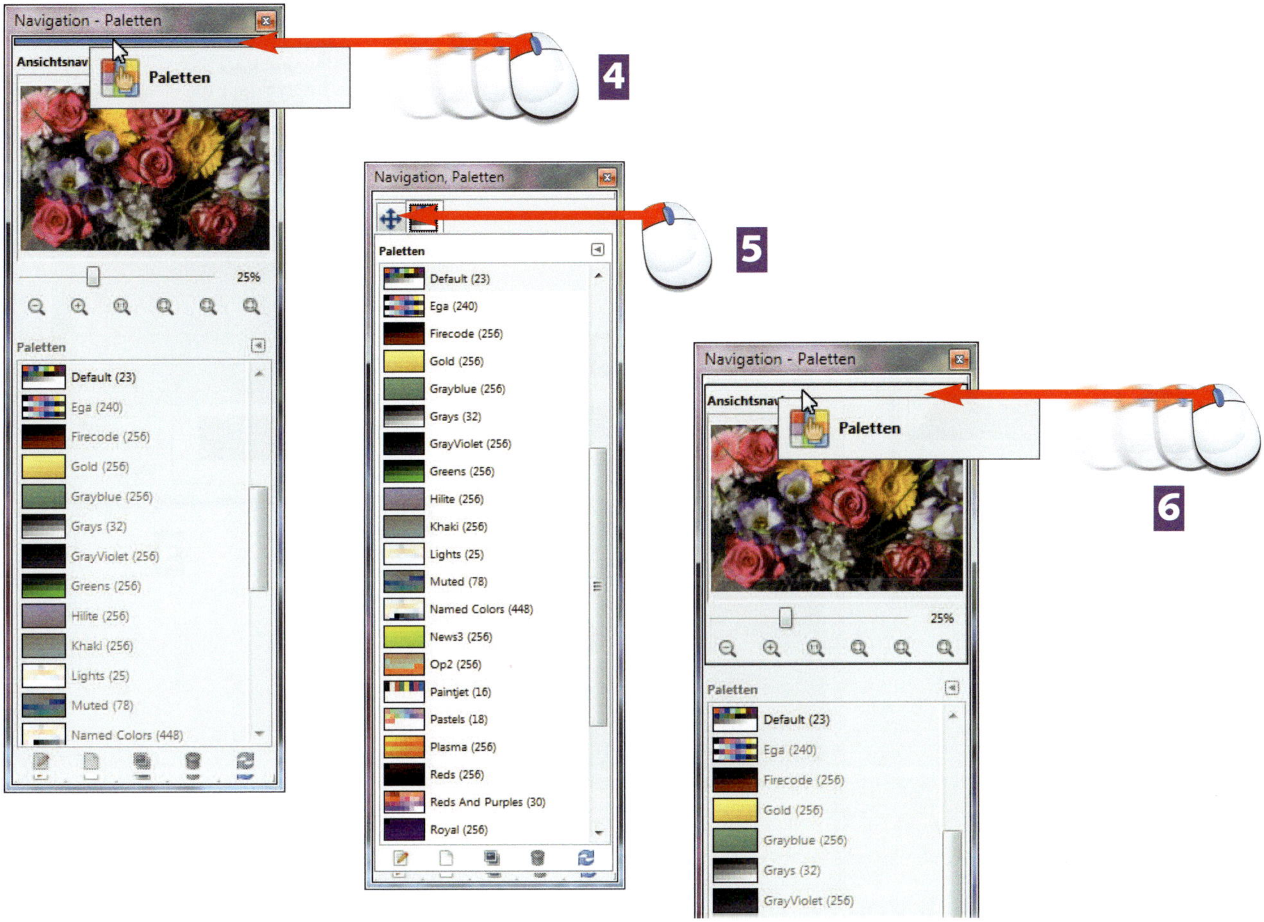

4 Wenn Sie die Dialoge gruppieren wollen, ziehen Sie sie an die obere Kante eines anderen Fensters – Sie sehen dann einen blauen Balken.

5 Nach dem Gruppieren erfolgt die Auswahl über die Registerkartenreiter, die Sie oben im Dialog sehen.

6 Sollen die Dialoge untereinander angeordnet werden, ziehen Sie den Dialog in den oberen Bereich, bis ein schwarzer Rahmen zu sehen ist.

Ende

Alle geöffneten Bilder werden im *Fenster*-Menü aufgelistet und mit einem Miniaturbild gekennzeichnet. So fällt die Auswahl eines Bildes leicht.

TIPP

Mehrere geöffnete andockbare Dialoge lassen sich auf unterschiedliche Art und Weise zusammenfassen. Sie lassen sich entweder gruppieren oder untereinander anordnen.

HINWEIS

Die geöffneten andockbaren Dialoge zu Gruppen zusammenzufassen, ist sinnvoll, um Platz im Arbeitsbereich zu schaffen.

HINWEIS

Start

1

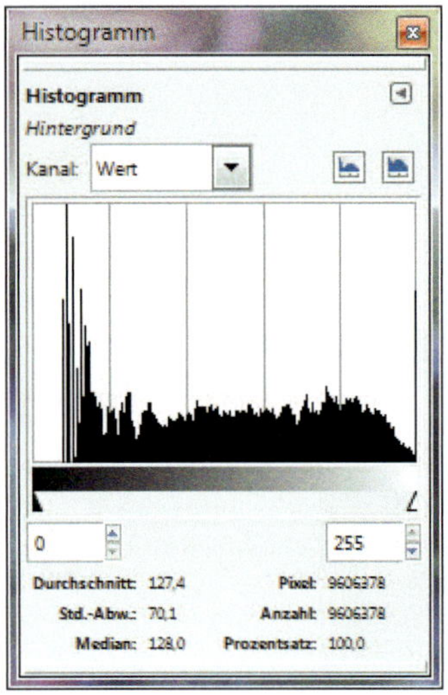

2

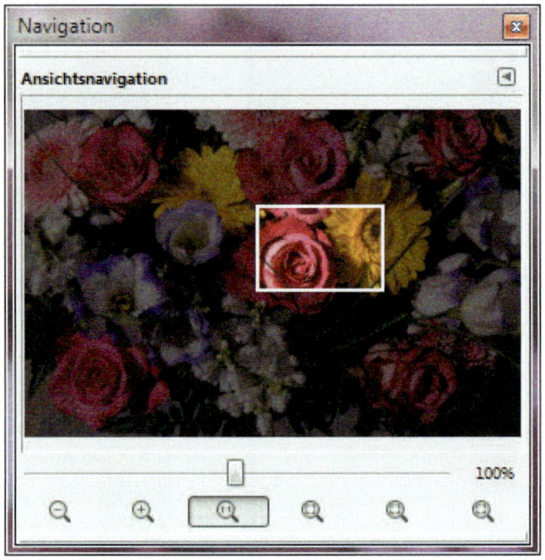

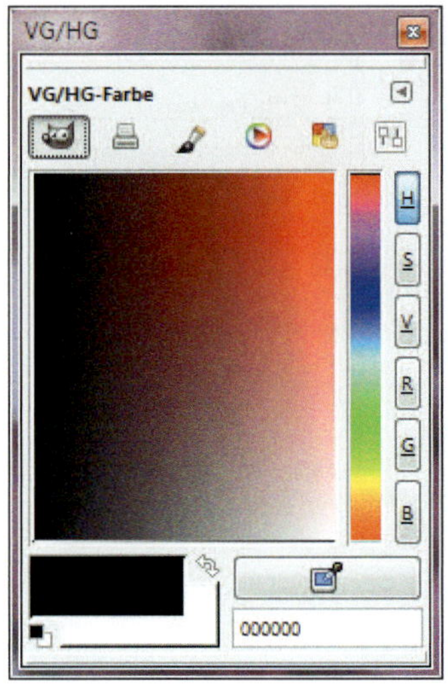

3

1 Der *Histogramm*-Dialog ist für die Beurteilung der im Bild vorkommenden Tonwerte wichtig. So lassen sich zum Beispiel schnell Belichtungsfehler erkennen.

2 Bei größeren Darstellungsgrößen ist das *Navigation*-Fenster sinnvoll, um die gewünschte Position im Bild zu finden. Klicken Sie auf die betreffende Stelle im Vorschaubild.

3 Im Farben-Dialog werden die Vorder- und die Hintergrundfarbe mithilfe eines Farbwählers eingestellt.

Einige der andockbaren Dialoge werden Sie sehr häufig benutzen, andere eher selten. Daher ist es nicht notwendig, dass alle verfügbaren Dialoge ständig eingeblendet sind. Suchen Sie sich diejenigen heraus, die Sie am häufigsten benötigen.

WISSEN

4

5

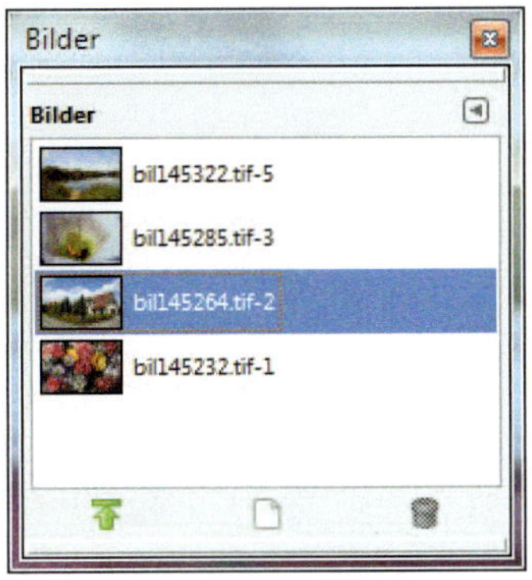

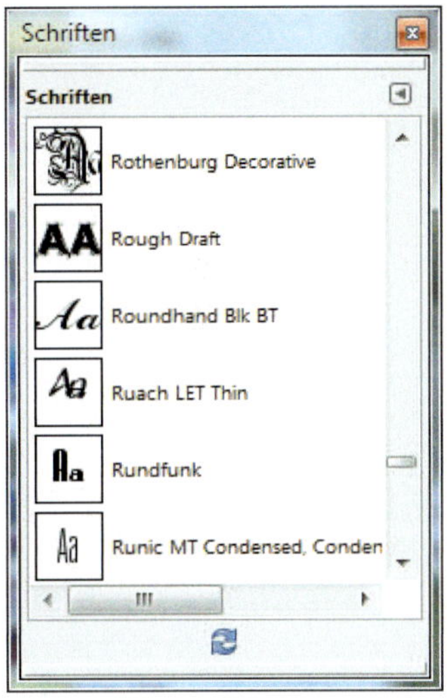

6

4 Gimp bietet erweiterte Optionen für die Zwischenablage an. Im *Ablagen*-Dialog findet die Verwaltung statt.

5 Wurden mehrere Bilder geöffnet, lässt sich der *Bilder*-Dialog nutzen, um ein spezielles Bild zur Bearbeitung in den Vordergrund zu bringen.

6 Im *Schriften*-Dialog wählen Sie einen Schrifttyp aus. Hier werden alle Schriften aufgelistet, die auf Ihrem Rechner installiert sind.

Ende

HINWEIS

Vier andockbare Dialoge, die besonders häufig benötigt werden, lassen sich auch mit Tastaturkombinationen aufrufen. Sie werden im *Fenster*-Menü hinter dem betreffenden Eintrag angezeigt.

FACHWORT

In einem sogenannten **Histogramm** werden alle Tonwerte, die im Bild vorhanden sind, grafisch aufbereitet angezeigt.

HINWEIS

Auf die standardmäßig eingeblendeten Dialoge weisen wir auf dieser Doppelseite nicht hin – Sie lernen diese wichtigen Dialoge im Laufe der nächsten Kapitel noch detailliert kennen.

Start

1 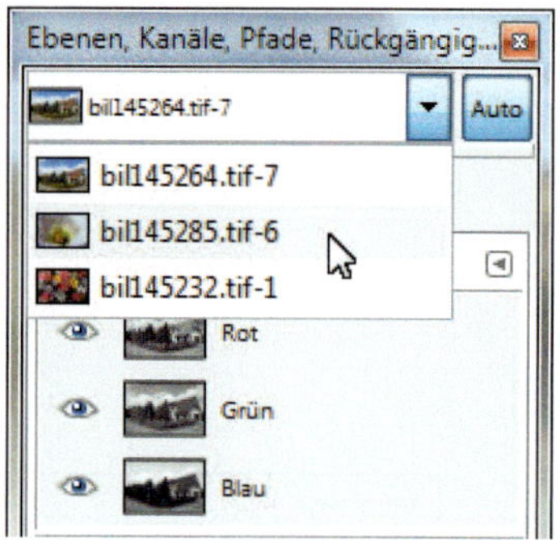

2 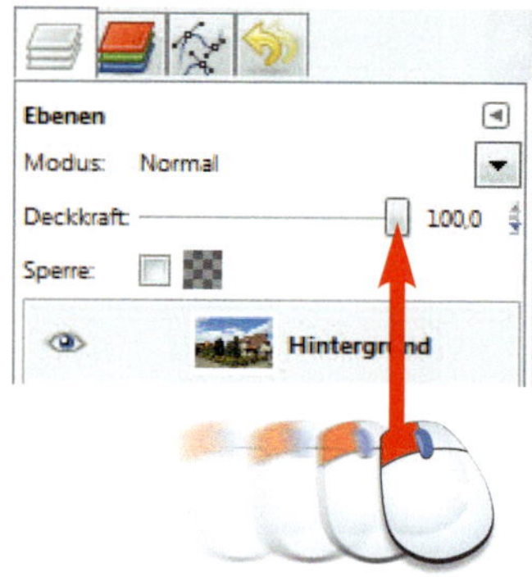

3 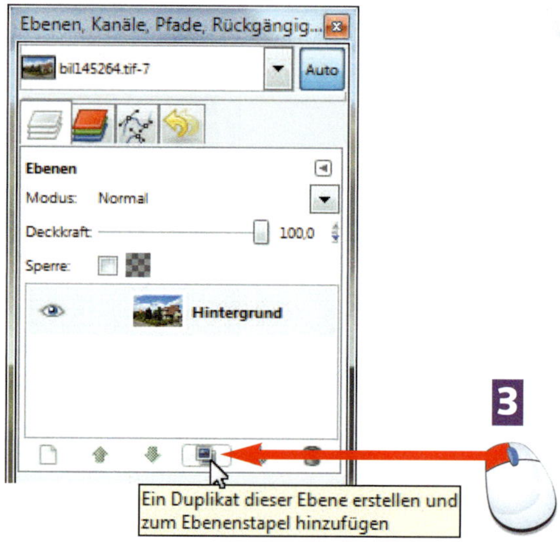

1 Dialoge, deren Funktionen sich auf ein Bild beziehen (wie hier beim *Ebenen*-Dialog), bieten in der Kopfzeile eine Liste zur Auswahl des Fotos an. Dies ist praktisch, wenn Sie mehrere Bilder geöffnet haben.

2 Im mittleren Bereich der Dialoge werden die verschiedenen Funktionen bereitgestellt. Die Einstellung erfolgt beispielsweise per Eingabefeld oder Schieberegler.

3 In der Fußzeile werden einige häufig benötigte Funktionen angeboten.

Die andockbaren Dialoge bieten zwar sehr unterschiedliche Optionen an – die grundsätzliche Bedienung ist aber für alle Fenster identisch.

WISSEN

4

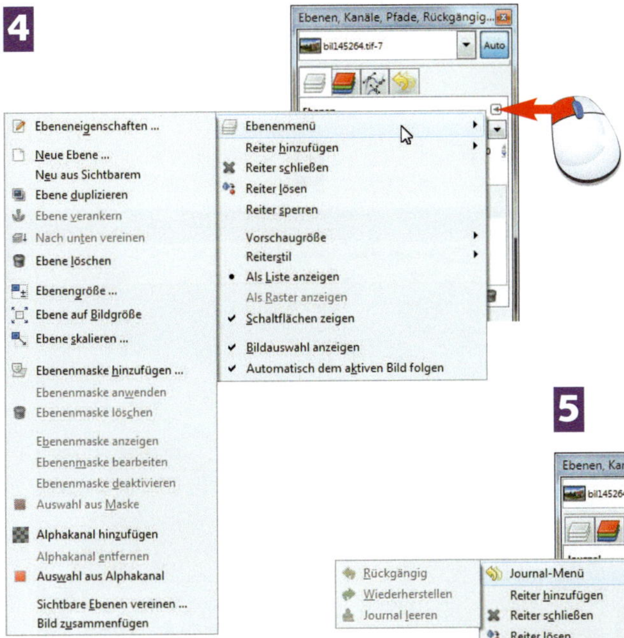

5

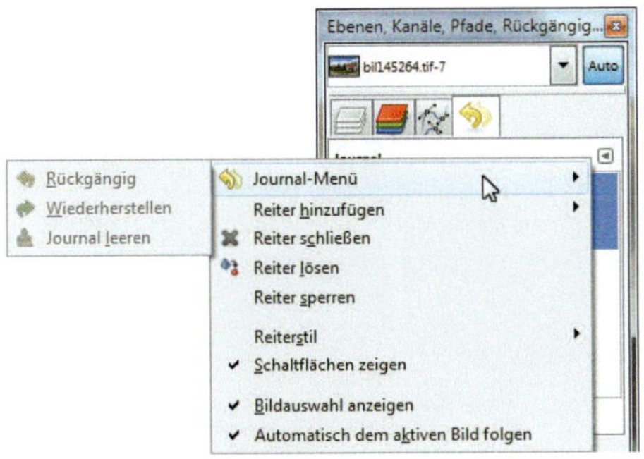

6

4 Klicken Sie auf den kleinen Pfeil oben rechts, um ein Menü zu öffnen. Im Untermenü des ersten Menüpunkts finden Sie jeweils spezielle Optionen des Bedienfelds, ...

5 ... wobei die Menge der angebotenen Funktionen je nach Bedienfeld stark variiert.

6 Außerdem finden Sie im Menü Funktionen, die sich auf den Dialog selbst beziehen – zum Beispiel, um ihn vor versehentlichem Verschieben zu schützen, wie bei dieser Abbildung.

Ende

Durchforsten Sie einmal die Menüs der Dialoge. Hier finden Sie viele interessante Funktionen.

TIPP

Kontextmenü wird das Menü genannt, das sich öffnet, wenn Sie ein Element mit der rechten Maustaste anklicken.

FACHWORT

Start

1

2

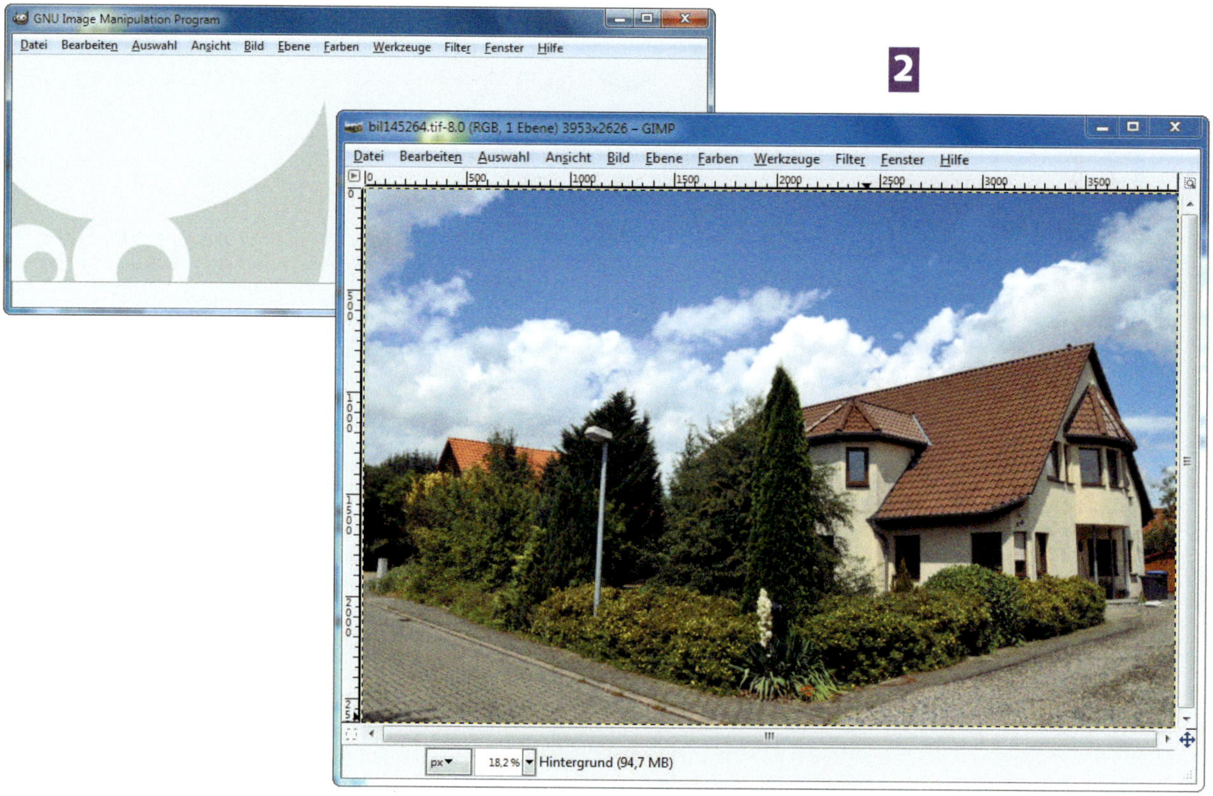

1 Auch wenn kein Bild geöffnet ist, ist das Bildfenster vorhanden.

2 Wird ein Foto geöffnet, wird es standardmäßig so verkleinert, dass es vollständig im Bildfenster zu sehen ist. Außerdem werden Lineale eingeblendet, die Sie aber bei Bedarf über das *Ansicht*-Menü ausblenden können.

Das Bildfenster von Gimp ist der zentrale Steuerbereich des Programms, daher muss stets mindestens ein Bildfenster geöffnet sein. Jedes geöffnete Bildfenster enthält dieselben Bedienelemente. So haben Sie beispielsweise jederzeit Zugriff auf die Menüfunktionen.

WISSEN

3

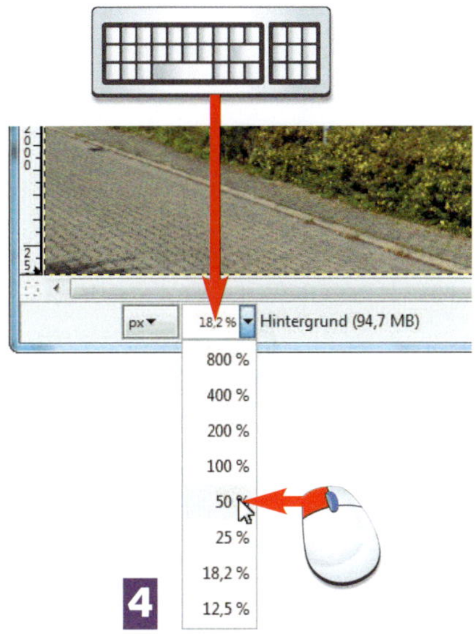

4

3 Wenn Sie mehrere Bilder öffnen, wird jedes Bild in einem eigenen Bildfenster angezeigt – in diesem Beispiel sind es drei Bilder.

4 Die Darstellungsgröße lässt sich über das Listenfeld links unter dem Bild anpassen. Ist der gewünschte Vergrößerungsfaktor nicht in der Liste enthalten, tippen Sie den Wert einfach in das Eingabefeld ein.

Ende

Mindestens ein Bildfenster muss immer geöffnet sein. Wird das letzte Bildfenster geschlossen, beenden Sie damit das Programm.

Welche Maßeinheit bei den Linealen verwendet wird, stellen Sie im Listenfeld links neben der Darstellungsgröße in der Fußzeile des Fensters ein.

HINWEIS

TIPP

Start

1

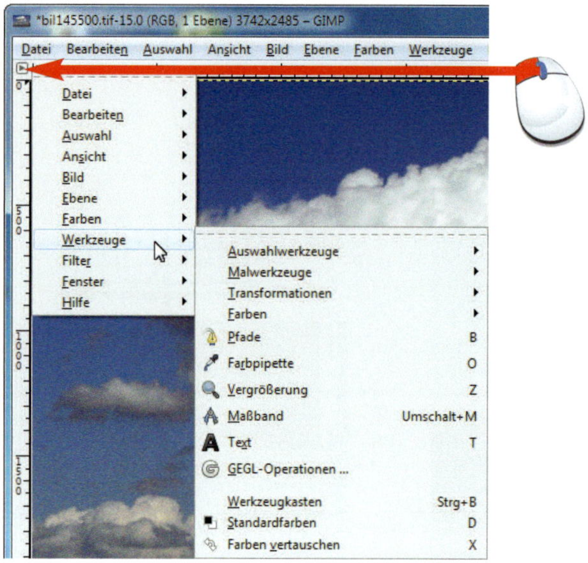

2

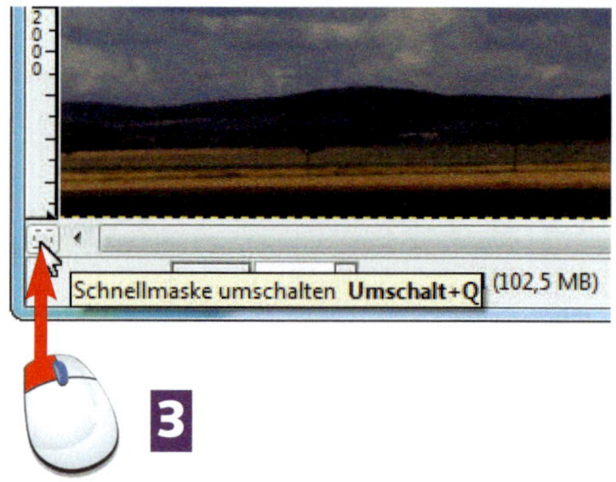

3

1 Wenn Sie auf die Schaltfläche in der linken Ecke des Fotos klicken, wird ein Menü geöffnet, das alle Hauptmenüfunktionen enthält. Dies ist ein wenig „doppelt gemoppelt".

2 Aktivieren Sie die Schaltfläche oben rechts, wird das Bild mit vergrößert, wenn Sie die Fenstergröße ändern. Dies ist recht praktisch, da standardmäßig die Darstellungsgröße des Bildes unverändert bleibt.

3 Wollen Sie Teile des Bildes bearbeiten und dazu mit Masken arbeiten (dazu später mehr), können Sie mit dieser Schaltfläche die Schnellmaske einschalten.

Im Bildfenster sind einige zusätzliche Funktionen verborgen, die nicht auf Anhieb erkennbar sind. Sie erleichtern aber die Arbeit enorm und sollten daher beachtet werden.

WISSEN

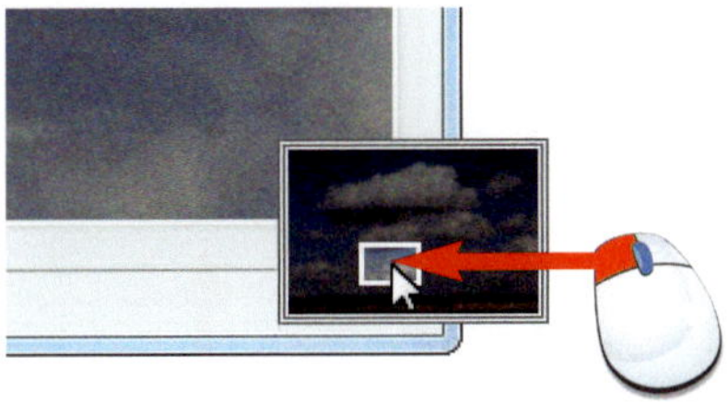

4

5

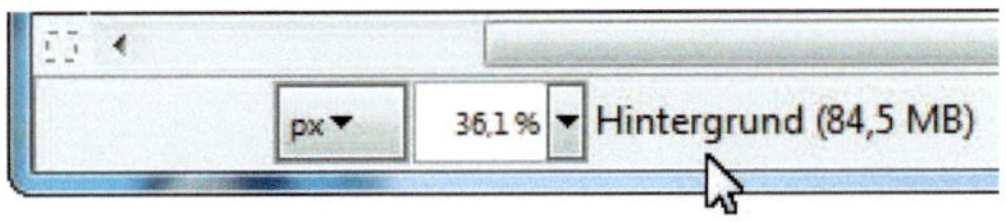

6

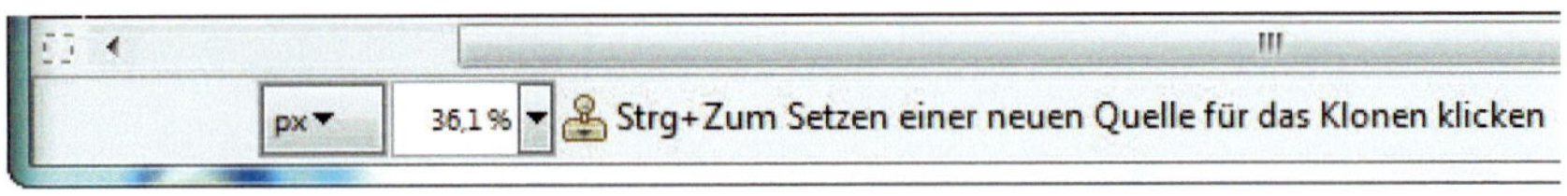

4 Das Feld rechts unten können Sie nutzen, um bei vergrößerten Ansichten den sichtbaren Bildausschnitt anzupassen.

5 Rechts neben dem Zoomfeld der Darstellungsgröße wird die aktive Ebene angezeigt, ...

6 ... aktivieren Sie aber ein Werkzeug, dient der Bereich als Informationszeile, um die Wirkungsweise des Werkzeugs knapp zu erläutern.

Ende

HINWEIS

Standardmäßig werden bei allen Funktionen Hilfeschildchen angezeigt, die Sie aber über die Funktion *Bearbeiten/Einstellungen/Hilfesystem* auch deaktivieren können.

FACHWORT

Werden nur bestimmte Teile eines Bildes bearbeitet, nutzt man die sogenannten **Masken,** um die anderen Bildteile vor Veränderungen zu schützen.

HINWEIS

Wenn Sie das kleine Navigationsfenster im Bildfenster nutzen, können Sie sich den Aufruf des *Navigation*-Andockdialogs sparen.

Start

1

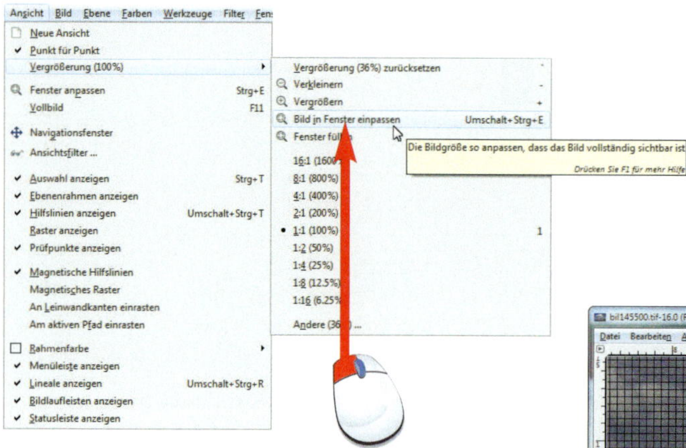

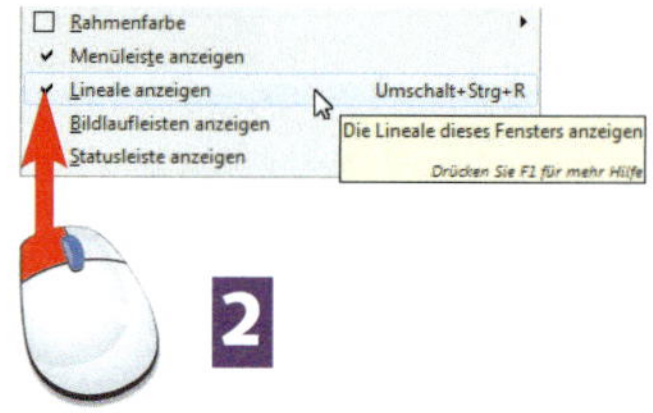

2

3

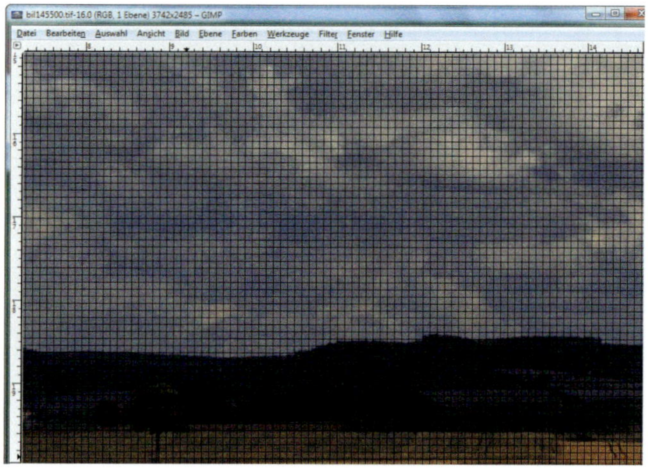

1 Im Menü *Ansicht/Vergrößerung* finden Sie zusätzlich zu numerisch exakten Angaben auch Optionen, um das Bild beispielsweise an die Fenstergröße anzupassen.

2 Am Ende der Auflistung sind auch Optionen untergebracht, um festzulegen, was im Bildfenster angezeigt werden soll – wie etwa Lineale. Alle Optionen, die mit einem Haken vor dem Eintrag gekennzeichnet sind, sind aktiviert.

3 Raster können sinnvoll für die Ausrichtung von Objekten sein.

Einige der Ansichtsoptionen sind auch über Tastenkürzel zu erreichen – Sie finden diese im Menü am Ende des jeweiligen Eintrags. Es lohnt sich durchaus, sich die wichtigsten Tastenkürzel einzuprägen, um schnell zwischen verschiedenen Darstellungsgrößen hin- und herspringen zu können.

WISSEN

4

4 Über das *Ansicht*-Menü ist auch die *Vollbild*-Ansicht zu erreichen, die auch mit dem Tastenkürzel F11 aufgerufen werden kann. Nach dem Aufruf füllt das Bildfenster den gesamten Bildschirm aus.

5 Zusätzlich sind – neben der Menüleiste …

6 … und dem Werkzeugkasten – …

7 … noch die verschiedenen Dialoge zu sehen.

Ende

Die *Vollbild*-Ansicht ist sinnvoll, wenn Sie Details im Bild bearbeiten und möglichst wenig von der möglichen Arbeitsfläche „verschenken" wollen.

HINWEIS

Sie können die Lineale auch verwenden, um Hilfslinien zu platzieren. Klicken Sie dazu in eines der beiden Lineale und ziehen Sie die Hilfslinie mit gedrückter linker Maustaste auf die Arbeitsfläche.

TIPP

3

Schnelle Korrekturen

Start

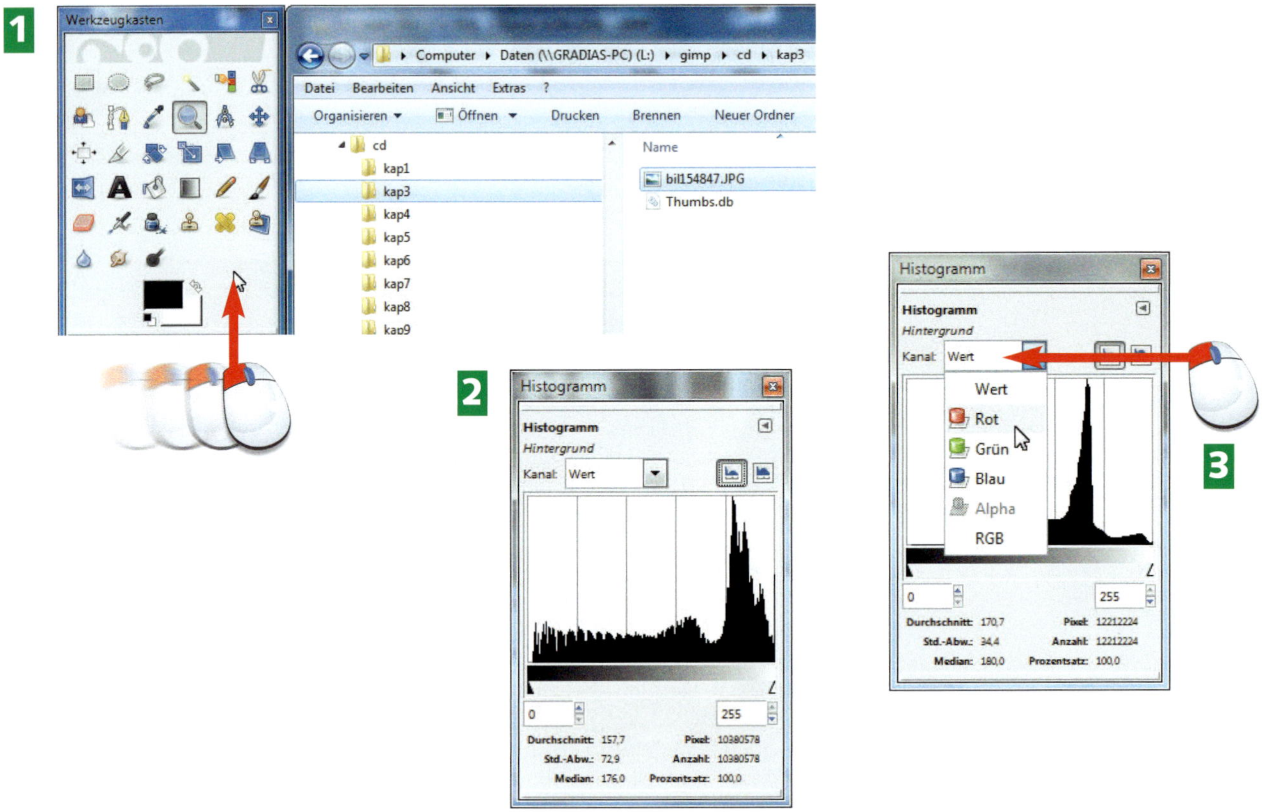

1 Sie können Dateien auch öffnen, indem Sie sie mit gedrückter linker Maustaste aus dem Windows-Explorer auf den Werkzeugkasten ziehen.

2 Öffnen Sie den andockbaren Dialog *Histogramm*, um die Tonwerte des Bildes beurteilen zu können.

3 Wenn Sie die Tonwerte eines der drei Farbkanäle des Bildes ansehen wollen, klicken Sie auf das *Kanal*-Listenfeld und wählen Sie den gewünschten Farbkanal aus.

Dass Fotos nicht immer ganz perfekt gelingen, ist durchaus normal. Auch bei der digitalen Fotografie kommt es vor, dass ein Bild eventuell zu hell oder zu dunkel ist oder der Kontrast zu wünschen übrig lässt. Solche Bilder lassen sich mit Gimp schnell optimieren.

WISSEN

4

5

4 Bei ausgewogen belichteten Fotos erstreckt sich der Tonwertbereich über die gesamte Breite des Histogramms, wie bei diesem Foto. Weder rechts noch links sind Lücken im Histogramm zu erkennen.

5 Ist ein Foto falsch belichtet, sind Lücken im Tonwertbereich zu sehen. So sind bei diesem Foto kaum dunkle Tonwerte – die links im Histogramm untergebracht sind – vorhanden. Daher ist das Bild kontrastarm.

Ende

TIPP

Das Histogramm lässt sich prima nutzen, um Bildfehler aufzuspüren – daher ist das Nutzen des Histogramms sinnvoll.

TIPP

Wenn Sie ein Foto per Drag & Drop auf den Werkzeugkasten ziehen, verhindern Sie, dass eine neue Ebene bei einem eventuell bereits geöffneten anderen Foto erstellt wird.

FACHWORT

Helle Bereiche im Bild nennt man **Lichter** – zum Beispiel helle Wolken. Dunkle Partien (Schattenpartien) werden dagegen **Tiefen** genannt. Außerdem gibt es noch die **Mitteltöne**.

Start

1

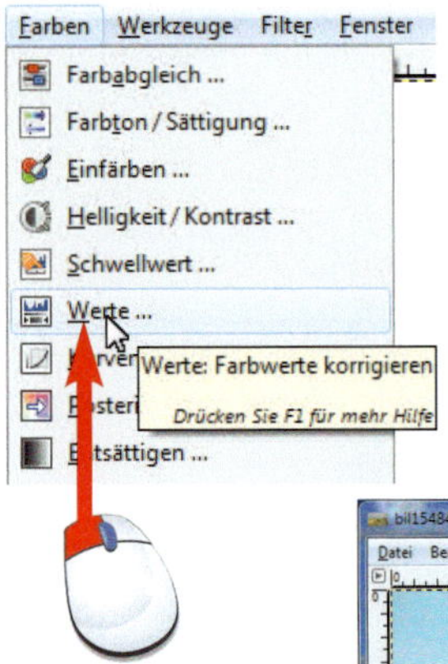

2

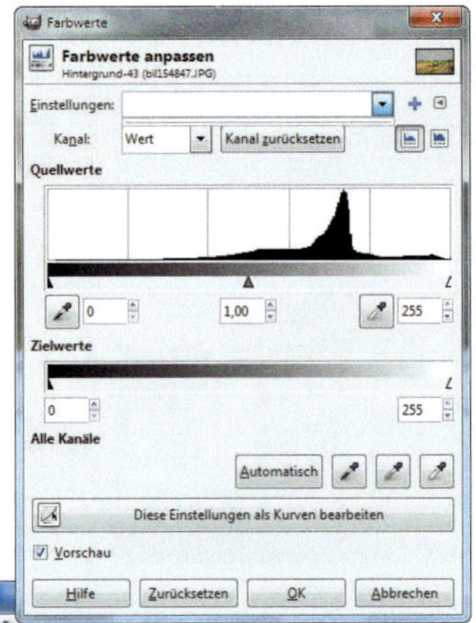

3

1 Im *Farben*-Menü finden Sie im oberen Bereich diverse Funktionen, um missratene Bilder zu verbessern. Rufen Sie hier die *Werte*-Option auf.

2 Im *Farbwerte*-Dialog wird ebenfalls ein Histogramm angezeigt, um die Auswirkungen beurteilen zu können.

3 Bei vielen Fotos erreichen Sie mit der *Automatisch*-Option bereits gute Ergebnisse. Bei dem Beispielbild klappt dies nicht, da es bei abendlichem, rötlichem Licht aufgenommen wurde und die Automatik daher die Stimmung verdirbt.

Das Korrigieren der Tonwerte ist eine der wichtigsten Aufgaben bei der Optimierung von digitalen Fotos. Selbst bei guten Bildern lässt sich mit der Tonwerte-Korrektur meist noch ein wenig aus dem Bild „herauskitzeln".

WISSEN

4

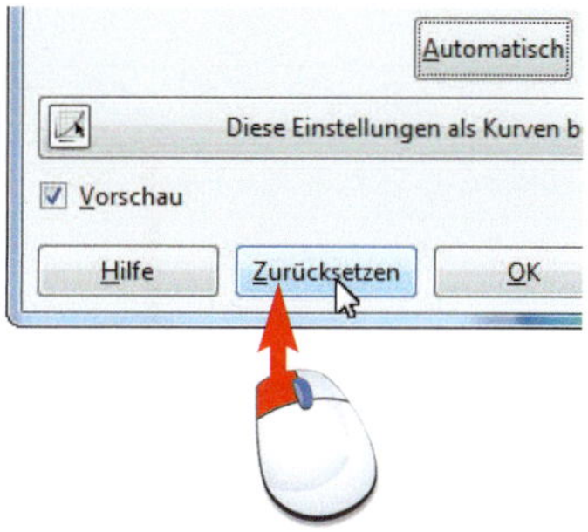

5

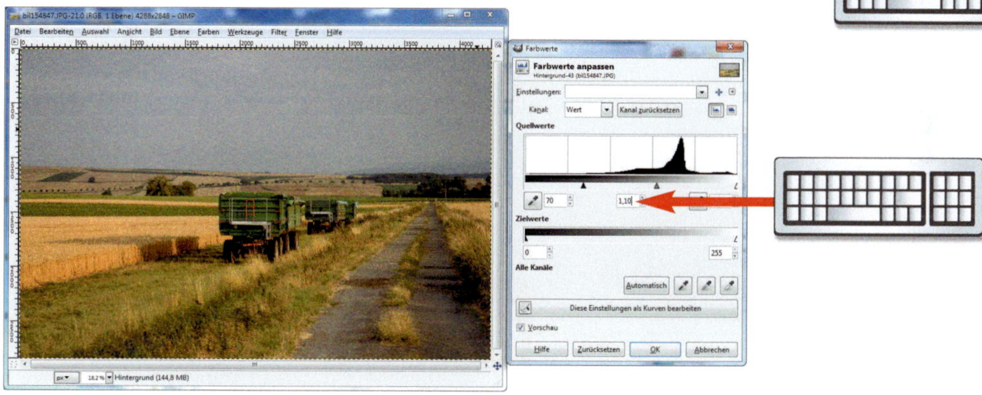

6

4 Da die Automatik bei unserem Beispiel nicht klappt, nutzen Sie die *Zurücksetzen*-Schaltfläche, um die Änderungen zu verwerfen.

5 Tippen Sie im linken Eingabefeld unter dem Histogramm den Wert *70* ein, um das Loch im Bereich der dunklen Tonwerte zu entfernen und so den Kontrast zu verbessern.

6 Im mittleren Feld wird der Wert *1,10* benötigt, um die mittleren Tonwerte des Bildes ein wenig aufzuhellen. Das Bild sieht nun schon deutlich besser aus.

Ende

Bevor Sie eigene Einstellungen verwenden, sollten Sie zunächst ausprobieren, ob die angebotenen *Automatisch*-Varianten bereits zu optimalen Ergebnissen führen.

TIPP

Mit dem mittleren Wert der Tonwertspreizung ändern Sie die Mitteltöne des Bilds. Werte über 1,00 hellen das Bild auf – niedrigere Werte dunkeln das Bild ab.

HINWEIS

Es ist völlig normal, dass digitale Fotos ein wenig nachbearbeitet werden müssen, um ein perfektes Ergebnis zu erhalten.

HINWEIS

Start

1

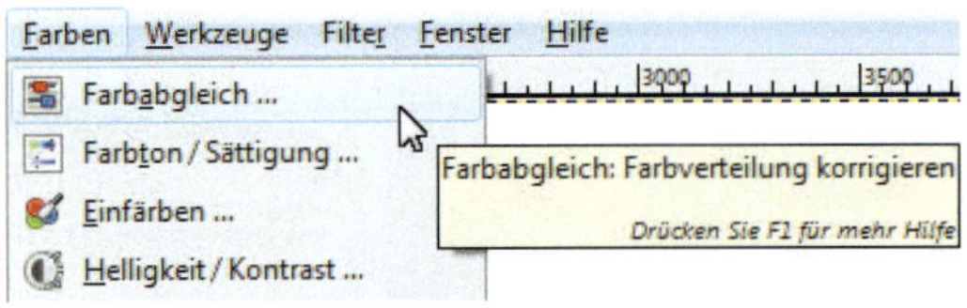

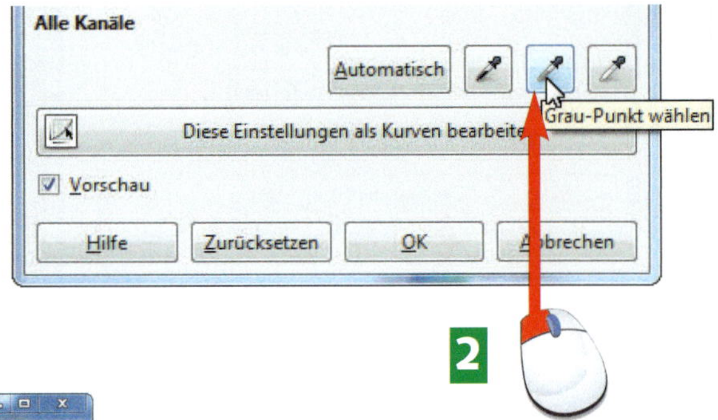

2

3

1 Im *Farben*-Menü finden Sie unterschiedliche Optionen, um Farbstiche aus dem Bild zu entfernen – so können Sie dafür zum Beispiel die beiden ersten Funktionen nutzen.

2 Wir wollen Ihnen aber eine andere Variante vorstellen. Wenn Sie im *Farbwerte*-Dialog eine der drei Schaltflächen anklicken, können Sie einen Schwarz-, Grau- oder Weiß-Punkt festlegen.

3 Klicken Sie nach dem Aufruf der Schaltfläche *Grau-Punkt wählen* auf eine Stelle im Bild, von der Sie wissen, dass sie neutralgrau sein sollte.

Es sollte bei der heutigen modernen Technik der Digitalkameras nicht passieren – dennoch werden Ihnen hin und wieder Bilder mit einem Farbstich begegnen. Er kann beispielsweise durch das natürliche Licht entstehen, das sich im Laufe des Tages ändert. Während das Licht morgens und abends rötlicher ist, ist es gegen Mittag bläulicher.

WISSEN

4

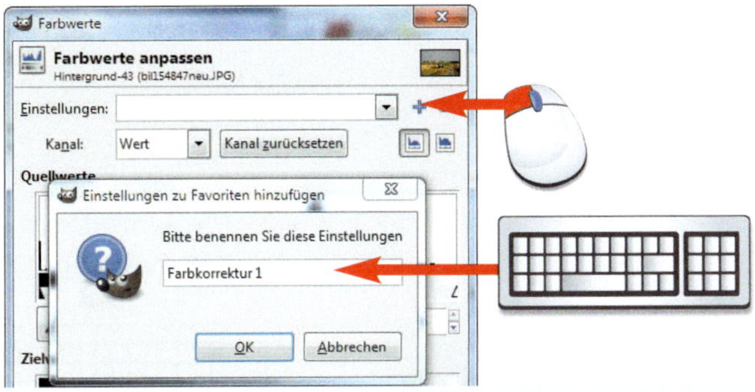

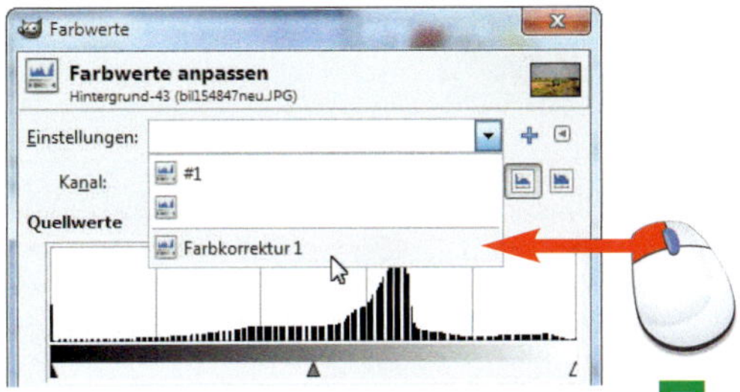

5

6

4 Eins ist sehr praktisch: Wenn Sie auf das Pluszeichen oben rechts klicken, können Sie die Einstellungen für eine spätere Wiederverwendung sichern. Tippen Sie in dem Dialogfeld, das damit geöffnet wird, eine aussagekräftige Bezeichnung ein.

5 Anschließend finden Sie den neuen Eintrag am Ende der Liste.

6 Nach den bisherigen Korrekturen sieht das Bild schon deutlich besser aus als das Ausgangsbild.

Ende

Sie können die *Werte*-Funktion auch mehrfach nacheinander anwenden, wenn Sie die Arbeitsschritte nicht alle auf einmal erledigen wollen.

HINWEIS

Solange Sie die Korrektur nicht zugewiesen haben, können Sie die Einstellungen noch verändern.

HINWEIS

Start

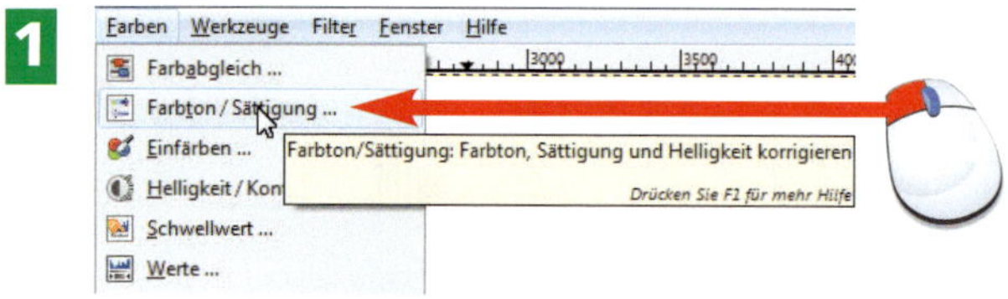

1 Rufen Sie aus dem *Farben*-Menü die Funktion *Farbton/Sättigung* auf.

2 Die Sättigung sollte nicht allzu stark erhöht werden, damit kein unnatürliches Ergebnis entsteht. Werte von *10* oder *20* reichen in den allermeisten Fällen aus. Beobachten Sie die Veränderungen in der Vorschau.

Die Arbeitsschritte beim Optimieren von Bildern sind im Prinzip bei allen Fotos gleich. Es ist auch durchaus sinnvoll, eine bestimmte Reihenfolge beizubehalten. So wäre es beispielsweise wenig sinnvoll, die Farbkräftigkeit zu Beginn der Bearbeitung zu korrigieren, da ja zu diesem Zeitpunkt die Helligkeit und der Kontrast noch nicht stimmen.

WISSEN

3

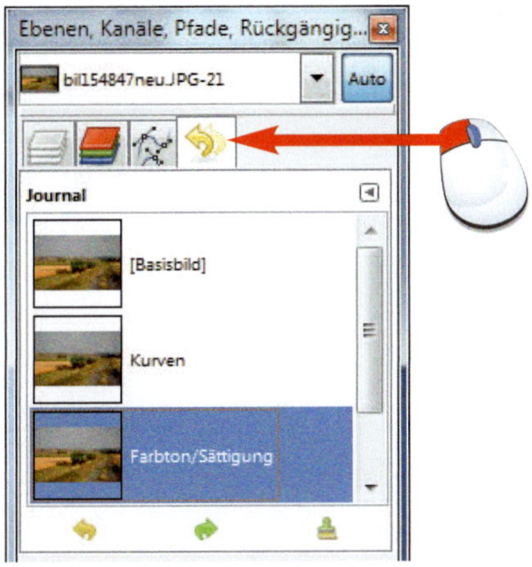

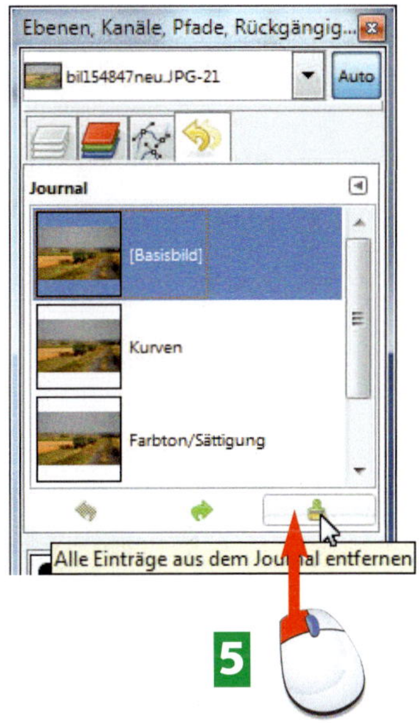

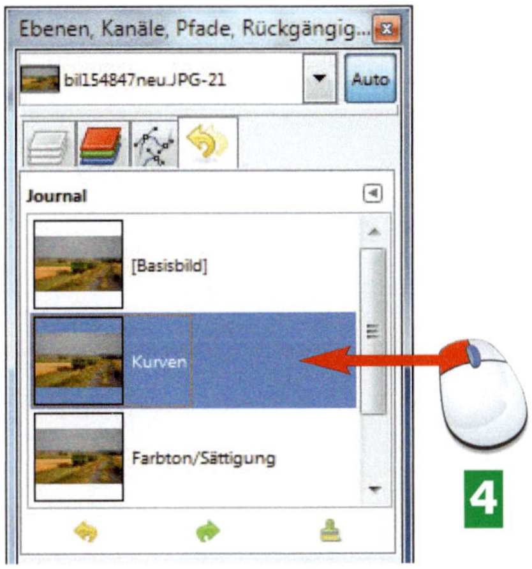

4

3 Falls Sie sich vertan haben, können Sie jederzeit zu vorherigen Arbeitsschritten zurückkehren. Das *Journal*-Bedienfeld leistet hier gute Dienste.

4 Klicken Sie auf einen der Einträge, um zu einem früheren Bearbeitungsstadium zurückzukehren. Alle Arbeitsschritte werden der Reihenfolge nach aufgelistet.

5 Um das Journal zu leeren, verwenden Sie die rechte Schaltfläche in der Fußzeile des Bedienfelds.

Ende

Falls Sie die Vorschau nicht im Originalbild sehen, haben Sie vermutlich die *Vorschau*-Option unten im Dialog nicht aktiviert.

HINWEIS

Durch eine höhere **Sättigung** sind die Farben leuchtender. Für eine optimale Wirkung sollte aber kein zu hoher Wert verwendet werden – *20* ist ein sinnvoller Maximalwert.

FACHWORT

Start

1

2

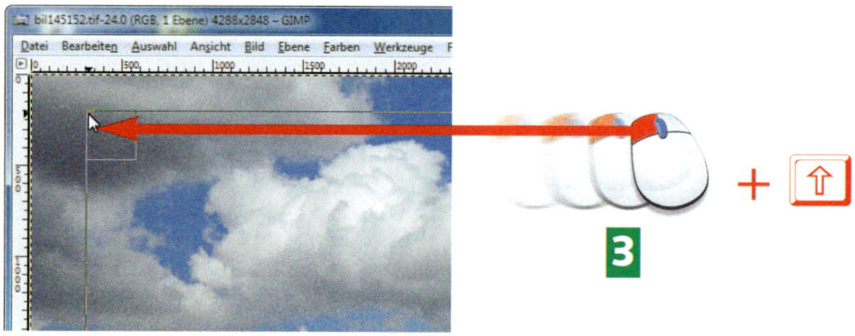

3

1 Klicken Sie nach dem Öffnen des zu bearbeitenden Bildes im Werkzeugkasten auf das *Zuschneiden*-Werkzeug.

2 Ziehen Sie einen Rahmen auf, der sich über das gesamte Bild erstreckt.

3 Halten Sie die ⇧-Taste gedrückt und ziehen Sie eine Ecke, bis die gewünschte neue Größe erreicht ist.

Wenn es das Bild erfordert, ist es empfehlenswert, das Zuschneiden als ersten Arbeitsschritt durchzuführen. Damit stellen Sie sicher, dass sich beispielsweise Tonwertänderungen nur auf den wirklich verwendeten Bereich beziehen.

WISSEN

4

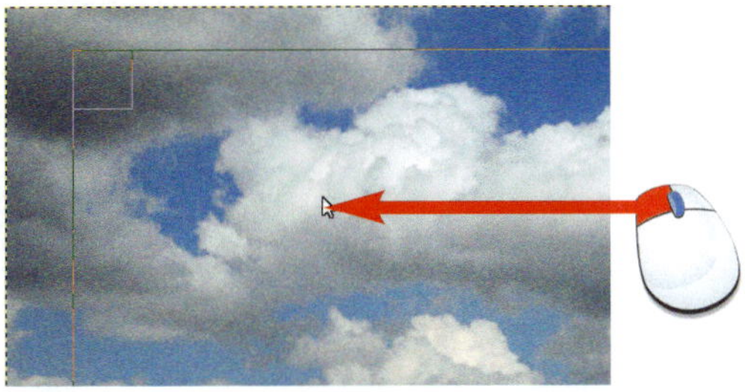

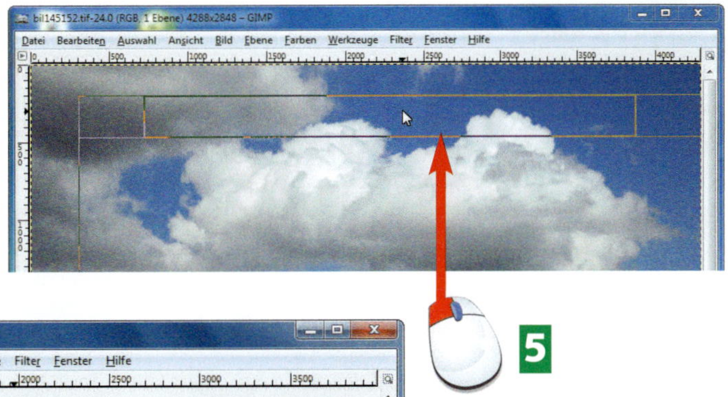

5

6

4 Wenn Sie den Markierungsrahmen auf eine andere Position verschieben wollen, klicken Sie in den Markierungsbereich.

5 Klicken Sie in der Mitte, wenn der Rahmen gedehnt werden soll, ohne dass das Seitenverhältnis beibehalten bleibt.

6 Klicken Sie doppelt innerhalb des Markierungsrahmens, um die Freistellung zuzuweisen.

Ende

In den Werkzeugeinstellungen finden Sie diverse Optionen zum Zuschneiden. So können Sie beispielsweise eine bestimmte Größe oder ein festes Seitenverhältnis vorgeben.

TIPP

Durch Drücken der ⇧-Taste bleibt das Seitenverhältnis von Höhe zu Breite erhalten.

HINWEIS

Start

1

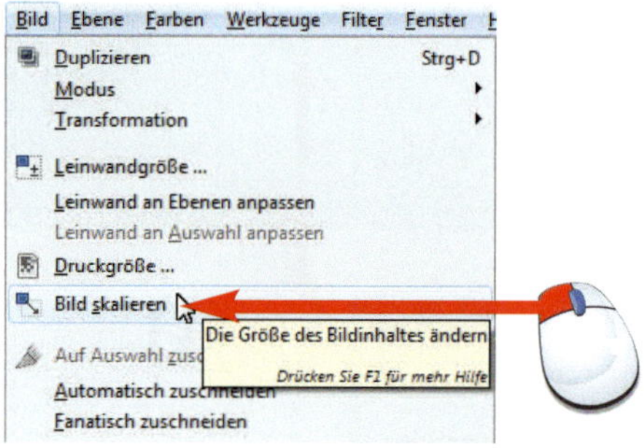

2

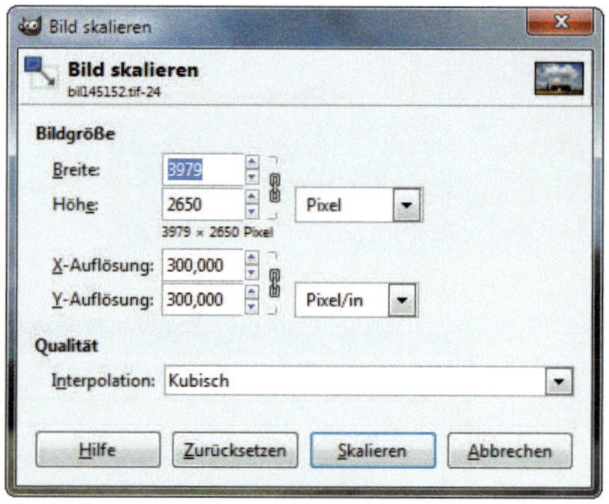

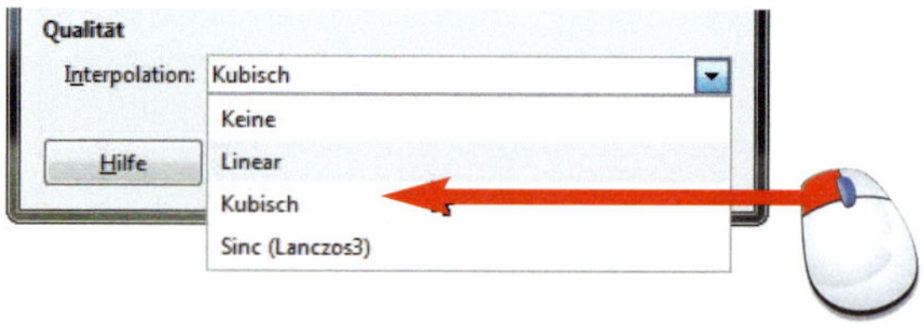

3

1 Um die Größe des Fotos zu verändern, benötigen Sie die Funktion *Bild/Bild skalieren*.

2 In diesem Dialogfeld werden die Optionen zur Größenänderung bereitgestellt. Im *Höhe*- und *Breite*-Feld sehen Sie die aktuelle Bildgröße.

3 Im *Qualität*-Listenfeld sind drei Optionen für die Art der Bildberechnung (Interpolation). *Kubisch* ist eine empfehlenswerte Option, weil dabei eine gute Bildqualität entsteht.

Die aktuellen digitalen Kameras bieten eine so hohe Megapixelzahl, dass ein Verkleinern des Fotos meist sinnvoll ist. Nur in seltenen Fällen werden Sie das Bild so groß ausdrucken, dass Sie die volle Pixelanzahl benötigen.

WISSEN

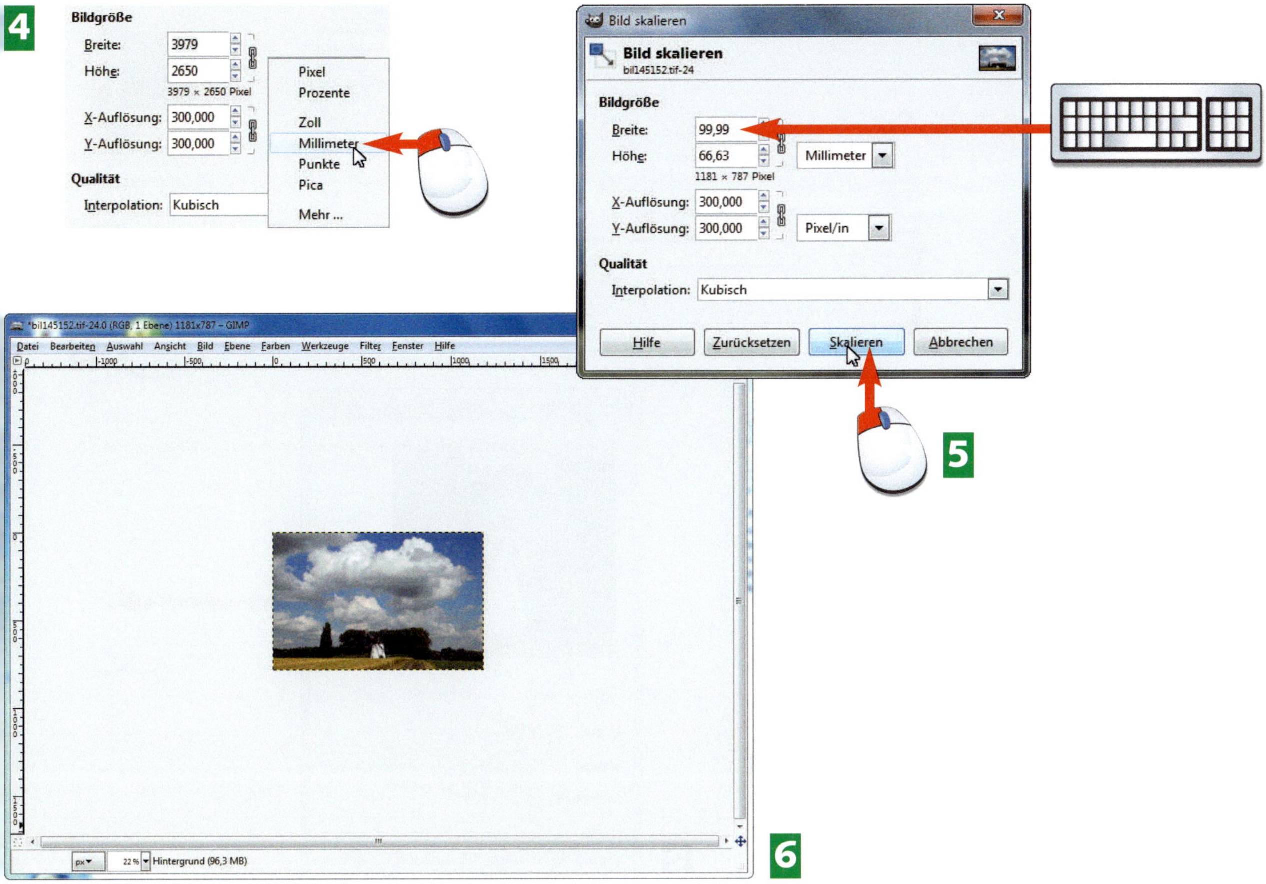

4 Wählen Sie in dem oberen Listenfeld die Maßeinheit aus, die Sie verwenden wollen – beispielsweise *Millimeter*.

5 Tippen Sie die neuen Maße in die Eingabefelder ein und bestätigen Sie das Neuberechnen mit der *Skalieren*-Schaltfläche.

6 Da das Bild verkleinert wurde nimmt es nach dem Skalieren nur noch einen kleinen Teil des Bildfensters ein.

Ende

HINWEIS

300 dpi (**d**ots **p**er **i**nch) ist ein gängiger Standardwert für die Auflösung, wenn Sie Fotos in optimaler Qualität drucken wollen.

HINWEIS

Mit der Funktion *Bild/Druckgröße* wird lediglich die Auflösung des Bildes verändert – die Pixelanzahl wird dabei nicht verändert.

TIPP

Wenn Sie das aktuelle Seitenverhältnis nicht beibehalten wollen, klicken Sie auf das Kettensymbol rechts neben den Eingabefeldern.

Die Bildschärfe verbessern

Start

1

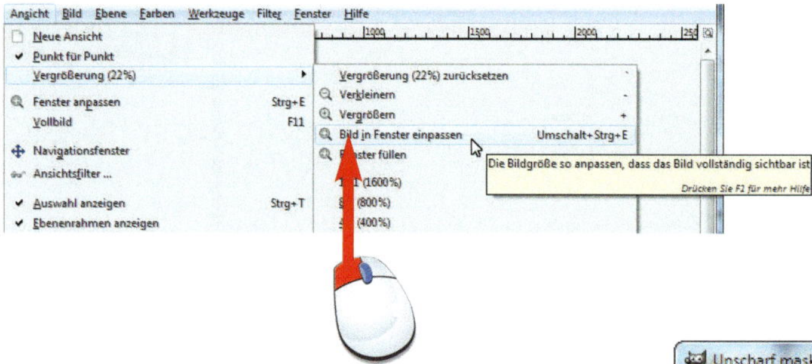

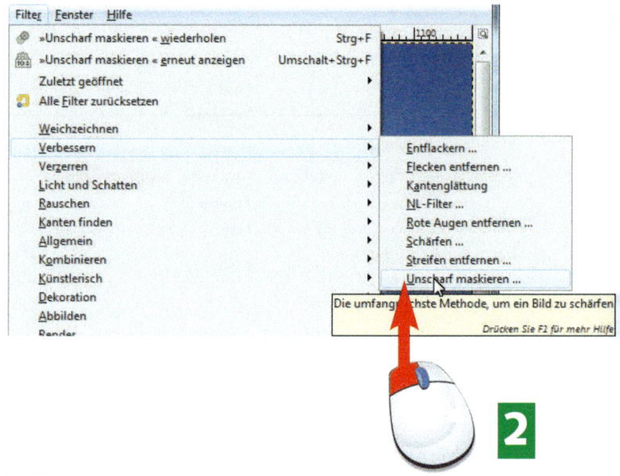

2

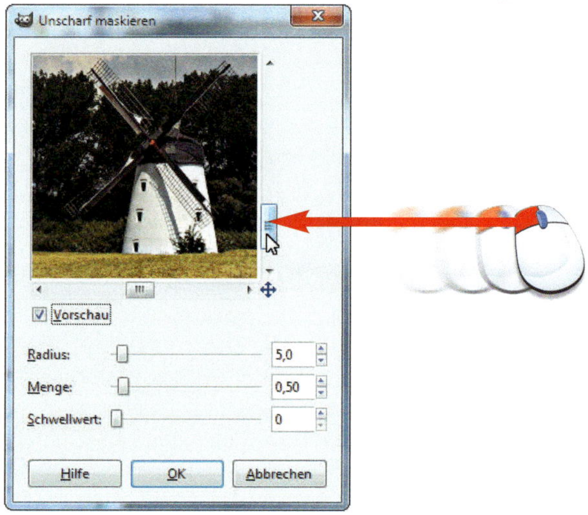

3

1 Um die Darstellungsgröße des verkleinerten Fotos wieder an die Größe des Bildfensters anzupassen, rufen Sie die Funktion *Ansicht/Vergrößerung/Bild in Fenster einpassen* auf.

2 Zum Bildschärfen eignet sich die Funktion *Filter/Verbessern/Unscharf maskieren* am besten, da hier verschiedene Optionen bereitgestellt werden.

3 Suchen Sie im Vorschaubild (das das Bild in einer Darstellungsgröße von 100% anzeigt) mit den Scrollbalken eine repräsentative Stelle im Bild, an der die Schärfe gut beurteilt werden kann.

Auch wenn digitale Fotos gut geworden sind, lässt sich die Bildschärfe noch ein wenig verbessern. Dies ist normal und kein Manko der digitalen Fotografie. Verschiedene Kameras bieten allerdings auch die Möglichkeit an, die Bilder kameraintern gleich nach der Aufnahme zu schärfen.

WISSEN

4

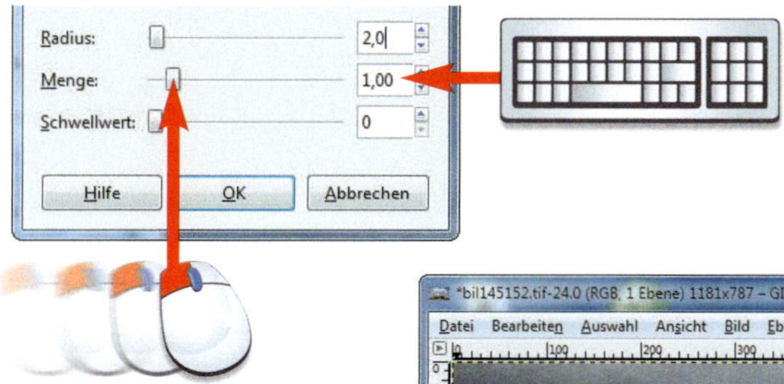

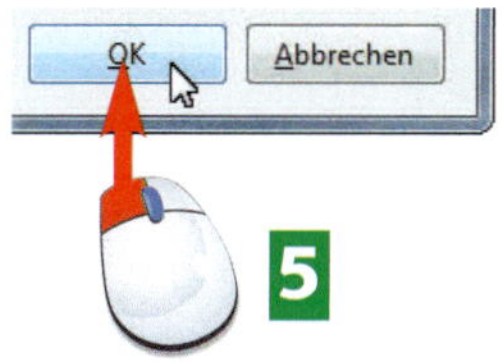

5

6

4 Passen Sie die Werte durch Ziehen der Schieberegler oder Eintippen in den Eingabefeldern rechts daneben an. Die von uns verwendeten Einstellungen sehen Sie im Bild.

5 Bestätigen Sie die Eingaben mit der *OK*-Taste.

6 Hier sehen Sie das geschärfte Endergebnis.

Ende

Mit dem *Menge*-Wert wird die Stärke der Schärfung eingestellt. Der *Radius*-Wert legt fest, inwieweit benachbarte Pixel mit einbezogen werden sollen.

HINWEIS

Der *Schwellenwert* bestimmt, wie ähnlich Farbwerte sein müssen, um von der Schärfung betroffen zu sein.

HINWEIS

Das Ergebnis speichern

Start

1

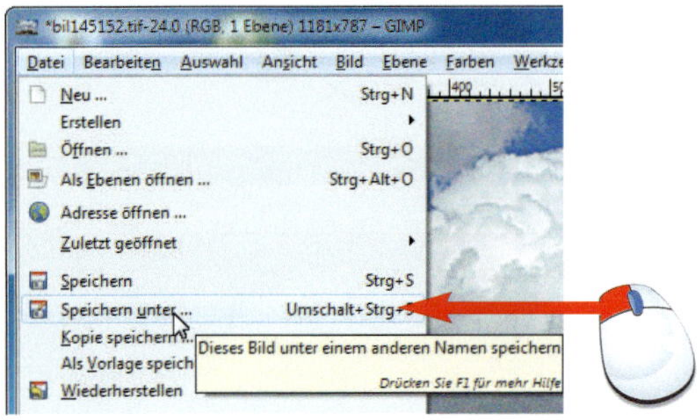

3

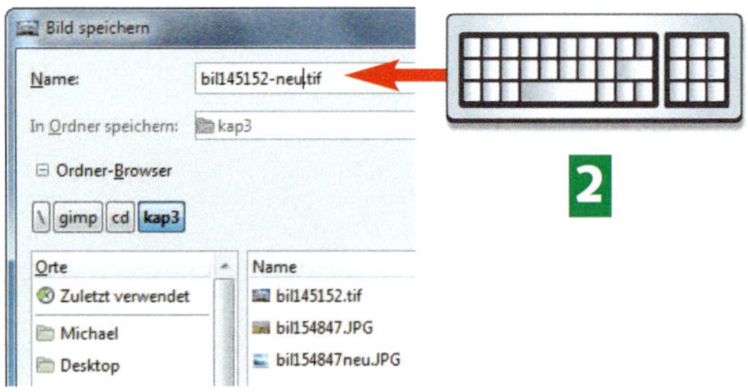

2

1 Zum Abschluss der Bearbeitung muss das Ergebnis noch gesichert werden. Rufen Sie dazu die Funktion *Datei/Speichern unter* auf.

2 Um das unbearbeitete Originalbild zu erhalten, sollten Sie einen neuen Namen vergeben, der oben im ersten Eingabefeld eingetippt werden muss.

3 Nach dem Bestätigen mit der *Speichern*-Schaltfläche werden die zum ausgewählten Dateiformat verfügbaren Optionen in einem gesonderten Dialogfeld angezeigt.

Das Speichern bietet Ihnen einige erweiterte Möglichkeiten. So können Sie beispielsweise die Stärke der Komprimierung festlegen, wenn Sie das Ergebnis im JPEG-Dateiformat speichern.

WISSEN

4

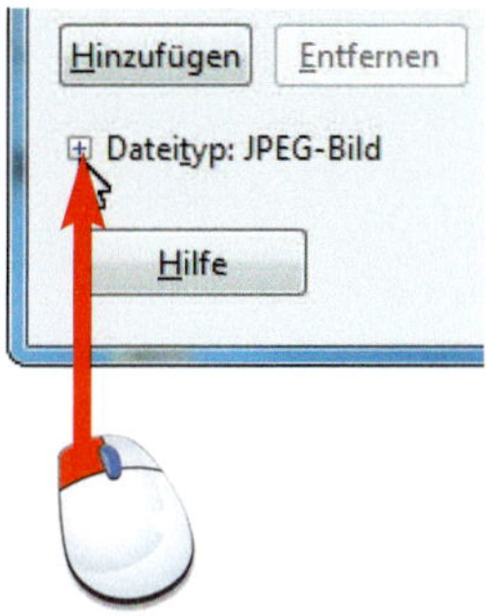

6

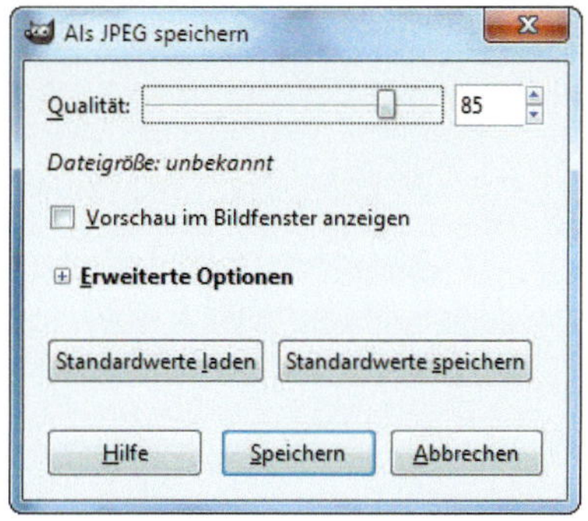

5

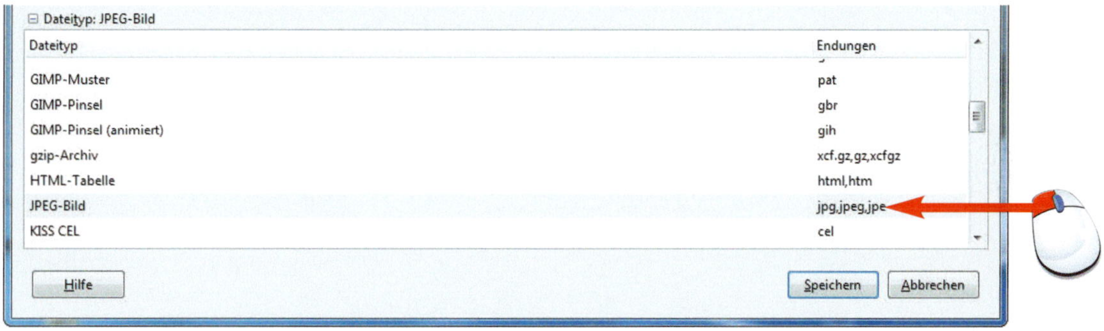

4 Klicken Sie im unteren Bereich auf dieses Plussymbol, um ein anderes Dateiformat auswählen zu können.

5 Das Dialogfeld wird damit um eine Liste erweitert, in der alle gängigen Dateiformate aufgelistet werden. Wählen Sie beispielsweise das JPEG-Dateiformat, ...

6 ... für das diese Optionen zur Verfügung stehen.

Ende

TIPP

Stellen Sie stets einen hohen *Qualität*-Wert für die JPEG-Komprimierung ein, um die bestmögliche Bildqualität zu erhalten.

FACHWORT

Die **Komprimierung** reduziert die Dateigröße. Dies geschieht allerdings zulasten der Bildqualität. Daher müssen Sie hier einen Kompromiss wählen.

4

Komplexe Korrekturen

Start

1

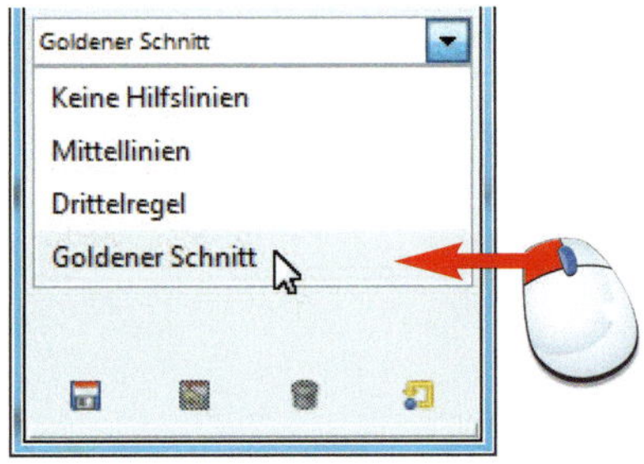

2

3

1 Rufen Sie nach dem Öffnen des zu bearbeitenden Fotos das *Zuschneiden*-Werkzeug aus dem *Werkzeugkasten* auf.

2 Im untersten Listenfeld finden Sie Optionen, was beim Zuschneiden zusätzlich angezeigt werden soll. Wählen Sie hier die Option *Goldener Schnitt* aus.

3 Wird die *Hervorheben*-Option aktiviert, werden die Bildteile, die nach dem Zuweisen abgeschnitten werden, dunkel hervorgehoben.

Das *Zuschneiden*-Werkzeug, das Sie bereits im letzten Kapitel kurz kennengelernt haben, bietet einige interessante Zusatzoptionen an, die wir Ihnen auf dieser Doppelseite vorstellen wollen.

WISSEN

4

5

6

4 Ziehen Sie mit gedrückter linker Maustaste einen Rahmen auf, der das gesamte Bild umfasst.

5 Skalieren Sie anschließend den Rahmen an den Eckpunkten mit gedrückter ⇧-Taste auf die gewünschte neue Größe. Klicken Sie dann innerhalb des Rahmens, um ihn neu zu positionieren. Beachten Sie dabei die Hilfslinien des Goldenen Schnitts.

6 Klicken Sie abschließend innerhalb des Markierungsrahmens, um das Bild zuzuschneiden.

Ende

FACHWORT

Bilder, bei denen das Hauptobjekt im sogenannten **Goldenen Schnitt** liegt, wirken besonders harmonisch.

HINWEIS

Anstatt zunächst das gesamte Bild zu markieren, können Sie auch mit der *Fest*-Option in den Werkzeugoptionen das zu erhaltende Seitenverhältnis vorgeben.

HINWEIS

Das Drücken der ⇧-Taste beim Skalieren bewirkt, dass das Seitenverhältnis des Bilds erhalten bleibt.

Start

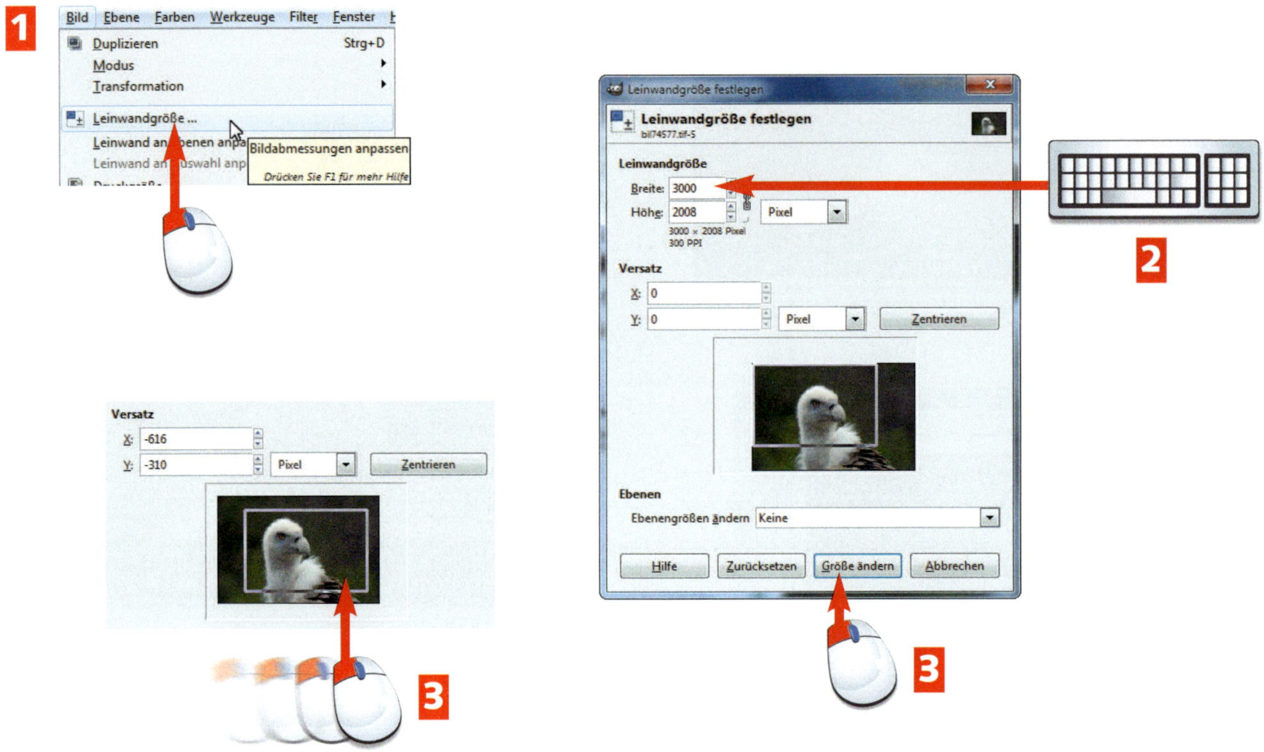

1 Rufen Sie die Funktion *Bild/Leinwandgröße* auf.

2 Tippen Sie in den oberen Eingabefeldern ein, wie viele Pixel des Bildes erhalten bleiben sollen.

3 Im Vorschaubereich zeigt ein Rahmen an, was nach dem Bestätigen vom Bild abgeschnitten wird. Sie können das Vorschaubild anklicken, um die Position zu ändern. Rufen Sie abschließend die Schaltfläche *Größe ändern* auf, um die Bildteile abzuschneiden.

Viele Wege führen nach Rom – das gilt auch für die Bildbearbeitung. So können Sie oft viele verschiedene Varianten wählen, um zum selben Ziel zu kommen. Dies stellen wir hier anhand des Zuschneidens vor.

WISSEN

4

5

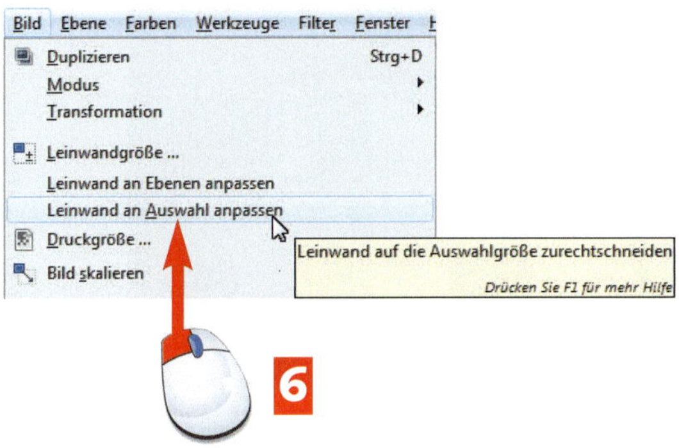

6

4 Eine andere Möglichkeit besteht darin, einen ausgewählten Bildbereich zuzuschneiden. Rufen Sie dazu das Werkzeug *Rechteckige Auswahl* auf ....

5 ... und ziehen Sie im Bild mit gedrückter linker Maustaste den Bereich auf, der anschließend erhalten bleiben soll.

6 Wenn Sie dann die Funktion *Bild/Leinwand an Auswahl anpassen* aufrufen, werden alle Bildteile, die sich außerhalb der Auswahl befinden, abgeschnitten.

Ende

Leinwand ist eine etwas irritierende Bezeichnung. In anderen Bildbearbeitungsprogrammen wird sie Arbeitsfläche genannt, was verständlicher erscheint.

FACHWORT

Sie können auch andere Auswahlwerkzeuge verwenden. Wird aber beispielsweise eine Ellipse markiert, ist das zugeschnittene Endergebnis dennoch rechteckig.

HINWEIS

Start

1

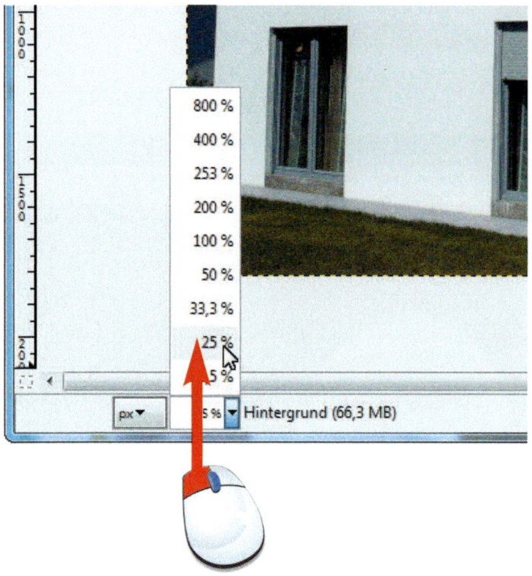

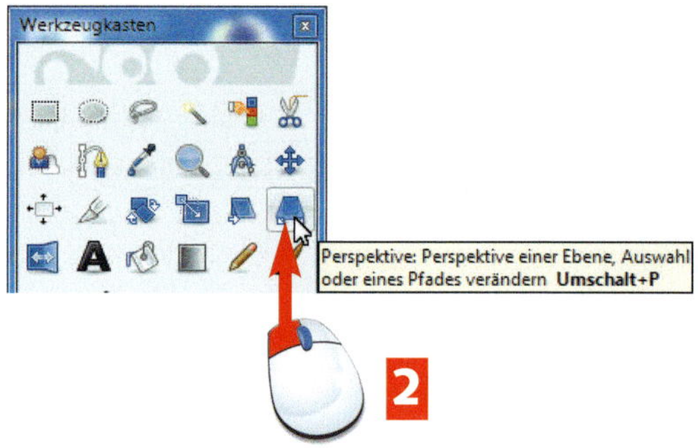

2

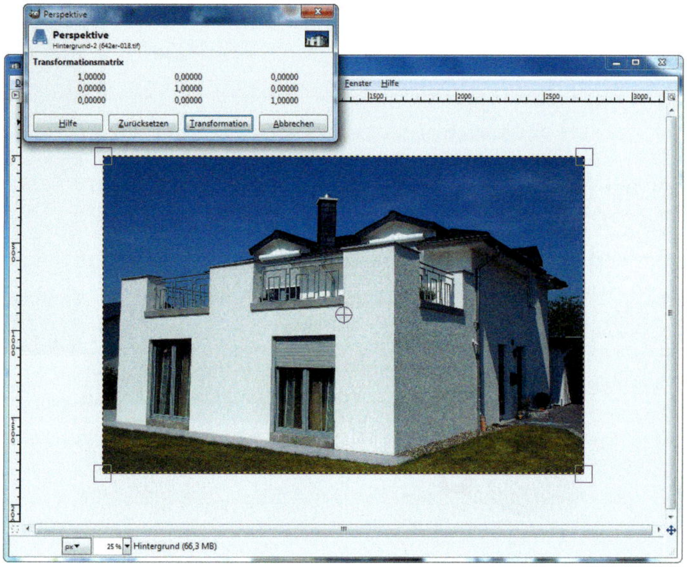

3

1 Stellen Sie nach dem Öffnen des zu bearbeitenden Bildes eine kleinere Darstellungsgröße ein, bei der ein wenig vom Umfeld zu sehen ist – im Beispiel sind es *25 %*.

2 Rufen Sie aus dem Werkzeugkasten das *Perspektive*-Werkzeug auf.

3 Nach dem Aufruf der Funktion wird das *Perspektive*-Dialogfeld eingeblendet. Hier werden die Daten der Verzerrung angezeigt.

Bei Gebäudeaufnahmen lässt es sich nicht vermeiden, dass „stürzende Linien“ entstehen. Diese perspektivische Verzerrung tritt immer dann auf, wenn die Kamera bei der Aufnahme geneigt wird. Viele Fotografen mögen das nicht. Dieser Fehler kann aber mit Gimp leicht korrigiert werden.

WISSEN

4

5

6

4 Zur Perspektivkorrektur müssen Sie die Markierungsquadrate an den Ecken anklicken und diese mit gedrückter linker Maustaste verziehen.

5 Bei unserem Beispielbild müssen sowohl der linke als auch der rechte Markierungspunkt nach außen gezogen werden. Sie können sich an der gestrichelten Markierungslinie orientieren.

6 Aktivieren Sie zum Anwenden der Korrektur abschließend die *Transformieren*-Schaltfläche im Dialogfeld.

Ende

HINWEIS

Die Verzerrung kann auch mit einem Klick innerhalb des Markierungsrahmens zugewiesen werden, wenn Sie dabei die ⇧-Taste gedrückt halten.

HINWEIS

Die Schritte zur Optimierung kennen Sie schon. Daher beginnen wir diesen Workshop mit einem Foto, bei dem die Tonwertkorrektur und die Erhöhung der Farbsättigung bereits erledigt sind.

TIPP

Verwenden Sie in den Werkzeugoptionen bei der *Vorschau*-Funktion die Option *Raster*, um bei der Korrektur eine Orientierung durch ein Raster zu erhalten.

Start

1 Rufen Sie im *Werkzeugkasten* das *Maßband* auf und aktivieren Sie in den Werkzeugeigenschaften die Option *Info-Fenster verwenden*.

2 Ziehen Sie mit gedrückter linker Maustaste das Maßband über den schief geratenen Horizont.

3 Im Dialogfeld können Sie dann unter anderem den *Winkel*-Wert ablesen, der anzeigt, wie schief die Linie ist – merken Sie sich diesen Wert.

Sie sollten schon beim Fotografieren darauf achten, dass der Horizont gerade ausgerichtet ist. Falls jedoch trotzdem einmal bei der Aufnahme etwas „schiefgegangen" ist, können Sie dies nachträglich korrigieren.

WISSEN

4

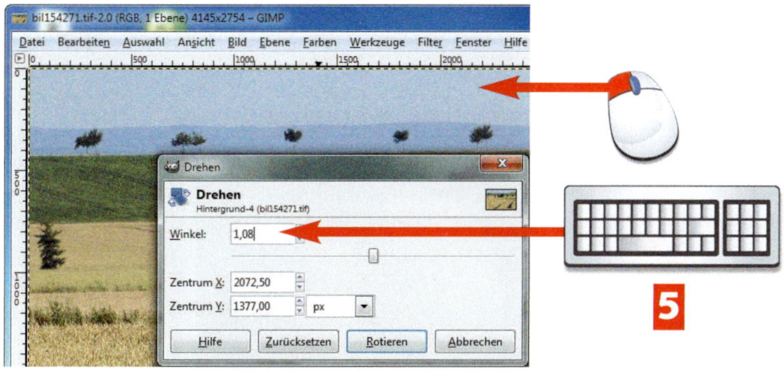

5

6

4 Um das Bild nun zu drehen, benötigen Sie das *Drehen*-Werkzeug. Aktivieren Sie im *Beschneidung*-Listenfeld die *Beschneiden*-Option.

5 Klicken Sie in das Bild und tippen Sie im Dialogfeld, das sich dann öffnet, im *Winkel*-Eingabefeld den zuvor ermittelten Wert ein.

6 Nach dem Aufruf der *Rotieren*-Schaltfläche wird das Bild gerade gerückt. Das Berechnen dauert einen Moment – die Fortschrittsanzeige in der Fußzeile zeigt den Stand an.

Ende

Der Einsatz des Maßbandes verkompliziert zwar das Drehen des Bildes ein wenig, dafür ist es allerdings eine sehr präzise Vorgehensweise.

HINWEIS

Fotos wirken professioneller, wenn der Horizont gerade durch das Bild läuft. Daher sollten Sie sich die Zeit zum Ausrichten nehmen.

TIPP

Start

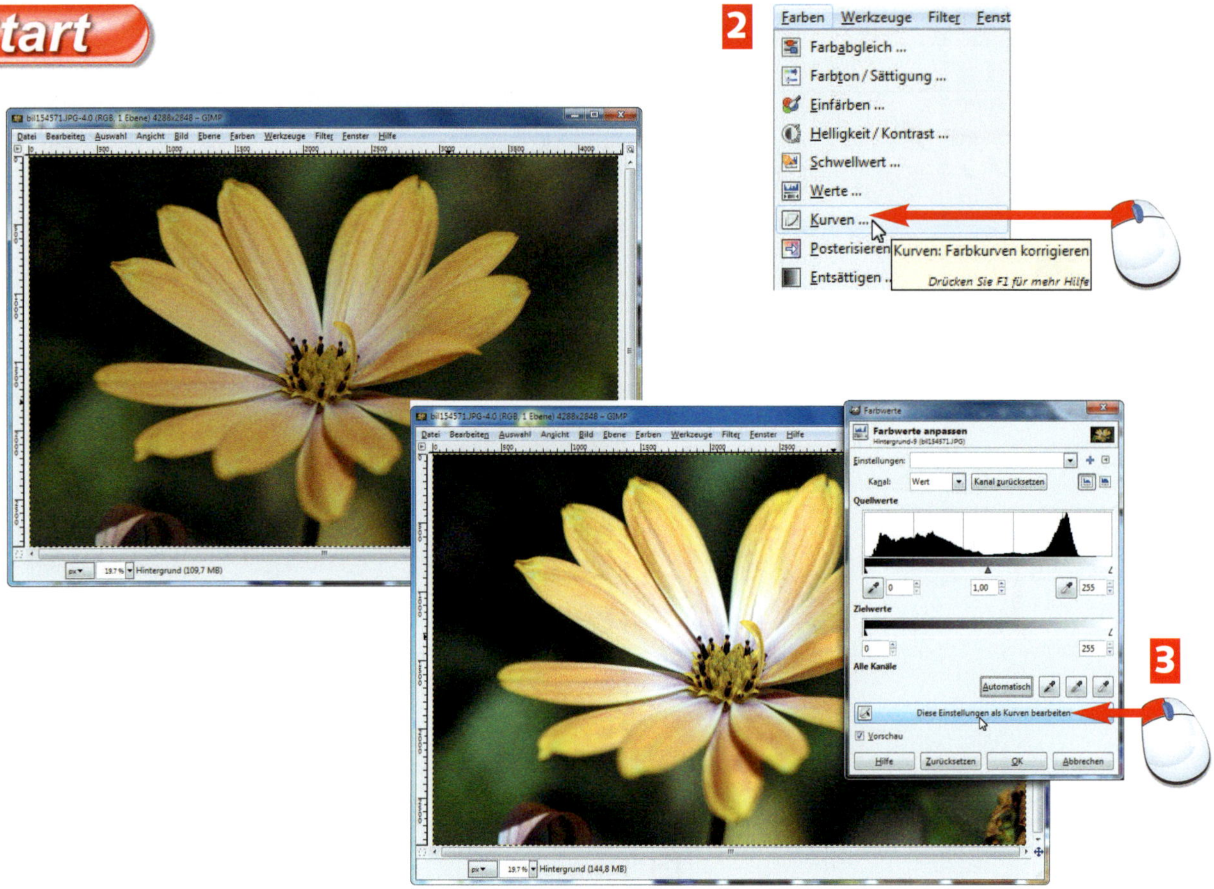

1 Wenn Sie ein kontrastarmes Foto verbessern wollen, ...

2 ... können Sie die Funktion *Farben/Kurven* einsetzen.

3 Alternativ zum Aufruf über das Menü erreichen Sie das Dialogfeld auch, wenn Sie gerade eine Tonwertkorrektur mit der Funktion *Farben/Werte* durchführen. Klicken Sie in diesem Dialogfeld dann auf die Schaltfläche *Diese Einstellungen als Kurven bearbeiten*, um das *Kurven*-Dialogfeld zu öffnen.

Sie können Bilder auf unterschiedliche Art und Weise optimieren – das Korrigieren der Tonwerte mit der Funktion *Farben/Werte* haben Sie ja bereits kennengelernt. Auf dieser Doppelseite wollen wir Ihnen eine etwas komplexere Möglichkeit vorstellen, bei der Gradationskurven eingesetzt werden, die etwas leistungsfähiger sind.

WISSEN

4

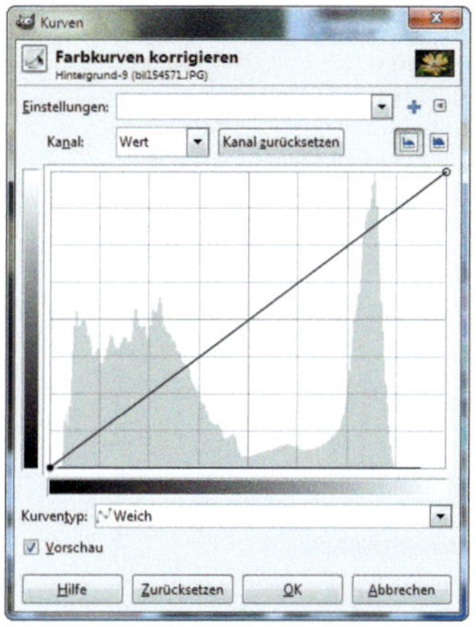

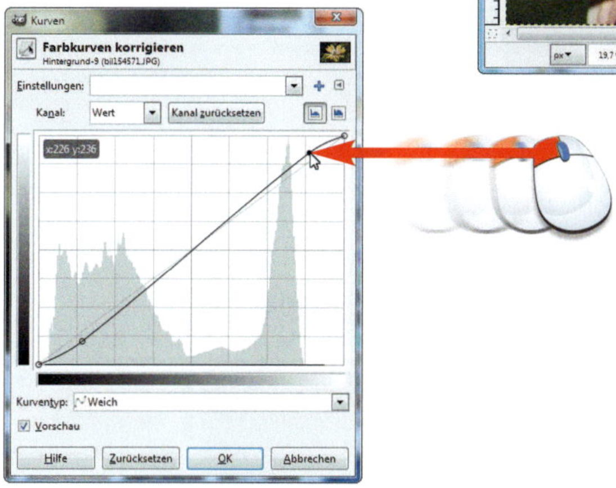

5

6

4 Im *Kurven*-Dialogfeld ist ebenfalls ein Histogramm zu sehen. Die Veränderungen werden hier durch ....

5 ... Verziehen der Kurve mit gedrückter Maustaste erledigt. Wenn Sie (wie hier in der Abbildung) eine leichte S-Form erzeugen, ...

6 ... wird der Kontrast des Bildes verbessert.

Ende

TIPP

Wenn Sie im *Werte*-Dialogfeld Einstellungen vorgenommen haben, werden diese zum *Kurven*-Dialogfeld übertragen, wenn Sie die Schaltfläche *Diese Einstellungen als Kurven bearbeiten* aufrufen.

HINWEIS

Sie können mehrere Kontrollpunkte platzieren. Klicken Sie dazu einfach auf die Linie – damit erstellen Sie einen neuen Kontrollpunkt.

HINWEIS

Im Dialogfeld werden die Tiefen (die dunklen Bildbereiche) links unten angezeigt und die Lichter (die hellen Bildbereiche) rechts oben.

Noch mehr Kurven-Korrekturen

Start

1
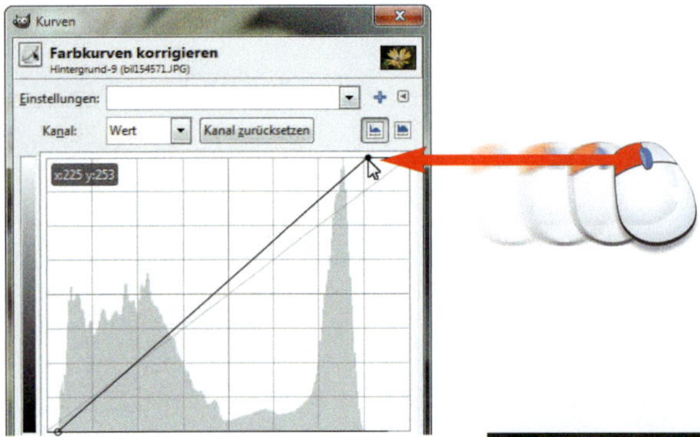

2
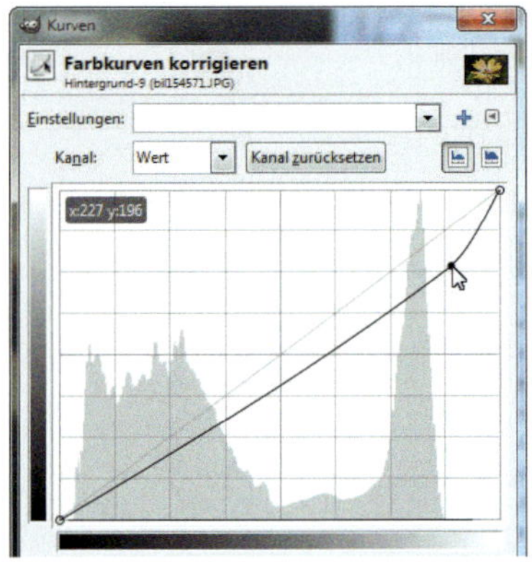

3

1 Zum Erhöhen des Kontrastes müssen Sie nicht zwingend neue Kontrollpunkte erstellen. Auch das Verschieben der beiden Standardpunkte reicht aus – wie in diesem Bild.

2 Wird ein neuer Kontrollpunkt auf diese Art platziert, werden nur die hellen Bereiche des Bildes abgedunkelt.

3 Mit dieser Kurveneinstellung hellen Sie dagegen die dunklen Bildbereiche auf.

Die *Kurven*-Funktion können Sie nicht nur für sehr unterschiedliche Bildkorrekturen einsetzen. Sie können die Kurven auch so bearbeiten, dass verfremdete Bilder entstehen.

WISSEN

4

5

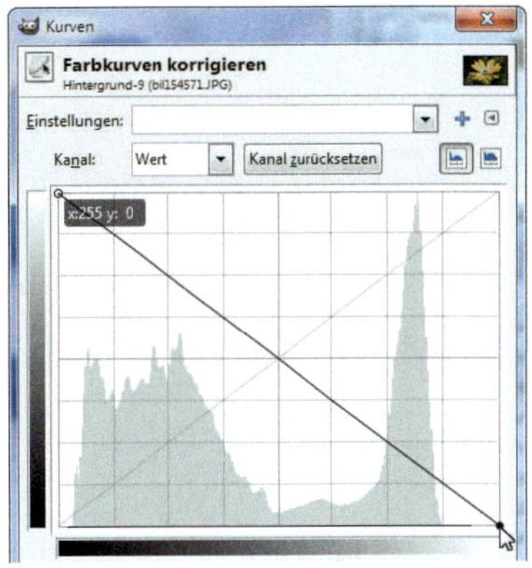

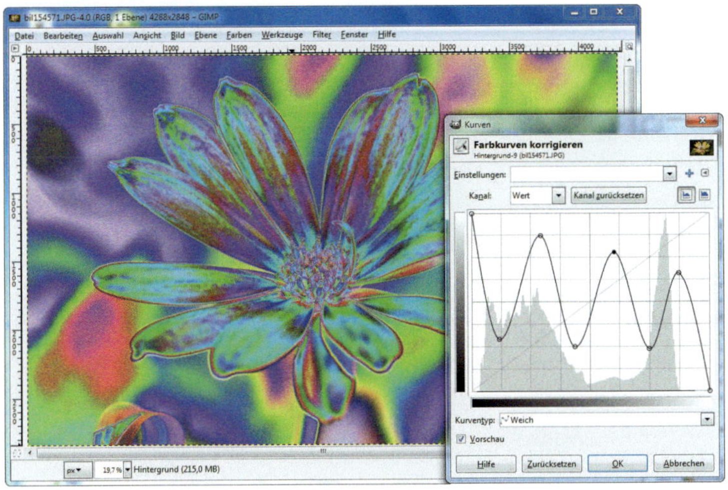

6

4 Diese Einstellung hellt die hellen Bereiche des Bildes auf.

5 Sie können Bilder auch „verfremden". So erzielen Sie mit dieser Einstellung ein negatives Bild …

6 … und mit diesen vielen zusätzlichen Kontrollpunkten entsteht eine Art „Kunstwerk" – und das, ohne dass einer der vielen verfügbaren Effektfilter zum Einsatz kam.

Ende

TIPP

Ob ein Foto einen Farbstich aufweist, erkennen Sie am besten an den Flächen, die weiß sein müssten. Sind diese nicht „rein" weiß, hat das Foto einen Farbstich.

HINWEIS

Sollen die Einstellungen nur für einen einzelnen Farbkanal durchgeführt werden rufen Sie den betreffenden Kanal über das *Kanal*-Listenfeld auf.

HINWEIS

Mit der *Kurven*-Funktion lassen sich alle anderen Korrekturen – wie etwa Helligkeit- und Kontraständerungen oder Farbstichkorrekturen – erledigen.

Start

1

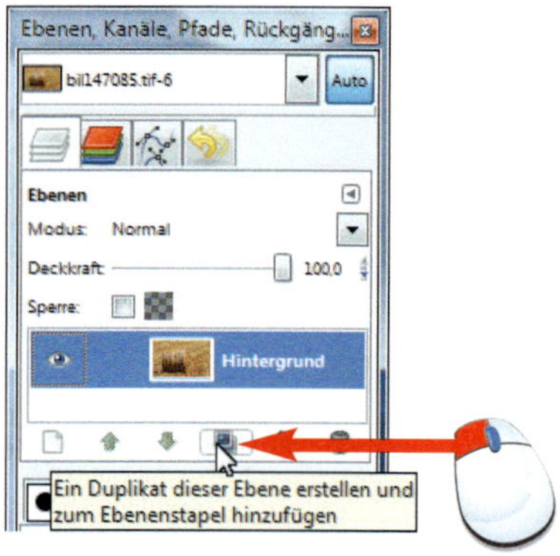

2

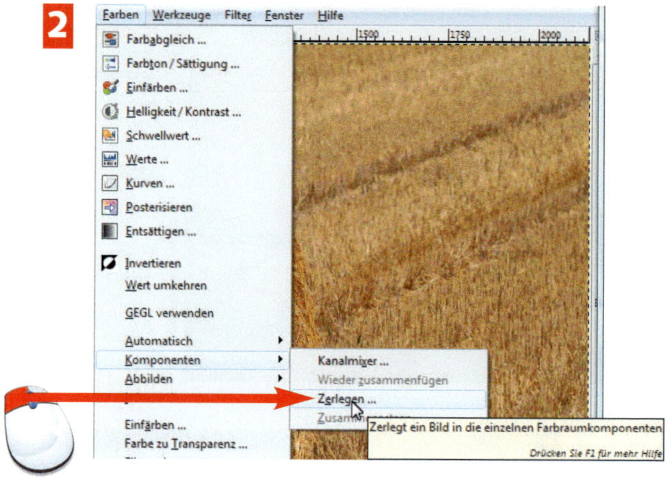

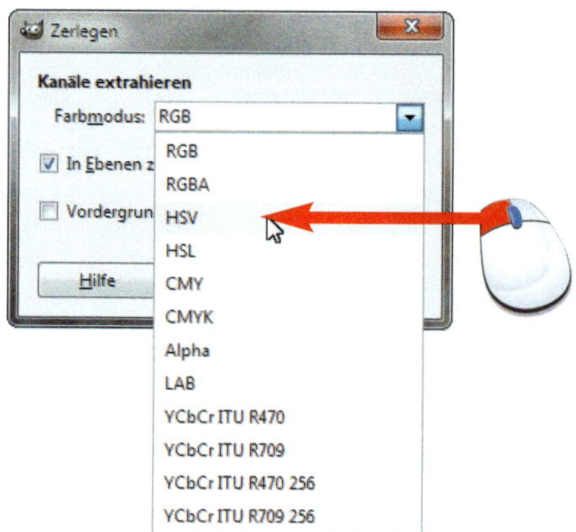

3

1 Um später eine Vergleichsmöglichkeit zu haben, sollten Sie die aktuelle Hintergrundebene mit dieser Schaltfläche in der Fußzeile des *Ebenen*-Dialogs kopieren.

2 Das Bild soll nun umgewandelt werden. Rufen Sie dazu die Funktion *Farben/Komponenten/Zerlegen* auf.

3 Wählen Sie das *HSV*-Farbmodell in der Liste aus.

Mit der Art des Schärfens, die wir Ihnen hier vorstellen, wird nur der Helligkeitskanal scharfgezeichnet. So kann man Lichthöfe vermeiden, die beim Überschärfen entstehen können. Daher ist diese Art professioneller als das einfache Schärfen, das Sie bereits im letzten Kapitel kennengelernt haben.

WISSEN

4

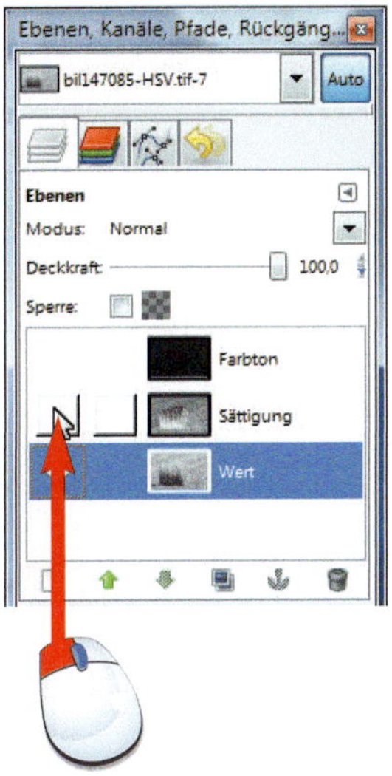

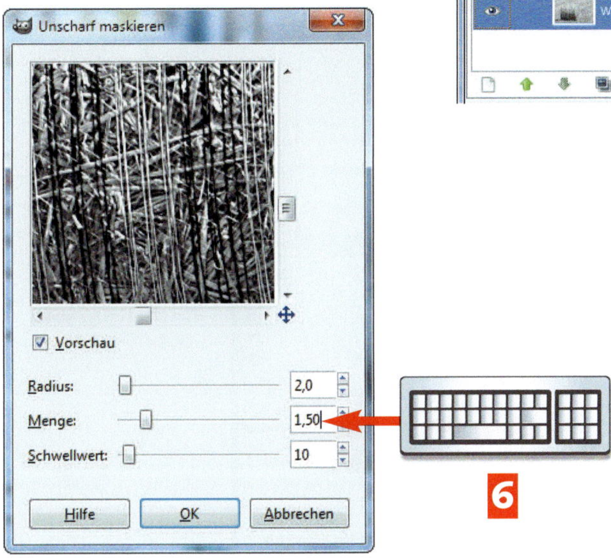

6

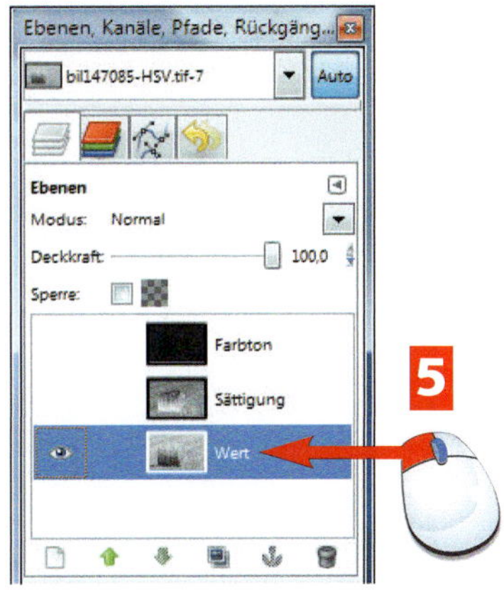

5

4 Klicken Sie bei den Ebenen mit der Bezeichnung *Farbton* und *Sättigung* auf das Augensymbol vor dem Eintrag, um die Ebenen auszublenden.

5 Achten Sie darauf, dass dann die Ebene mit der *Wert*-Bezeichnung aktiviert ist – sie wird blau unterlegt.

6 Rufen Sie die Funktion *Filter/Verbessern/Unscharf maskieren* auf und geben Sie die abgebildeten Werte ein.

Die geeigneten Werte für das Schärfen hängen von der Auflösung des Bildes ab.

HINWEIS

Die **Auflösung** des Bildes bestimmt, wie viele Pixel auf einer bestimmten Strecke vorhanden sind – beispielsweise einem Zentimeter.

FACHWORT

Beim HSV-Farbmodell wird das Bild in den Farbton (**H**ue), die Sättigung (**S**aturation) und den Helligkeitswert (**V**alue) aufgeteilt.

HINWEIS

7

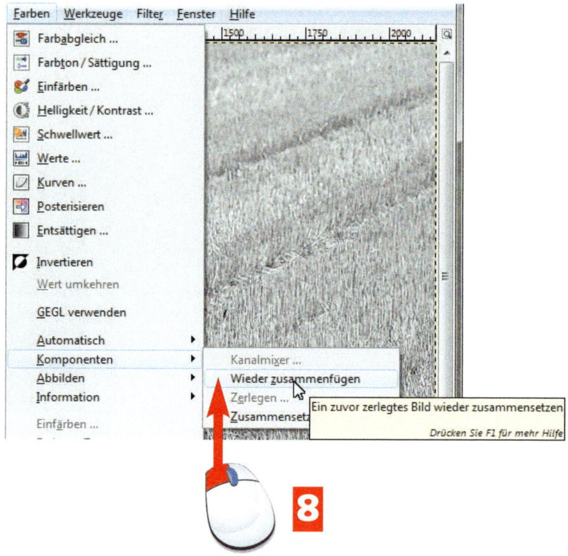

8

9

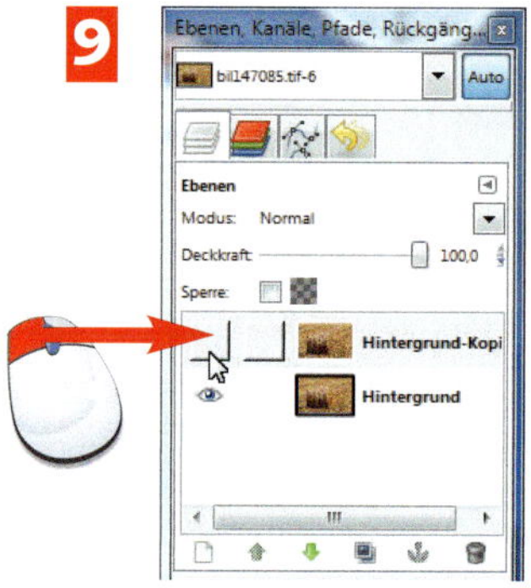

7 Hier sehen Sie die geschärfte Variante des Schwarz-Weiß-Bildes.

8 Rufen Sie die Funktion *Farben/Komponenten/Wieder zusammenfügen* auf. Gimp erkennt automatisch, wo welche Ebene hingehört, und aktualisiert das Originalbild.

9 Wenn Sie die Vorher-Nachher-Variante vergleichen wollen, blenden Sie einfach die obere Ebene aus – dann wird die darunter liegende (noch unscharfe) Variante angezeigt.

Alternativ kann das Foto auch in den LAB-Modus zerlegt werden. Dann muss die Ebene mit der Bezeichnung *L* (für **L**uminanz = Helligkeit) bearbeitet werden.

WISSEN

10

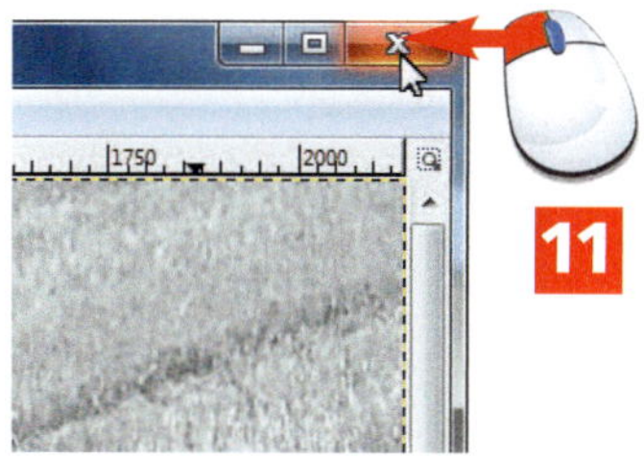

11

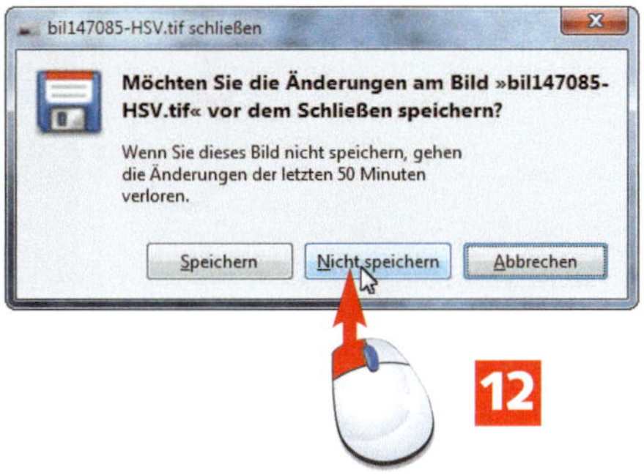

12

10 Dies ist das Ergebnis des Workshops.

11 Das zerlegte Bild, das noch in dem gesonderten Bildfenster zu sehen ist, können Sie mit einem Klick auf das Kreuzsymbol in der Ecke oben rechts schließen. Das Bild wird nicht mehr benötigt.

12 Da das Bild jetzt überflüssig ist, können Sie die Option *Nicht speichern* wählen.

Ende

Falls Sie einen Vergleich zum „normalen“ Schärfen erhalten wollen, können Sie an der noch ungeschärften *Hintergrund*-Ebene die Funktion *Unscharf maskieren* ausprobieren.

TIPP

Falls Sie den *LAB*-Modus verwendet haben, ist die Verfahrensweise des Zusammenfügens identisch.

HINWEIS

Start

1 Scannen Sie nach dem Aufruf der Funktion *Erstellen/Scanner/Kamera* die Vorlage so, wie Sie es bereits in Kapitel 1 kennengelernt haben.

2 Wenn Sie den Scan in einer Darstellungsgröße von 100 % oder größer betrachten, sind die Druckpunkte zu erkennen, die zu den unschönen Moirés führen.

Da Druckerzeugnisse (wie beispielsweise Bücher oder Zeitschriften) aus Druckpunkten zusammengesetzt sind, kommt es beim Scannen zu unschönen Moirés. Um die Bildqualität zu verbessern, haben Sie mit Gimp verschiedene Möglichkeiten.

WISSEN

3

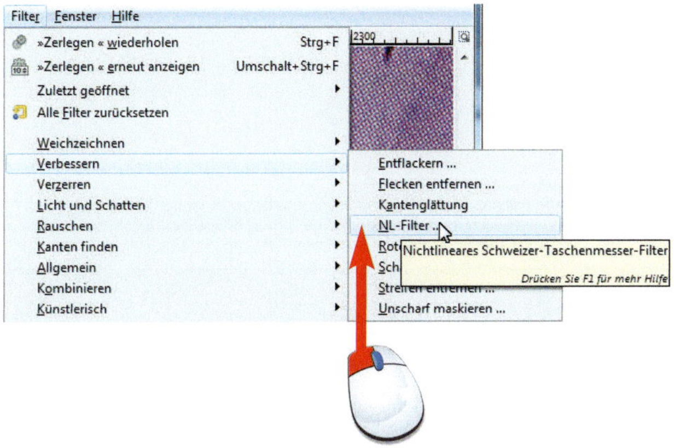

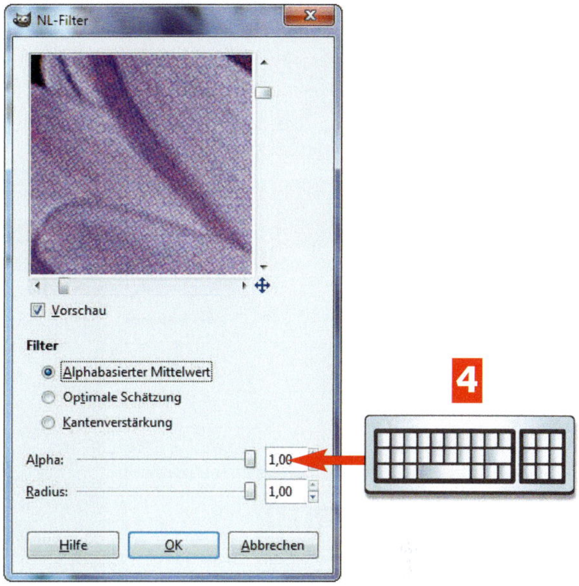

4

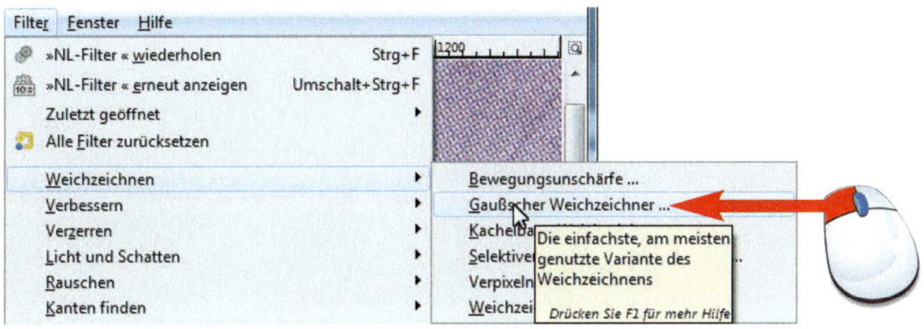

5

3 Rufen Sie aus dem *Filter*-Menü die Funktion *Verbessern/NL-Filter* auf, um das Moiré weitestgehend zu entfernen.

4 Verwenden Sie beispielsweise die abgebildeten Werte. Die geeigneten Einstellungen hängen von der Bildgröße ab und können daher nicht verallgemeinert werden.

5 Ein ganz anderes Verfahren wollen wir Ihnen nun vorstellen. Rufen Sie nach dem Scannen der Vorlage die Funktion *Filter/Weichzeichnen/Gaußscher Weichzeichner* auf.

Die Funktion *NL-Filter* wird im Normalfall verwendet, um beispielsweise Bildrauschen zu entfernen, das entstehen kann, wenn Sie mit hohen Empfindlichkeitswerten fotografieren.

HINWEIS

Probieren Sie aus, ob mit der Option *Alphabasierter Mittelwert* oder der Option *Optimale Schätzung* ein besseres Ergebnis entsteht – beobachten Sie die Veränderungen im Vorschaubild.

TIPP

6

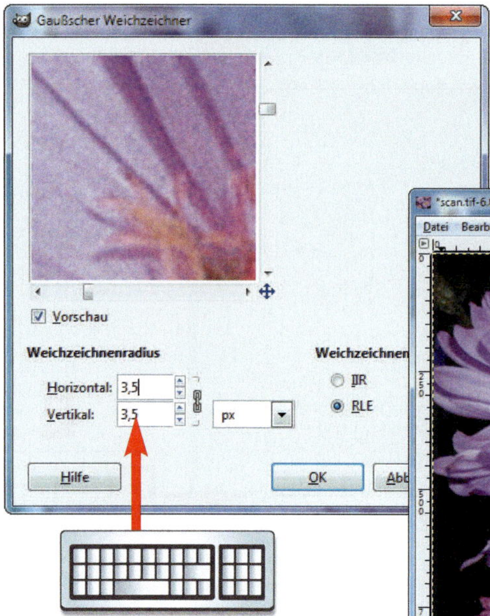

7

6 Stellen Sie im *Horizontal*- und *Vertikal*-Eingabefeld einen Wert ein, bei dem die Rasterpunkte miteinander verschmelzen – im Beispiel sind es *3,5* Pixel.

7 Die Druckpunkte, die zu einem Moiré führen, sind nun zwar verschwunden, dafür ist das Bild aber ein wenig unscharf geworden.

Wenn Sie diese Variante des Weichzeichnens nutzen, haben Sie zwar die Möglichkeit, gezielter in die Veränderungen einzugreifen, dafür werden die Ergebnisse aber oft etwas unschärfer. Hier müssen Sie einen Kompromiss finden.

WISSEN

8

9

8 Um nun die Schärfe des Bildes wieder zu verbessern, rufen Sie die Funktion *Filter/Verbessern/Unscharf maskieren* auf und tippen Sie die gezeigten Werte in den Eingabefeldern ein.

9 Das Ergebnis ist ein Bild mit akzeptabler Schärfe – ohne ein Moiré.

Ende

Falls Sie Arbeitsschritte zurücknehmen wollen, nutzen Sie die ersten Optionen im *Bearbeiten*-Menü.

HINWEIS

Bei dieser Variante ist es normal, dass man oft mehrere Versuche benötigt, ehe der optimale Kompromiss zwischen dem Weichzeichnen und dem Nachschärfen gefunden ist.

HINWEIS

Start

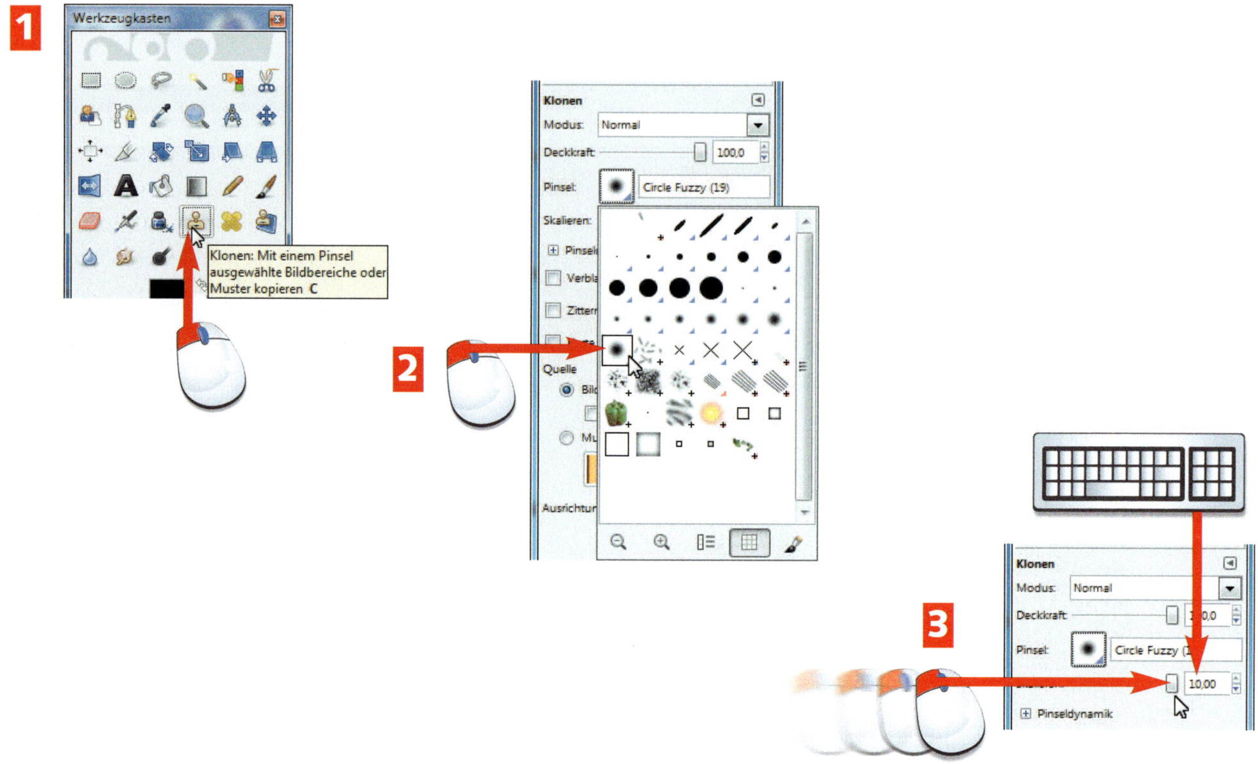

1 In dem Ausgangsbild stört ein Fussel, der von einem schmutzigen Sensor stammt. Rufen Sie zur Korrektur das *Klonen*-Werkzeug im *Werkzeugkasten* auf.

2 Wählen Sie in den Werkzeugeinstellungen eine geeignete Pinselgröße aus. Sie sollte einen weichen Rand besitzen, damit die Korrekturen nicht auffallen.

3 Im *Skalieren*-Feld der Werkzeugeinstellungen wird die Größe der Pinselspitze variiert. Nutzen Sie wahlweise den Schieberegler oder das Eingabefeld zur Änderung des Werts.

Mit Gimp haben Sie vielseitige Möglichkeiten zur Bildbearbeitung – bis hin zu komplexen Bildretuschen. So können Sie störende Bildteile leicht entfernen oder austauschen. Wenn Sie wollen, können Sie Personen an andere Orte „verfrachten". Vielleicht wollten Sie ja schon immer einmal nach Hawaii. Mit Gimp ist das kein Problem.

WISSEN

4

6

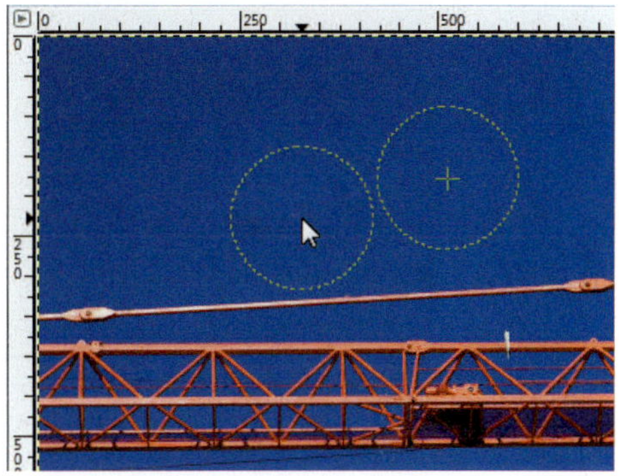

5

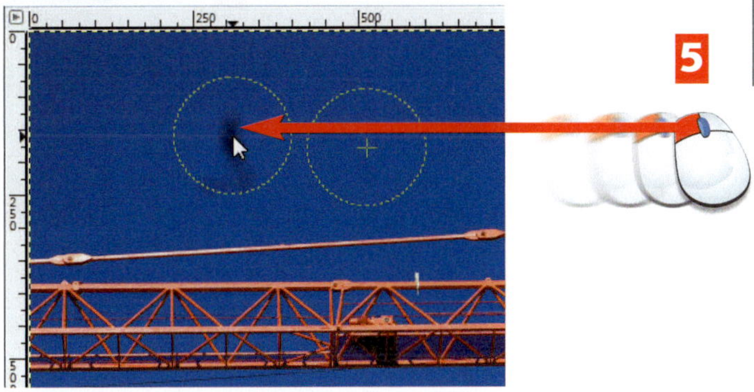

4 Klicken Sie mit gedrückter Strg-Taste auf eine Stelle knapp neben dem zu retuschierenden Fussel.

5 Nach dem Loslassen der Strg-Taste übermalen Sie den Fussel. Um einen neuen Ursprungspunkt zu setzen, drücken Sie erneut die Strg-Taste und klicken Sie auf den neuen Ursprungspunkt.

6 Übermalen Sie auf diese Art alle Bildfehler.

Ende

TIPP

Bildkorrekturen führen Sie am besten in der Originalansichtsgröße oder einer vergrößerten Darstellung durch, damit die Details gut zu erkennen sind.

HINWEIS

Die Darstellungsgröße von 100% erreichen Sie auch über das *Ansicht*-Menü.

HINWEIS

Sie können den Bildausschnitt durch Verziehen des vertikalen und horizontalen Scrollbalkens oder im andockbaren Dialog *Navigation* verändern.

Start

1

2

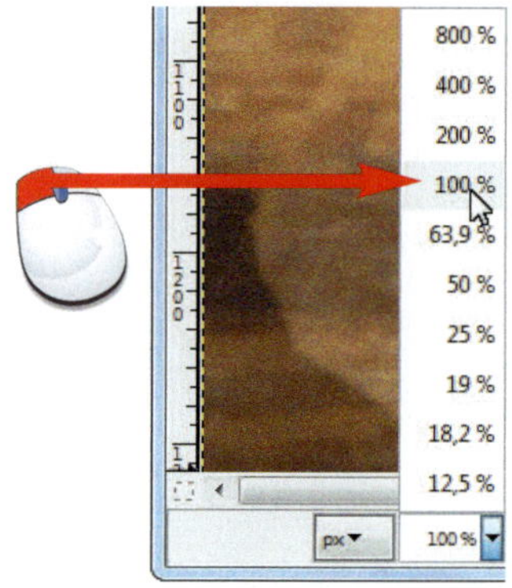

3

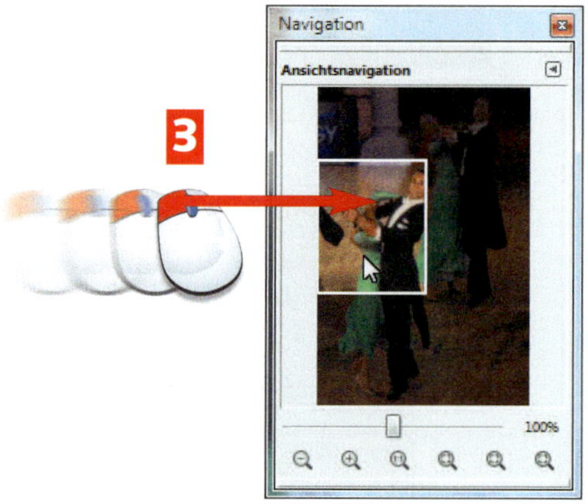

1 In diesem Ausgangsbild stört ein Frackteil im Bild, der von einem anderen Tänzer stammt. Dies war bei der Aufnahme nicht zu vermeiden.

2 Rufen Sie im *Zoom*-Listenfeld die Darstellungsgröße von *100%* auf, um die Veränderungen gut beurteilen zu können.

3 Wählen Sie aus dem Menü *Fenster/Andockbare Dialoge* die Option *Navigation* aus, um diesen nützlichen Dialog zu öffnen. Ziehen Sie den weißen Rahmen im *Navigation*-Dialog auf den Bildausschnitt, der angezeigt werden soll.

Das *Klonen*- und das *Heilen*-Werkzeug arbeiten fast identisch. Beim Klonen werden allerdings die Originalpartien 1:1 übertragen. Das *Heilen*-Werkzeug berücksichtigt dagegen auch die Strukturen der ausgebesserten Stelle. Beide Werkzeuge lassen sich beispielsweise nutzen, um Fussel oder andere „Unreinheiten" im Bild zu korrigieren.

WISSEN

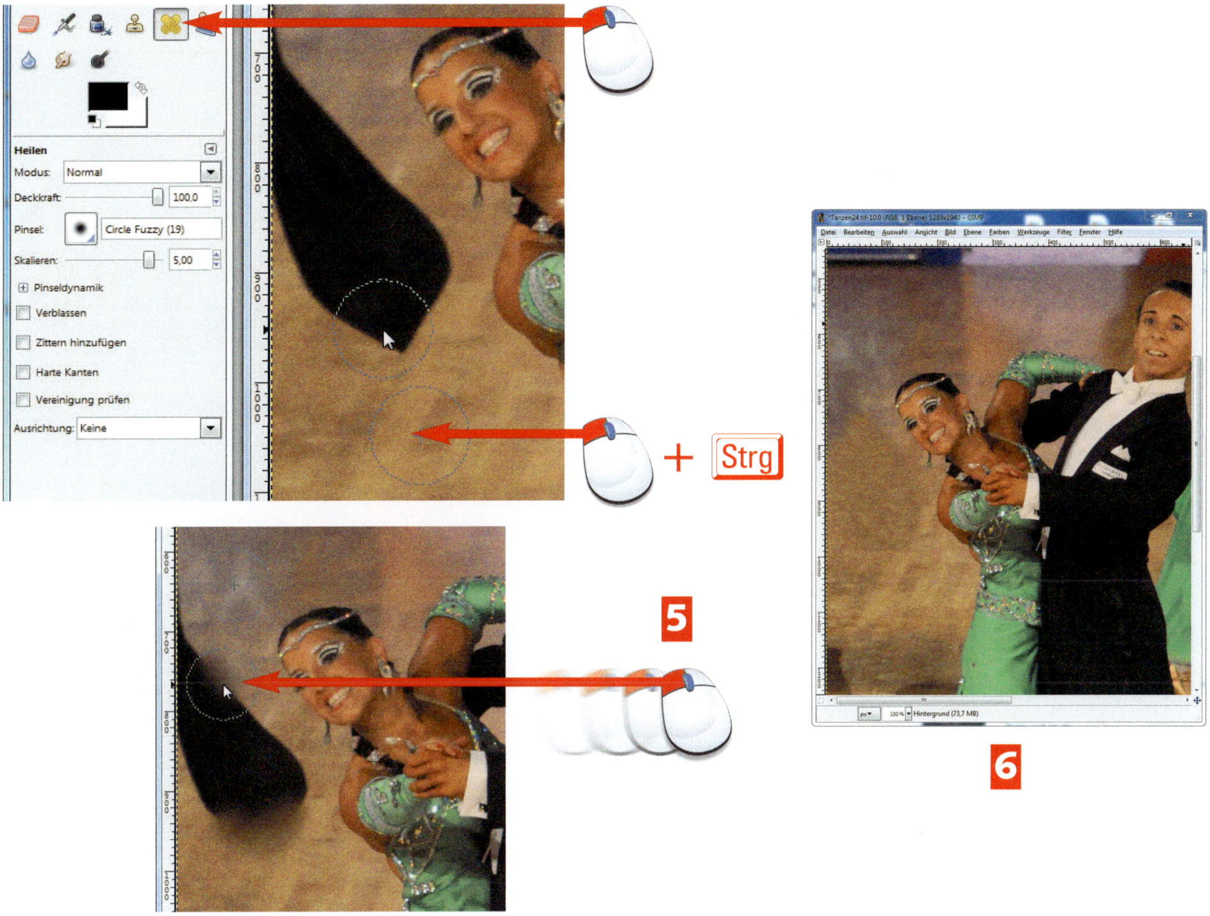

4 Rufen Sie das *Heilen*-Werkzeug aus dem Werkzeugkasten auf und stellen Sie die Pinselgröße ein. Klicken Sie dann im Bild mit gedrückter Strg-Taste den Ursprungspunkt an.

5 Übermalen Sie mit gedrückter linker Maustaste die Stelle im Bild, die entfernt werden soll.

6 Die Korrektur erfordert ein klein wenig Geduld. Tupfen Sie sich Stück für Stück ans Ziel.

Ende

In der Fußzeile des *Navigation*-Dialogs finden Sie diverse Optionen, um die Darstellungsgröße an bestimmte Größen anzupassen – beispielsweise an die Fenstergröße.

HINWEIS

Prinzipiell ist es egal, ob Sie die Fehler „zutupfen“ oder mit gedrückter linker Maustaste „übermalen“. Oft ist das Zutupfen aber praktischer, da das Arbeiten mit der Maus nicht einfach ist.

TIPP

Sie müssen von Fall zu Fall entscheiden, ob das *Klonen*- oder das *Heilen*-Werkzeug besser zur Korrektur geeignet ist.

HINWEIS

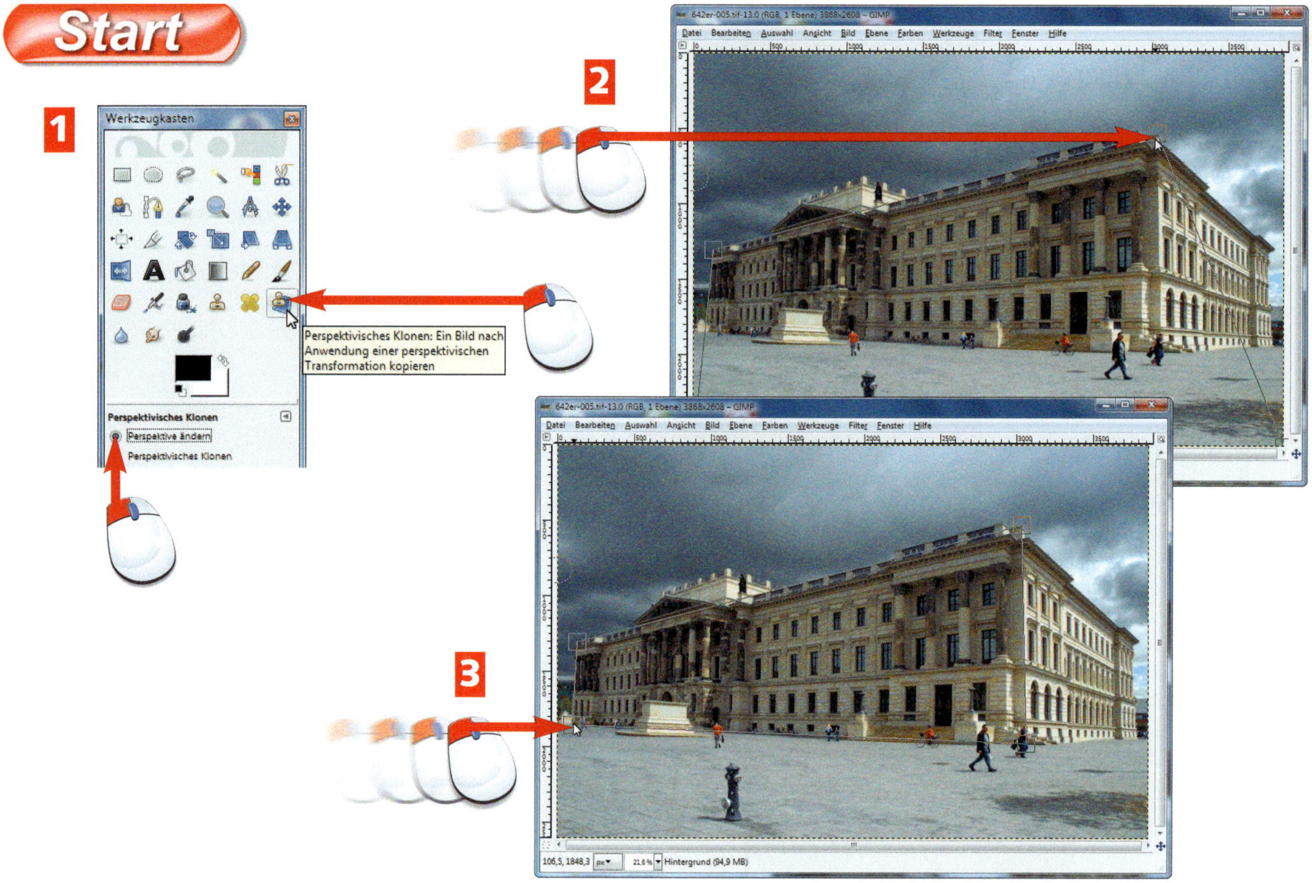

1 Rufen Sie aus dem *Werkzeugkasten* das Werkzeug *Perspektivisches Klonen* auf und aktivieren Sie in den Werkzeugeinstellungen die Option *Perspektive ändern*.

2 Ziehen Sie nacheinander die vier Markierungsquadrate an den Eckpunkten des Bildes, ...

3 ... um die Perspektive des Gebäudes festzulegen.

Das dritte *Klonen*-Werkzeug ist geeignet, wenn Sie perspektivische Verzerrungen beim Klonen korrekt ausführen wollen. Daher eignet sich das Werkzeug *Perspektivisches Klonen* beispielsweise gut, um Fehler bei Gebäuden zu korrigieren, die perspektivisch aufgenommen wurden.

WISSEN

4

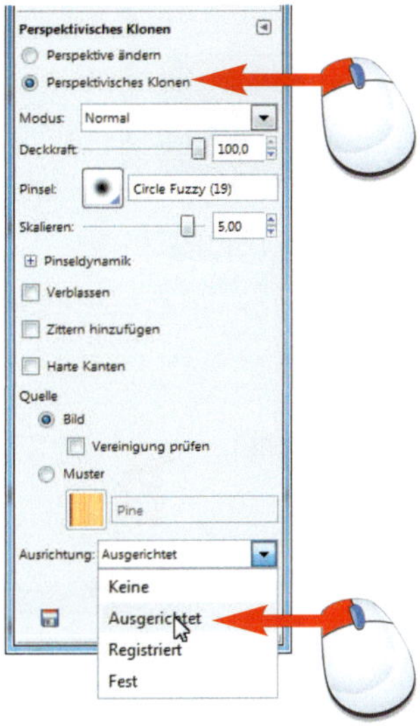

5

6

4 Nach dem Festlegen der Perspektive muss die Option *Perspektivisches Klonen* in den Werkzeugeinstellungen aktiviert werden. Stellen Sie außerdem im *Ausrichtung*-Listenfeld die Option *Ausgerichtet* ein.

5 Übermalen Sie nach dem Festlegen des Ursprungspunktes (mit gedrückter Strg-Taste) mit gedrückter linker Maustaste die Stelle im Bild, die Sie überdecken wollen.

Ende

6 Hier wurde die Fahrradfahrerin vollständig entfernt.

Damit die veränderten Partien nicht auffallen, sollten Sie beim Klonen stets einen Pinsel mit einem weichen Rand einsetzen.

TIPP

Um das Werkzeug *Perspektivisches Klonen* richtig einzusetzen, ist ein klein wenig Übung nötig.

HINWEIS

Start

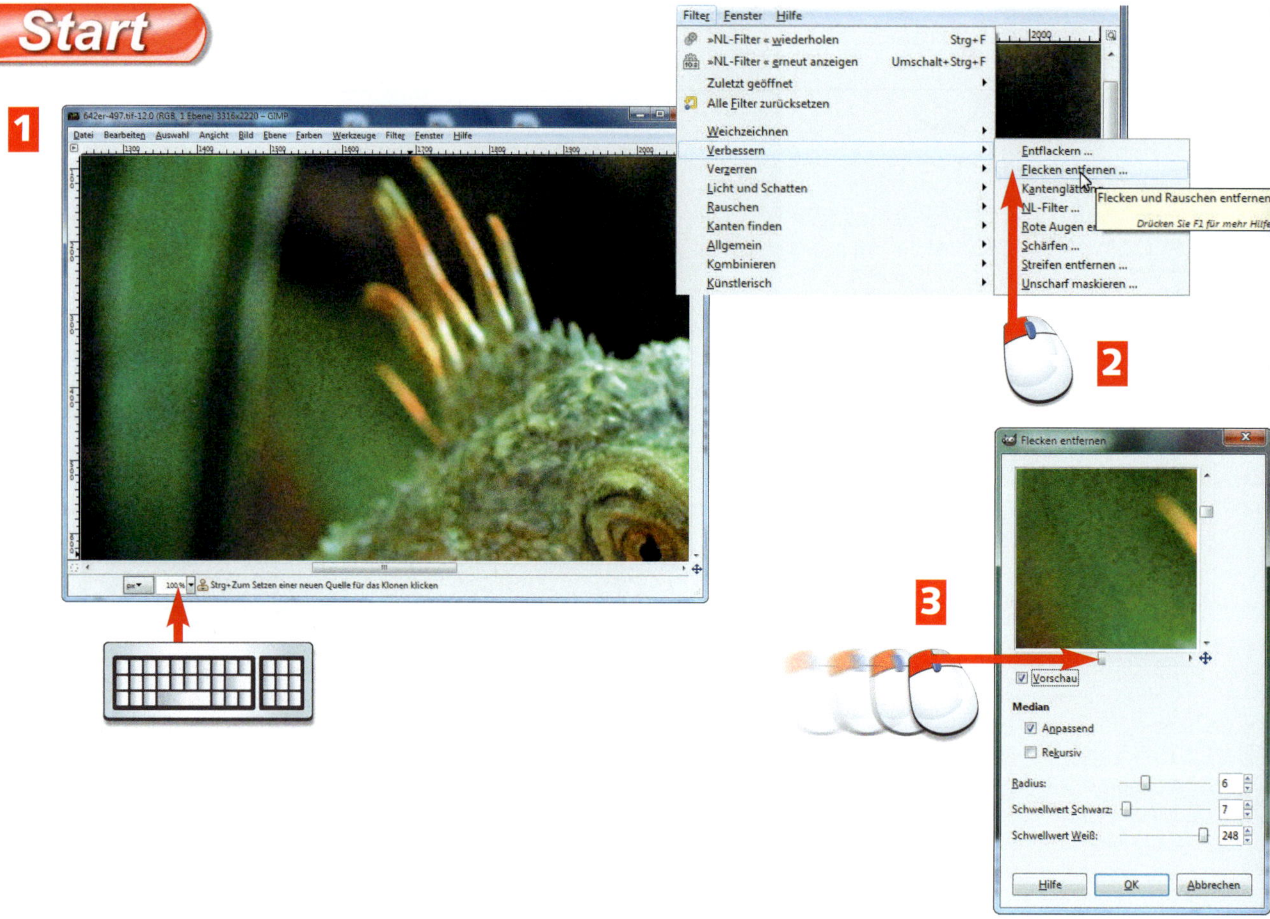

1 Öffnen Sie das zu bearbeitende Bild und stellen Sie eine Darstellungsgröße von *100 %* ein, um die Bildfehler gut erkennen zu können.

2 Rufen Sie die Funktion *Filter/Verbessern/Flecken entfernen* auf.

3 Scrollen Sie das Vorschaubild im Dialogfeld zu einem Bildausschnitt, der eine Beurteilung zulässt, und experimentieren Sie ein wenig mit unterschiedlichen Einstellungen. Ein Beispiel sehen Sie in dieser Abbildung.

Wenn Sie bei schlechten Lichtverhältnissen die Empfindlichkeit erhöhen, kann es zu einem unschönen Bildrauschen kommen. Meist bieten die Kameras Optionen an, um kameraintern das Bildrauschen zu reduzieren – Sie können diese Aufgabe aber auch mit Gimp erledigen. Dafür haben Sie unterschiedliche Möglichkeiten.

WISSEN

4

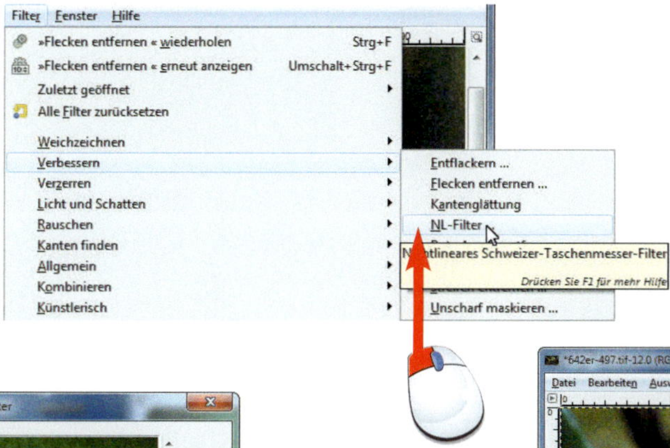

5

6

4 Alternativ können Sie die Funktion *Filter/Verbessern/NL-Filter* ausprobieren, um das Bildrauschen zu reduzieren.

5 Probieren Sie beispielsweise diese Einstellungen aus.

6 Nach der Rauschreduzierung wirkt das Bild besser.

Ende

Es hängt vom Ausgangsbild ab, welche der vorgestellten Varianten geeigneter ist.

HINWEIS

Eine andere Möglichkeit besteht darin, die Funktion *Gaußscher Weichzeichner* in Kombination mit der Funktion *Unscharf maskieren* zu verwenden – so, wie beim Entfernen eines Moirés.

HINWEIS

5

Bildteile auswählen

Einen rechteckigen Bereich auswählen

Start

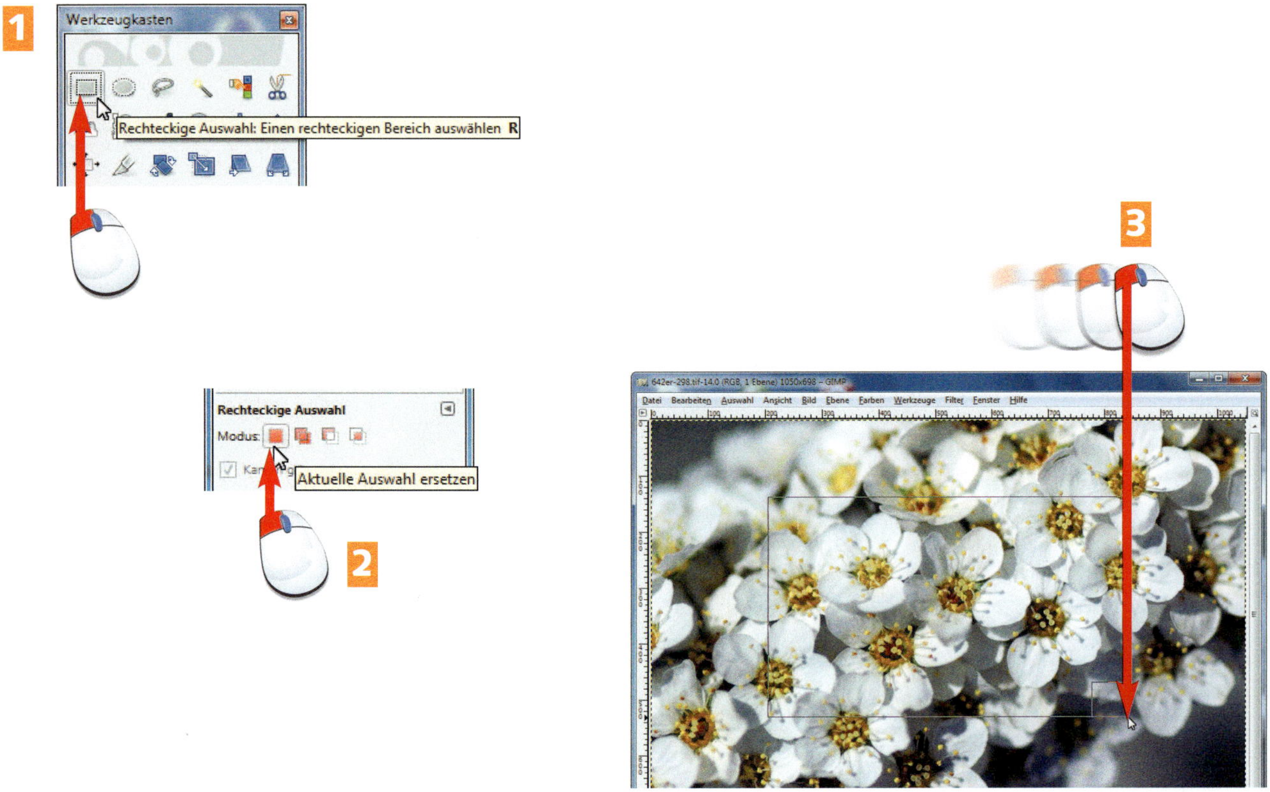

1 Rufen Sie das Werkzeug *Rechteckige Auswahl* aus dem *Werkzeugkasten* auf.

2 Stellen Sie in den Werkzeugeinstellungen ein, ob Sie einen neuen Auswahlbereich erstellen oder eine bestehende Auswahl verändern wollen.

3 Ziehen Sie mit gedrückter linker Maustaste einen Auswahlrahmen auf. Eine gestrichelte Linie zeigt anschließend die Auswahl an.

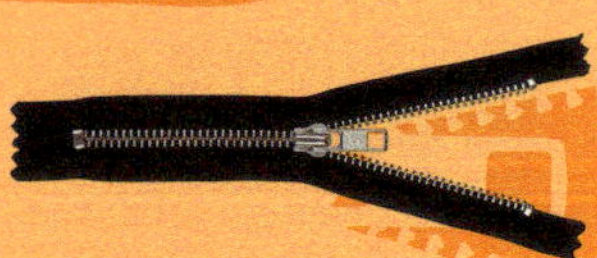

Bisher wurde überwiegend das gesamte Bild bearbeitet. Dies muss aber nicht so sein. Gimp bietet verschiedene Werkzeuge an, um Teile eines Bilds auszuwählen, die dann getrennt vom restlichen Bild bearbeitet werden.

WISSEN

4

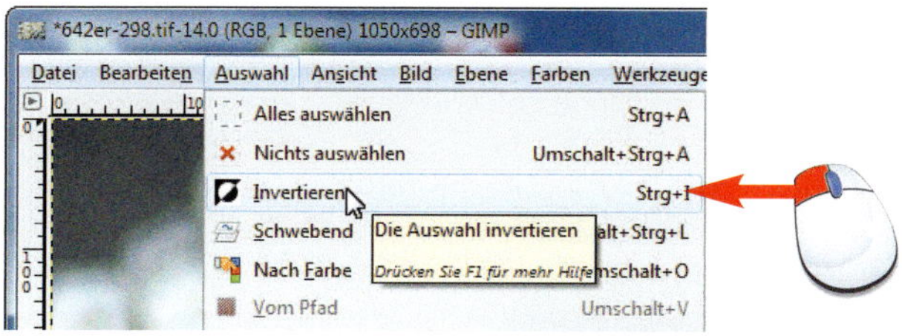

5

4 Rufen Sie die Funktion *Auswahl/Invertieren* auf, ...

5 ... damit der zuvor nicht ausgewählte Bereich markiert wird.

Ende

Zum Umkehren der Auswahl können Sie auch die Tastenkombination Strg + I verwenden.

TIPP

In den Werkzeugeinstellungen können Sie zum Beispiel auch angeben, ob das Auswahlrechteck abgerundete Ecken haben soll.

HINWEIS

Start

1

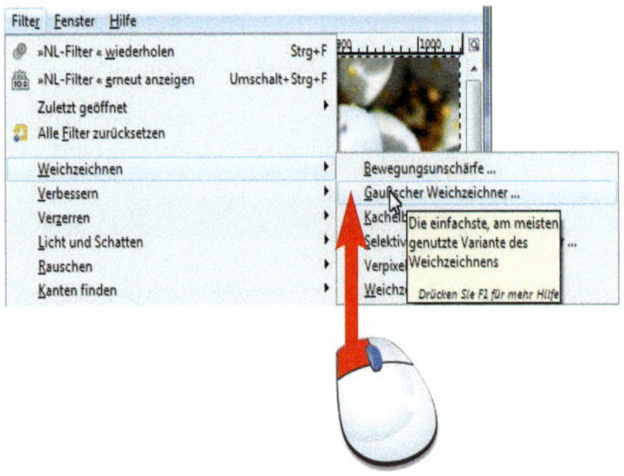

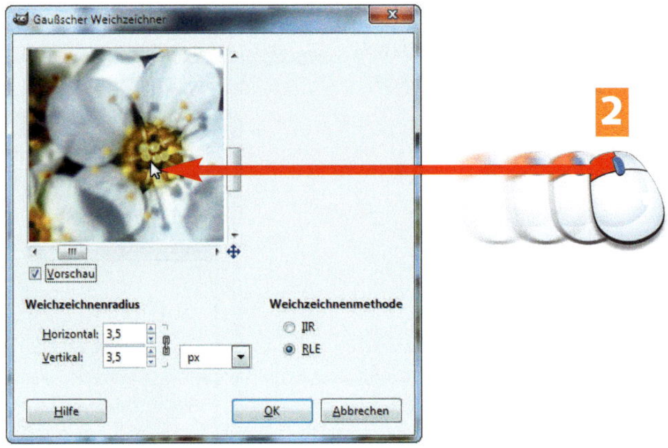

2

3

1 Rufen Sie die Funktion *Filter/Weichzeichnen/Gaußscher Weichzeichner* auf.

2 Klicken Sie in das Vorschaubild, um mit gedrückter linker Maustaste einen neuen Bildausschnitt auszuwählen.

3 Alternativ dazu können Sie auch auf den Doppelpfeil unten rechts klicken, um den Bildausschnitt in einem Navigationsfenster festzulegen.

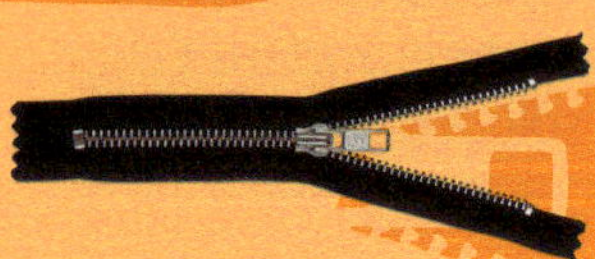

Sie können die ausgewählten Bereiche auf unterschiedliche Art und Weise benutzen. So könnten Sie auch die bereits bekannten Bildoptimierungsfunktionen partiell anwenden – oder Sie verwenden einen Effekt, um das Bild partiell zu verändern.

WISSEN

4

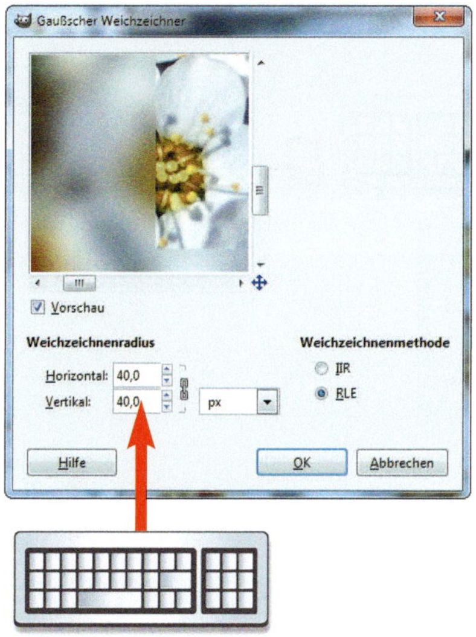

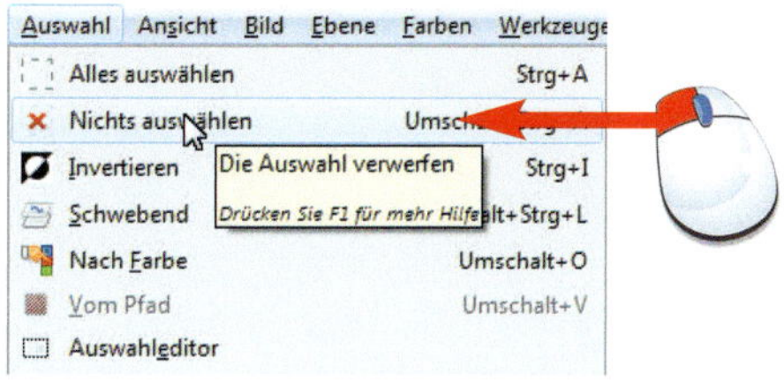

5

6

4 Tippen Sie die Werte für die horizontale und vertikale Unschärfe in die Eingabefelder ein. Probieren Sie einmal den Wert *40 Pixel* aus.

5 Verwenden Sie die Funktion *Auswahl/Nichts auswählen*, damit die aktuelle Auswahl entfernt wird.

6 So entsteht dieses Ergebnis.

Ende

Wenn Sie die *Vorschau*-Option im Dialogfeld aktivieren, wird der Effekt im Vorschaubild des Dialogfelds angezeigt – im Originalbild allerdings nicht.

HINWEIS

Die vorgestellte Verfahrensweise ist immer dann sinnvoll, wenn Sie bestimmte Bildteile hervorheben wollen.

HINWEIS

Eine freie Auswahlform

Start

1

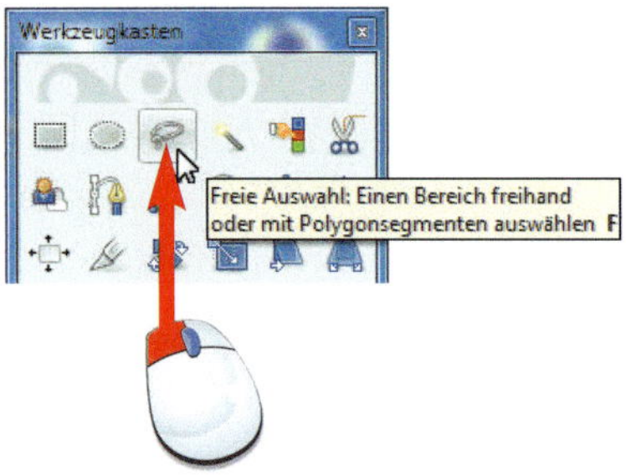

2

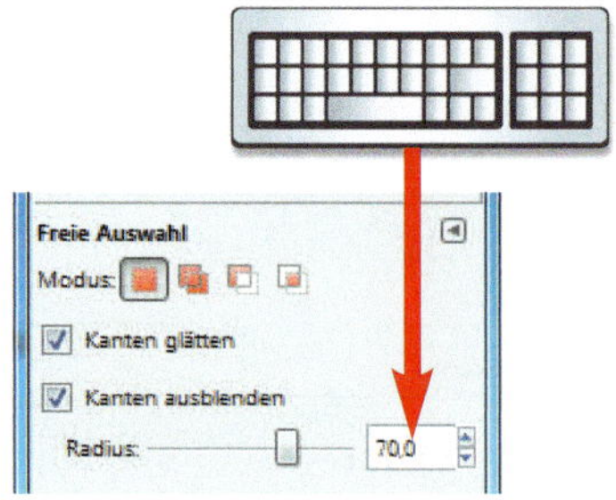

3

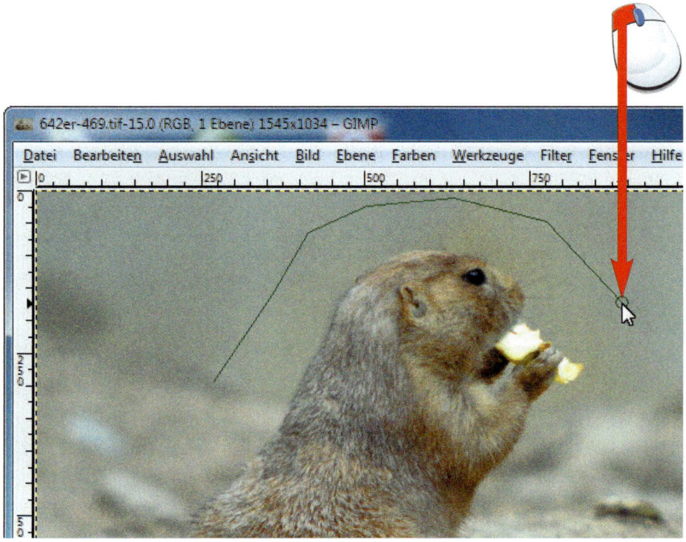

1 Rufen Sie das Werkzeug *Freie Auswahl* aus dem *Werkzeugkasten* auf.

2 Tippen Sie im Eingabefeld *Kanten ausblenden einen Wert* von *70* Pixeln ein, damit die spätere Auswahl eine weiche Kante erhält.

3 Gestalten Sie nun mit einzelnen Mausklicks im Bild die Form.

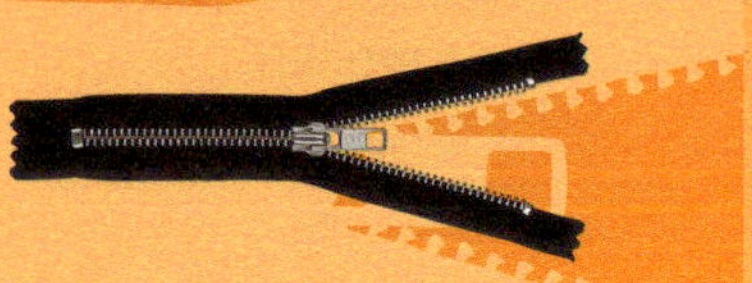

Zum Erstellen von Auswahlbereichen gibt es viele Werkzeuge. So können Sie geometrische Formen wie beispielsweise Ellipsen erstellen – aber auch freie Formen sind möglich.

WISSEN

4

5

4 „Umfahren" Sie mit Mausklicks Schritt für Schritt das Erdmännchen, bis Sie wieder beim Anfangspunkt angelangt sind. Klicken Sie hier, um die Form zu schließen.

5 So haben wir diese Form erhalten. Der Auswahlbereich wurde hier wieder umgekehrt.

Ende

TIPP

Falls Sie eine falsche Position angeklickt haben, macht das nichts: Mit der ← -Taste werden die Punkte wieder gelöscht.

HINWEIS

Sie können auf diese Art nur gerade Verbindungen herstellen. Soll eine Rundung entstehen, müssen Sie die linke Maustaste gedrückt halten.

Eine neue Ebene aus einem Auswahlbereich

Start

1

2

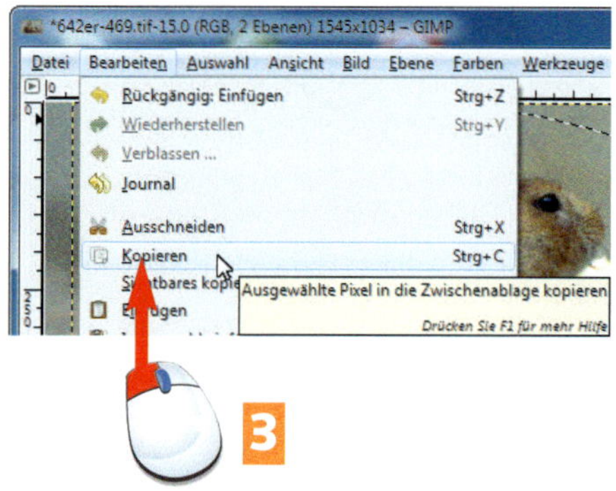

3

1 Wenn Sie die Entf-Taste drücken, löschen Sie den Inhalt des Auswahlbereichs. Dafür ist dort nun die eingestellte Hintergrundfarbe zu sehen.

2 Ein Blick in den *Ebenen*-Dialog belegt, dass das Dokument nur aus dem Hintergrund besteht.

3 Flexibler ist eine andere Variante, wobei die Auswahl nicht invertiert sein darf. Rufen Sie die Funktion *Bearbeiten/Kopieren* und anschließend *Bearbeiten/Einfügen* auf.

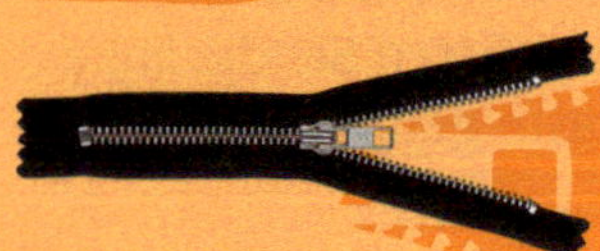

Das Arbeiten mit eigenständigen Ebenen ist flexibler, als wenn Sie nur einfach den Inhalt des ausgewählten Bereichs löschen.

4

5

6

4 Gimp fügt den Inhalt des Zwischenspeichers als eine sogenannte *Schwebende Auswahl* ein, wie ein Blick in den *Ebenen*-Dialog zeigt.

5 Klicken Sie in der Fußzeile auf das erste Symbol, um eine neue Ebene zu erstellen, die dann mit der schwebenden Auswahl zusammengefügt wird.

6 Füllen Sie nach dem Markieren den Hintergrund mit einer beliebigen Farbe, um das gezeigte Ergebnis zu erhalten.

Ende

Mit der Funktion *Ebene/Nach unten vereinen* können Sie Ebenen miteinander „verschmelzen“.

HINWEIS

Die **schwebende Ebene** ist eine temporäre Ebene. Sie kann erst bearbeitet werden, wenn sie mit der Funktion *Ebene/Ebene verankern* mit dem Hintergrund verschmolzen wird.

FACHWORT

Zum Füllen einer Ebene brauchen Sie die Funktion *Bearbeiten/Mit Vordergrundfarbe füllen*. Stellen Sie dabei im Werkzeugkasten die gewünschte Farbfüllung ein.

HINWEIS

Start

1

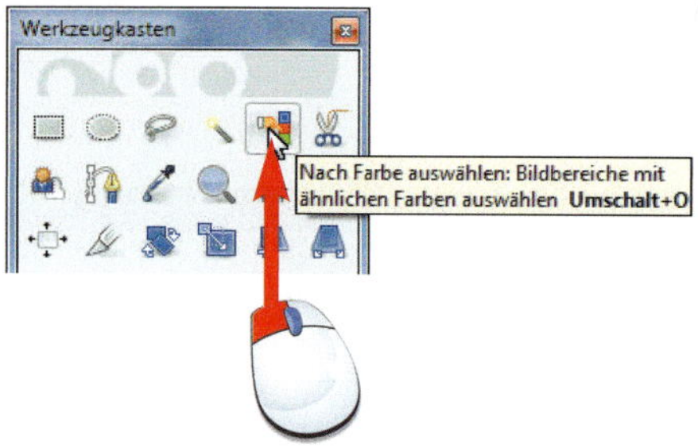

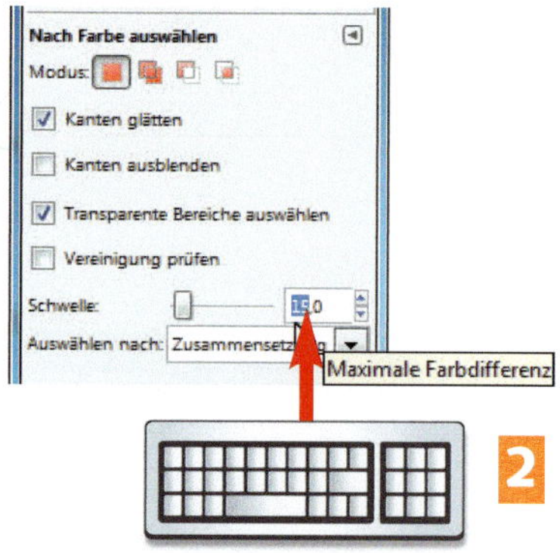

2

3

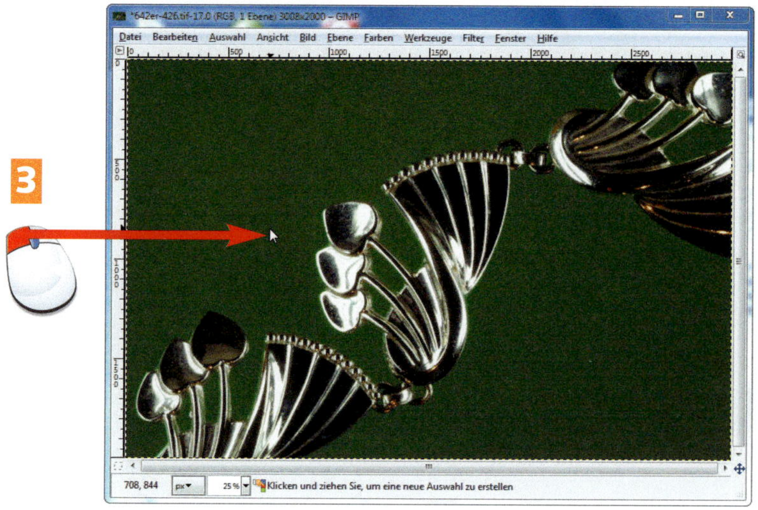

1 Rufen Sie das Werkzeug *Nach Farbe auswählen* aus dem *Werkzeugkasten* auf.

2 Tippen Sie den *Schwelle*-Wert ein – *15* ist ein Wert, der in vielen Fällen passt. Wählen Sie im Listenfeld darunter die Option *Zusammensetzung*.

3 Klicken Sie in den Bereich des Untergrunds, um die Auswahl zu erstellen.

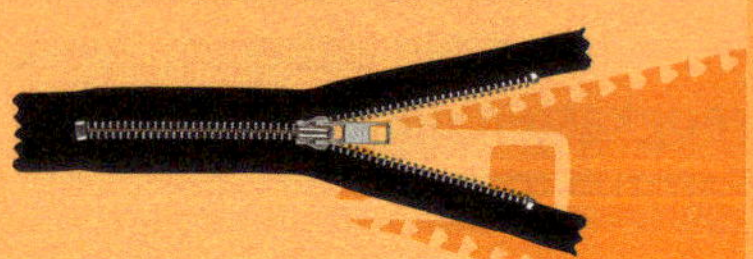

Gimp bietet mehrere Werkzeuge an, um Farben mit einem ähnlichen Farbton auszuwählen. Das Werkzeug, das wir in diesem Workshop einsetzen – *Nach Farbe auswählen* –, nimmt im Gegensatz zum Zauberstab alle Farbtöne aus dem Bild auf. Beim Zauberstab werden dagegen nur aneinander angrenzende Farbflächen in die Auswahl aufgenommen.

WISSEN

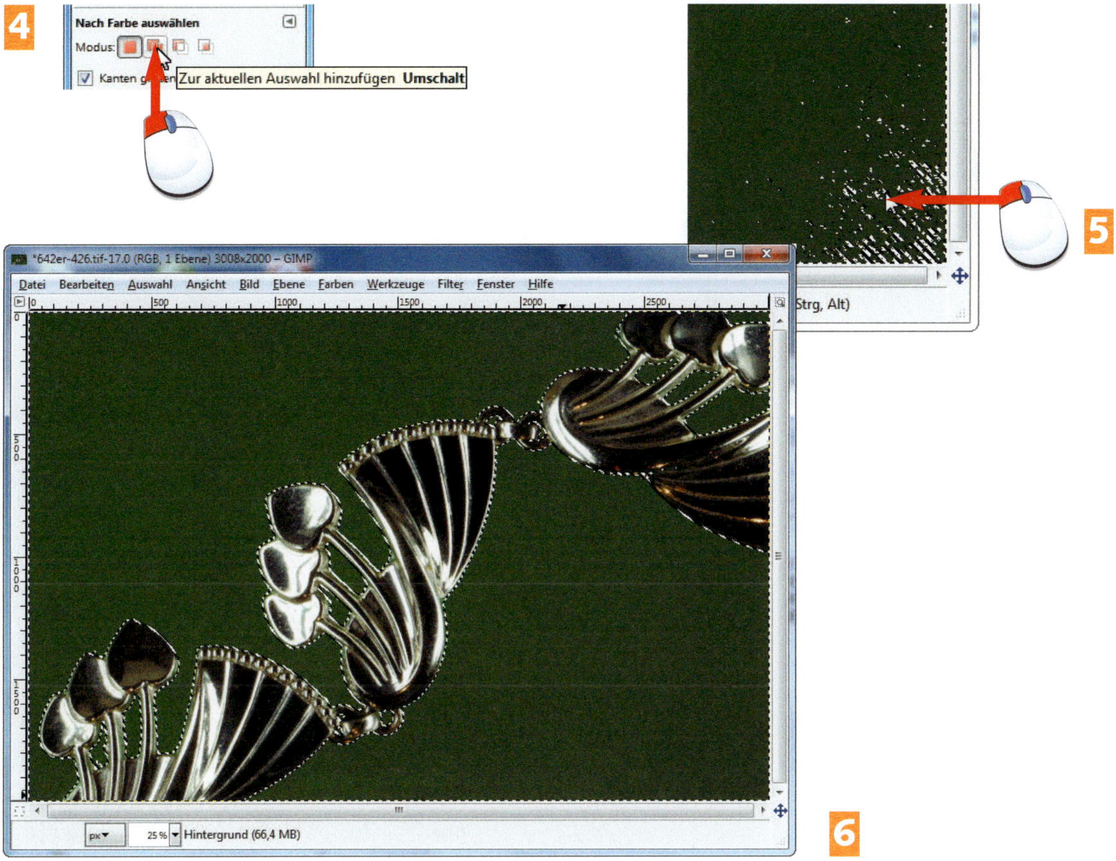

4 Da nicht alle Farben sofort ausgewählt wurden, aktivieren Sie in den Werkzeugeinstellungen die Option *Zur aktuellen Auswahl hinzufügen*.

5 Anschließend müssen Sie weitere Male klicken, …

6 … um die noch nicht erfassten Bereiche des Untergrunds mit in die Auswahl aufzunehmen, die durch eine gestrichelte Linie gekennzeichnet wird.

Ende

FACHWORT

Mit dem **Schwelle-Wert** legen Sie fest, wie ähnlich ein Farbton dem angeklickten sein muss, damit er in die Auswahl aufgenommen wird.

HINWEIS

Ist die Option *Zur aktuellen Auswahl hinzufügen* aktiviert, wird die Auswahl mit jedem weiteren Mausklick erweitert. Die bereits ausgewählten Bereiche bleiben erhalten.

Start

1

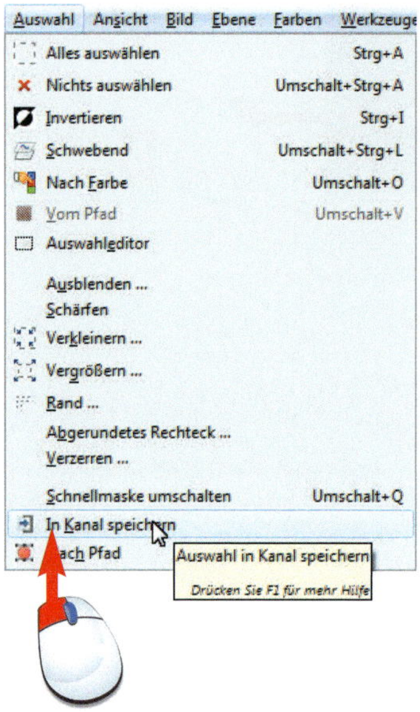

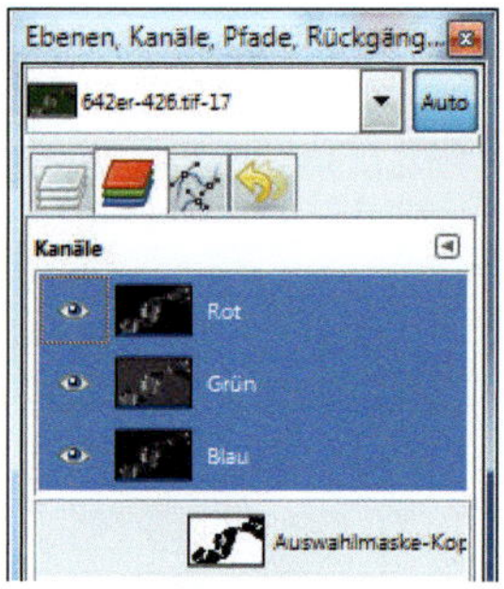

2

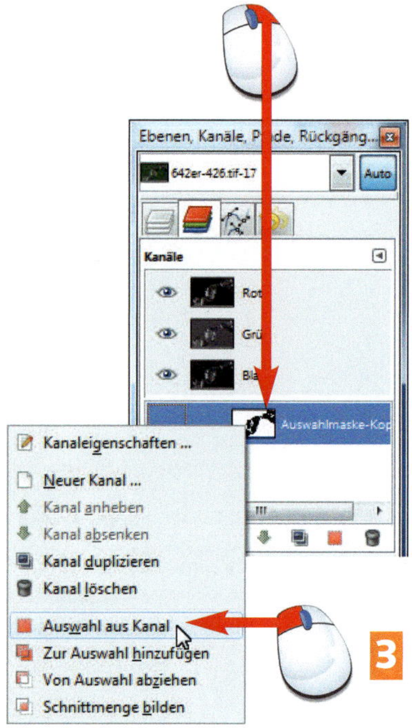

3

1 Wenn Sie die Auswahl für eine spätere Verwendung sichern wollen, rufen Sie die Funktion *Auswahl/In Kanal speichern auf*.

2 Anschließend sehen Sie im *Kanäle*-Dialog den neuen Alphakanal.

3 Um eine Auswahl erneut zu laden, rufen Sie aus dem Kontextmenü die Funktion *Auswahl aus Kanal* auf.

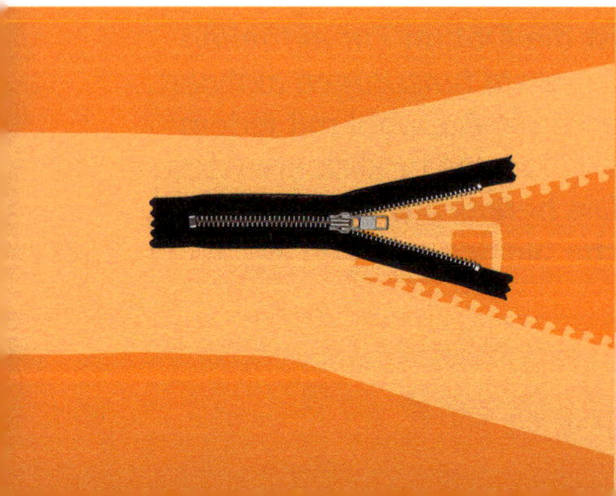

Sie können Auswahlbereiche speichern. So haben Sie zu einem späteren Zeitpunkt die Möglichkeit, erneut darauf zurückzugreifen.

WISSEN

4

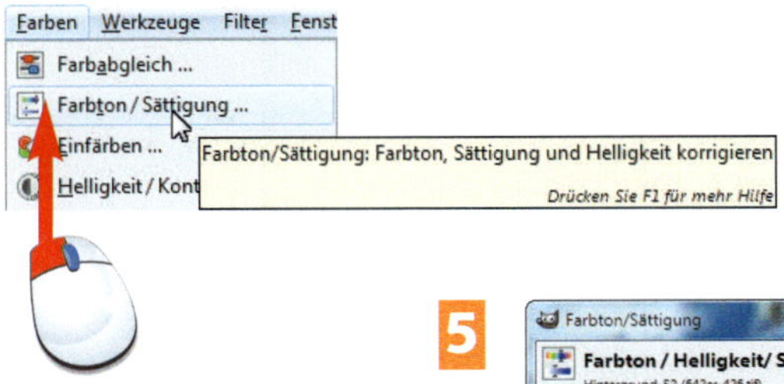

5

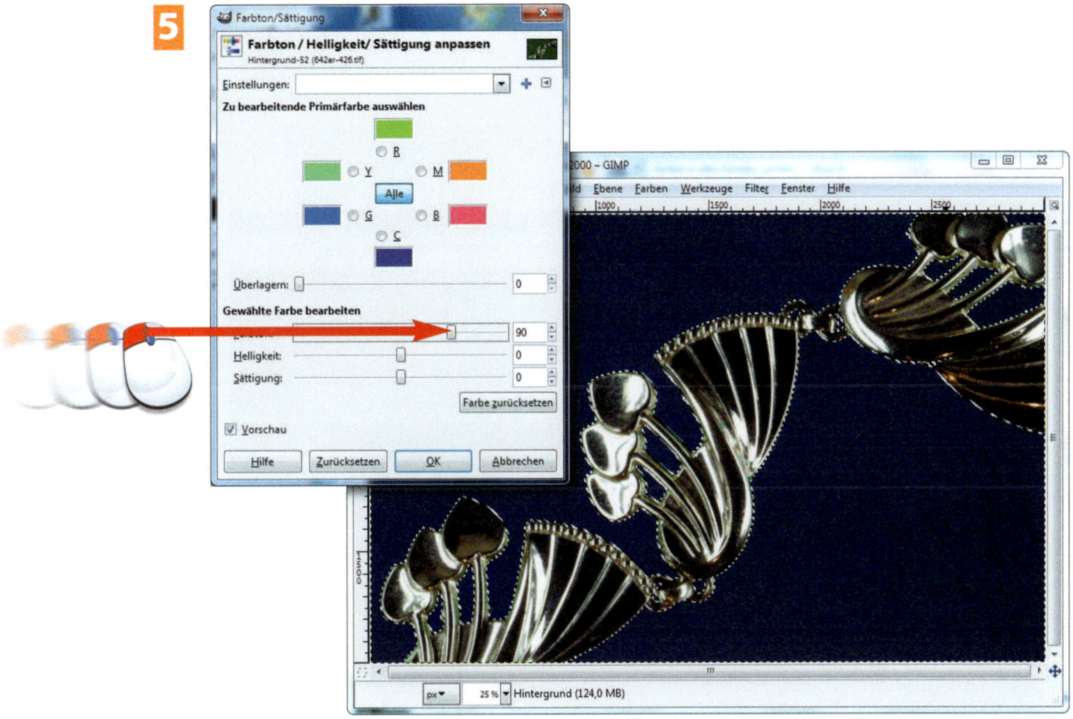

4 Den ausgewählten Bereich können Sie nach Belieben mit den bekannten Funktionen verändern. Rufen Sie beispielsweise die Funktion *Farben/Farbton/Sättigung* auf, ...

5 ... um den Farbton mit dem Schieberegler zu verändern. Dabei wechselt nur der ausgewählte Untergrund die Farbe. Die nicht ausgewählte Kette behält dagegen die Originalfarbe.

Ende

In **Alphakanälen** sehen Sie Schwarz-Weiß-Bilder. Je schwärzer ein Bereich ist, umso stärker ist er geschützt. Nur die weißen Partien können daher vollständig bearbeitet werden.

FACHWORT

Das Kontextmenü wird mit einem rechten Mausklick geöffnet.

HINWEIS

Start

1

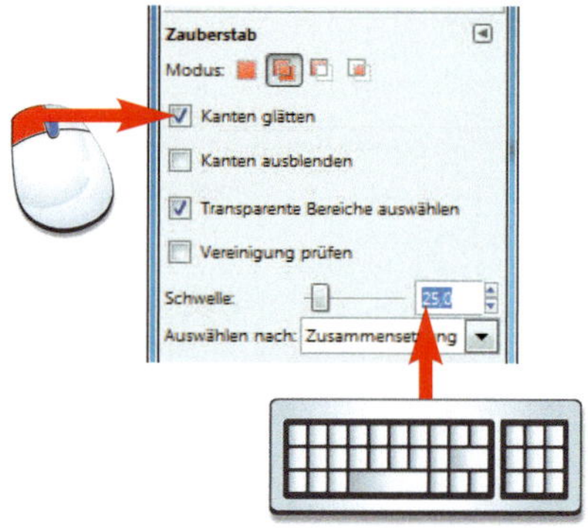

2

3

1 Rufen Sie das *Zauberstab*-Werkzeug aus dem *Werkzeugkasten* auf.

2 Aktivieren Sie in den Werkzeugeinstellungen die Option *Kanten glätten* und stellen Sie den Schwellenwert ein – im Beispiel ist *25* der geeignete Wert.

3 Klicken Sie in den Himmel, um ihn auszuwählen.

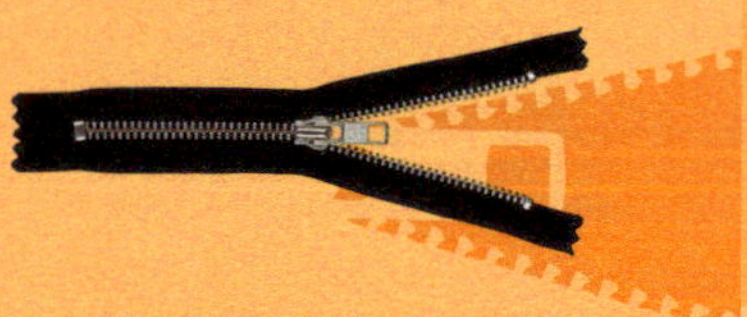

Das *Zauberstab*-Werkzeug ist ein „Universal-Werkzeug“, das bei vielen Aufgabenstellungen gute Dienste leisten kann. Daher lohnt es sich, den Umgang mit diesem Werkzeug häufig zu üben. Im Gegensatz zum Werkzeug *Nach Farbe auswählen*, werden beim *Zauberstab* nur aneinander angrenzende Bildbereiche in die Auswahl aufgenommen.

WISSEN

4

5

6

4 Klicken Sie in die noch nicht erfassten Bereiche und ....

5 ... achten Sie darauf, dass Sie auch die nicht aneinander grenzenden Flächen mit in die Auswahl aufnehmen.

6 Am Ende wird die Auswahl mit *Auswahl/Invertieren* wieder umgekehrt, da bei den weiteren Schritten nicht der Himmel, sondern der Rest des Bildes benötigt wird.

Ende

Sie sollten die Option *Kante glätten* immer aktivieren, damit keine unschönen Treppenstufen entstehen.

TIPP

Man könnte meinen, dass ein höherer Schwellenwert sinnvoll ist, um schneller zum Ergebnis zu kommen. Dabei besteht aber die Gefahr, dass falsche Bereiche mit erfasst werden.

HINWEIS

Bei Einsatz des Zauberstabs ist es völlig normal, dass mehrere Mausklicks nötig sind, ehe der komplette Bereich erfasst ist.

HINWEIS

Start

1

2

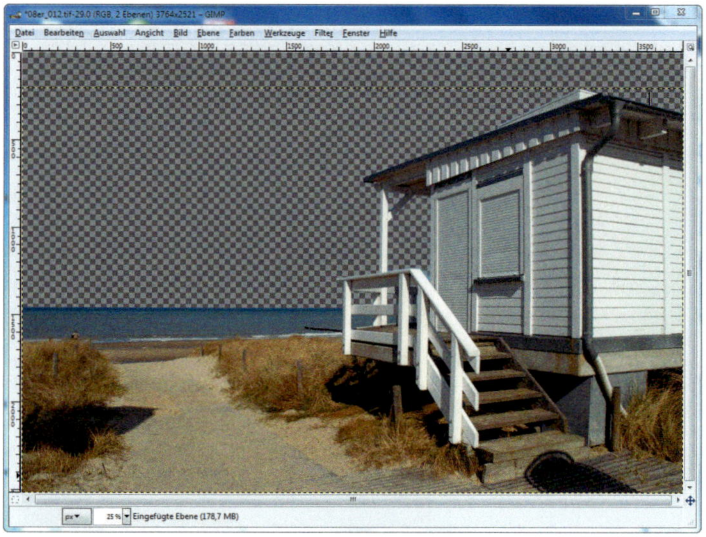

3

1 Kopieren Sie die fertige Auswahl nun mit *Bearbeiten/Kopieren* und fügen Sie sie mit *Bearbeiten/Einfügen* wieder ins Bild ein. Erstellen Sie dann für die schwebende Auswahl eine neue Ebene.

2 Wenn Sie die *Hintergrund*-Ebene nun mit einem Klick auf das Augensymbol vor dem Eintrag im *Ebenen*-Dialog ausblenden, werden die transparenten Bereiche des Bildes sichtbar.

3 Öffnen Sie das Bild, aus dem der neue Himmel übernommen werden soll.

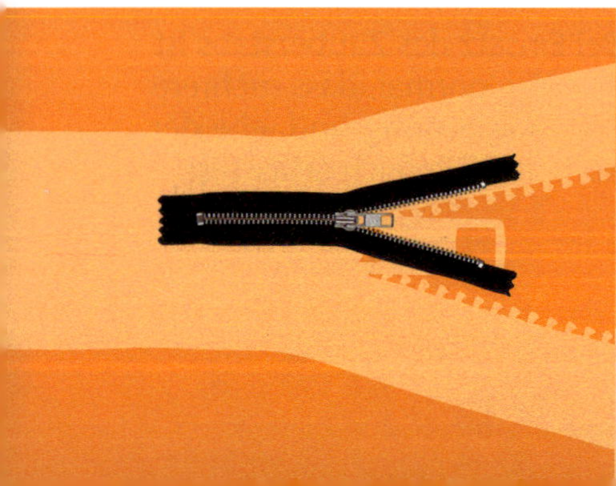

Durch das Austauschen von Bildteilen erhalten Sie viele kreative Möglichkeiten. So können Sie ohne Weiteres Personen per Bildbearbeitung an Orte verfrachten, an denen sie niemals gewesen sind.

WISSEN

4

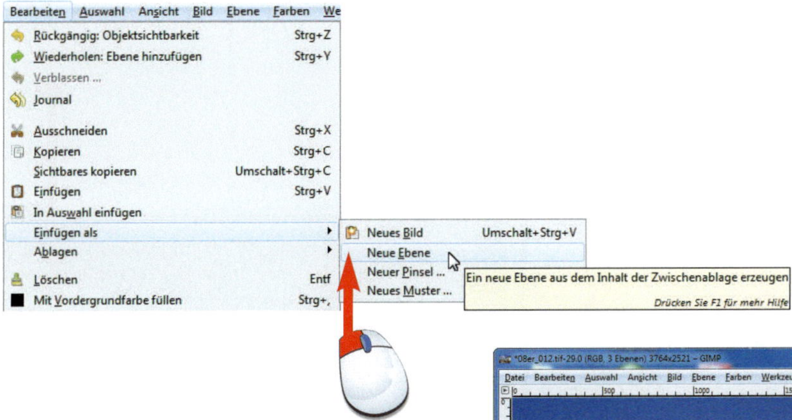

5

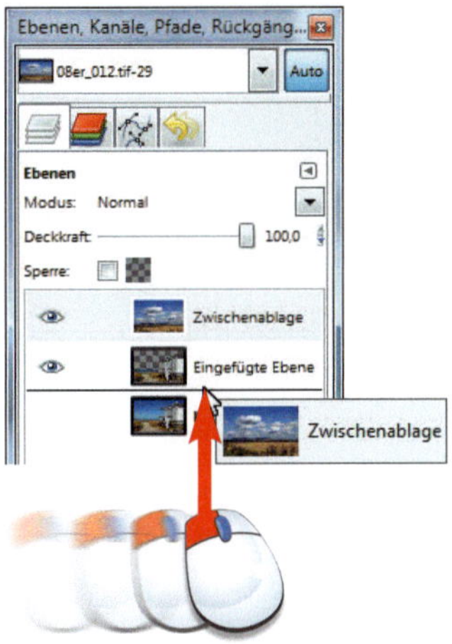

6

4 Kopieren Sie das neue Bild in den Zwischenspeicher und wechseln Sie zurück zum Ausgangsbild. Rufen Sie dort die Funktion *Bearbeiten/Einfügen als/Neue Ebene* auf.

5 Ziehen Sie im *Ebenen*-Dialog die neue Ebene mit gedrückter linker Maustaste unter die Ebene mit dem freigestellten Bildinhalt.

6 Verwenden Sie nun das *Verschieben*-Werkzeug, um die Ebene so zu platzieren, dass sie sich harmonisch in das Bild einfügt.

Ende

Neu eingefügte Ebenen werden stets oberhalb der aktuellen Ebene eingefügt. Wenn Sie also den Hintergrund markiert hatten, ist das Ändern der Ebenenposition überflüssig.

HINWEIS

Bei der Wahl eines geeigneten Bildes zur Montage müssen Sie darauf achten, dass die Bilder farblich zusammenpassen.

HINWEIS

Start

1

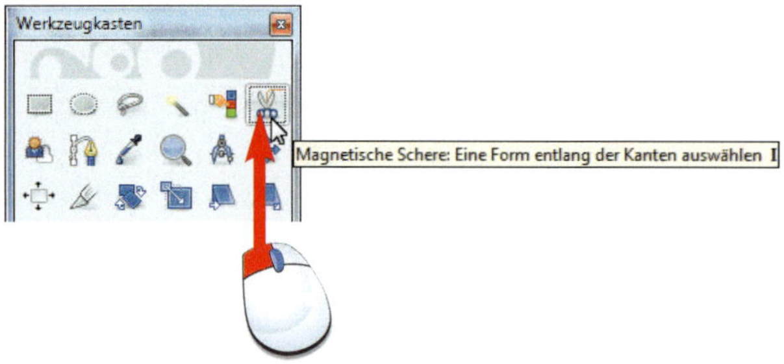

3

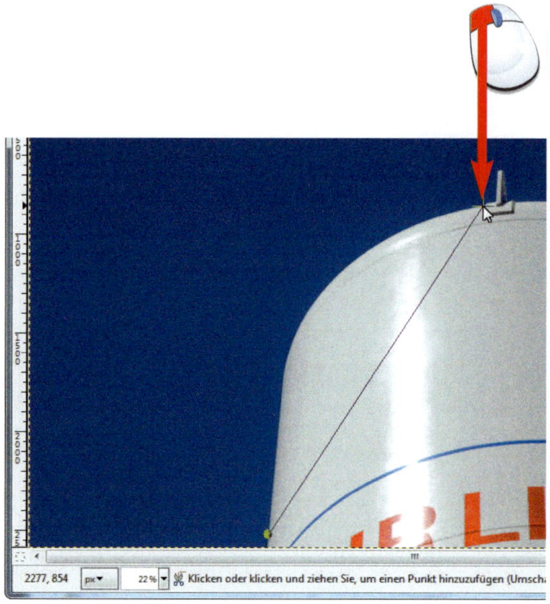

2

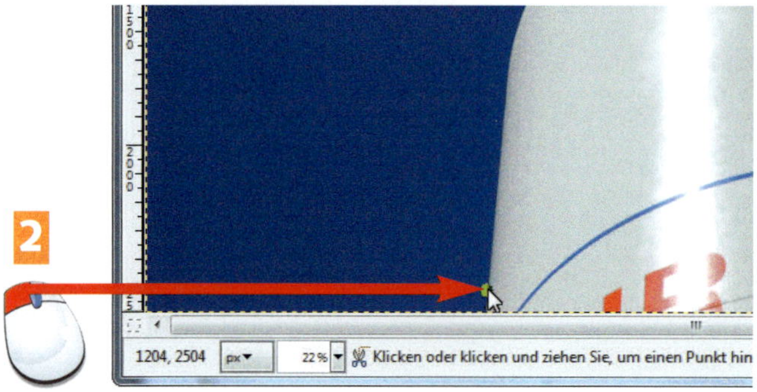

1 Rufen Sie aus dem *Werkzeugkasten* das Werkzeug *Magnetische Schere* auf.

2 Klicken Sie mit der linken Maustaste auf eine Position im Bild, an der eine Kontur zu sehen ist – wie hier im Bild die Kante des Silos.

3 Den nächsten Punkt müssen Sie dort platzieren, wo sich die Richtung der Kontur verändert.

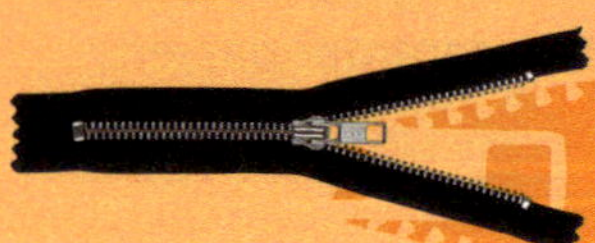

Gimp enthält diverse ausgefeilte Auswahlwerkzeuge, mit denen es Ihnen erleichtert wird, komplexe Auswahlbereiche mit relativ wenig Arbeit zu erstellen. So erkennt beispielsweise die *Magnetische Schere* automatisch Konturen im Bild.

WISSEN

4

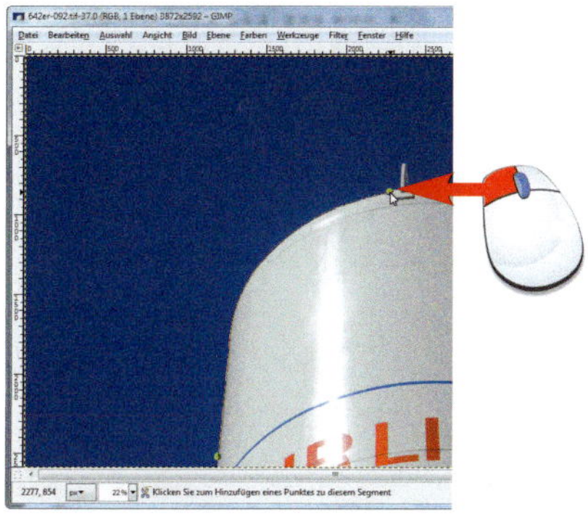

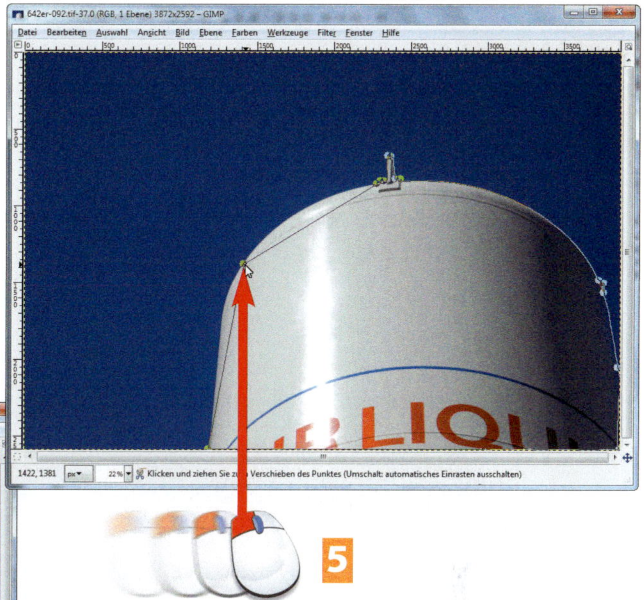

5

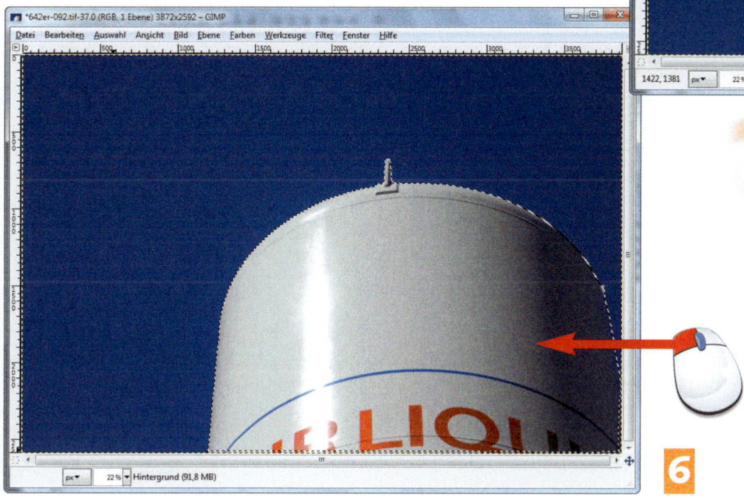

6

4 Wenn Sie die Maustaste loslassen, wird die Kontur automatisch erkannt. Platzieren Sie auf diese Art alle benötigten Punkte, bis Sie wieder beim Startpunkt angelangt sind.

5 Nach dem Schließen der Form lassen sich die gesetzten Punkte mit gedrückter linker Maustaste verschieben.

6 Wenn Sie innerhalb des markierten Bereichs klicken oder die Enter-Taste drücken, wird die Auswahl erstellt.

Ende

Aktivieren Sie in den Werkzeugeinstellungen die Option *Kanten glätten*. Außerdem wählen Sie hier aus, ob ein neuer Auswahlbereich erstellt oder ein bestehender verändert werden soll.

HINWEIS

Ist in den Werkzeugeinstellungen die Option *Interaktive Umrandung* aktiviert, wird gleich beim nächsten Mausklick die passende Kontur angezeigt – andernfalls ist es zunächst eine gerade Linie.

HINWEIS

Den Vordergrund freistellen

Start

1

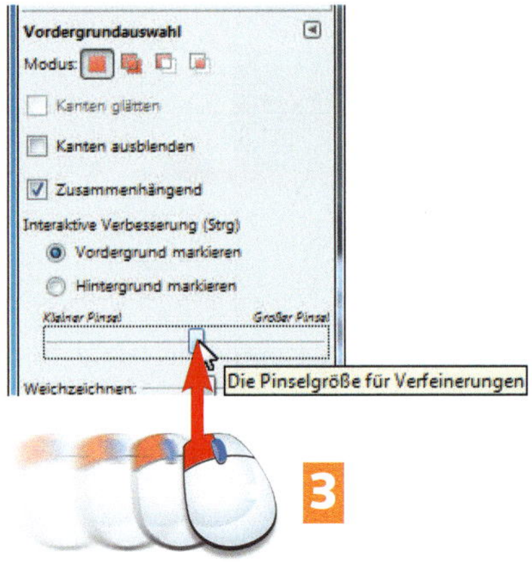

3

2

1 Rufen Sie aus dem *Werkzeugkasten* das Werkzeug *Vordergrundauswahl* auf.

2 Das Werkzeug wirkt zunächst wie das Polygon-Lasso. Umfahren Sie das freizustellende Objekt grob.

3 Nach dem Schließen der Form wirkt das Werkzeug wie ein Pinsel. Die Pinselgröße wird mit dem Schieberegler in den Werkzeugeinstellungen angepasst.

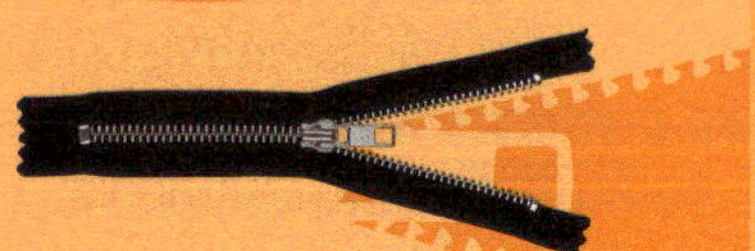

Oft ist es nötig, Objekte im Bildvordergrund freizustellen. Für diese Aufgabe bietet Gimp ein spezielles Werkzeug an, das wir Ihnen in diesem Workshop vorstellen wollen.

WISSEN

4

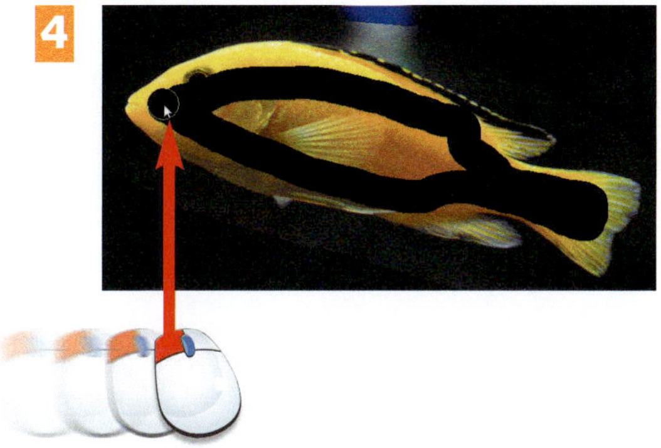

5

6

4 Übermalen Sie das Objekt im Vordergrund, ohne dass die Form nach außen hin übermalt wird.

5 Wenn Sie die Maustaste loslassen, werden die Bereiche, die später zur Auswahl gehören, in der Farbe markiert, die in den Werkzeugeinstellungen vorgegeben ist. Gegebenenfalls können Sie die Auswahl durch weiteres Malen korrigieren.

6 Wenn Sie innerhalb des markierten Bereichs klicken oder die Enter-Taste drücken, wird die Auswahl erstellt.

Ende

Sie können in den Werkzeugeinstellungen auswählen, ob die Flächen in Blau, Rot oder Grün hervorgehoben werden sollen.

HINWEIS

Einen Auswahlbereich „ermalen"

Start

1

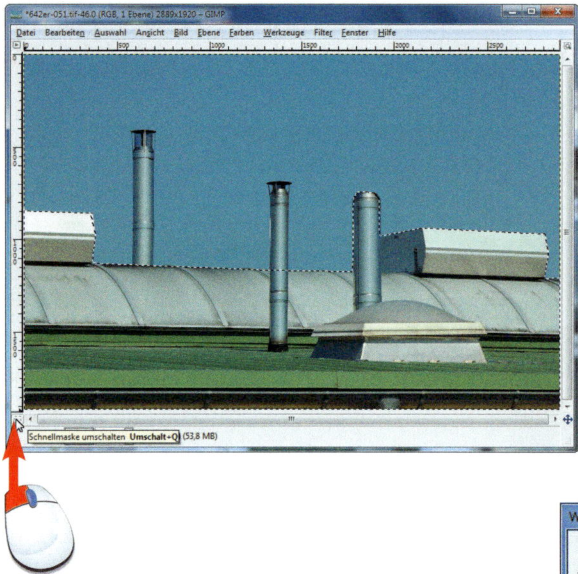

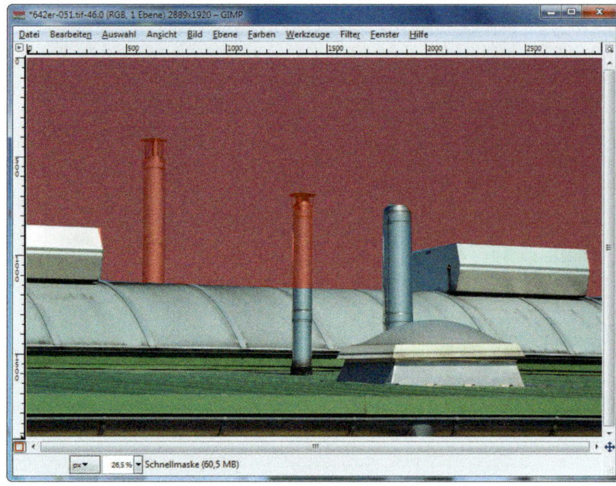

2

3

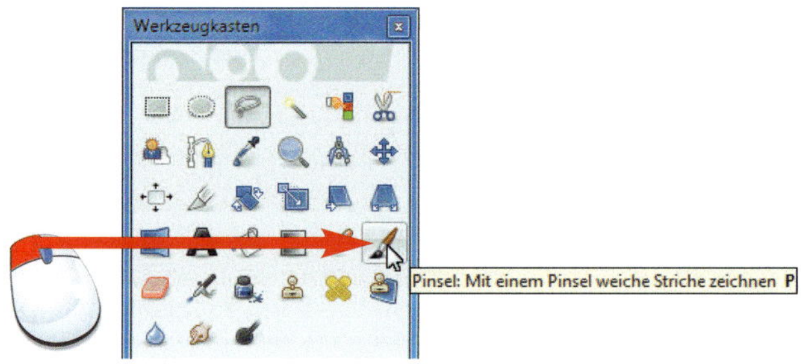

1 Erstellen Sie zunächst mit den bekannten Auswahlwerkzeugen eine Auswahl und rufen Sie dann mit der Schaltfläche links unten am Bildrand ...

2 ... die Schnellmaske auf. Alle Bereiche, die in der Auswahl enthalten sind, sind dann klar erkennbar – alle nicht ausgewählten Bildteile sind rot eingefärbt.

3 Rufen Sie aus dem *Werkzeugkasten* das *Pinsel*-Werkzeug auf.

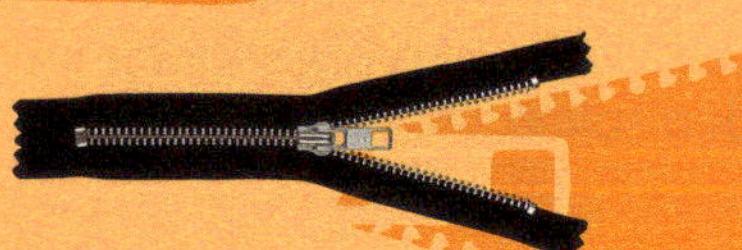

Neben den bereits beschriebenen Auswahlwerkzeugen haben Sie für eine ganz präzise Auswahlerstellung auch die Möglichkeit, mit den Malwerkzeugen die Auswahl zu bearbeiten.

WISSEN

4

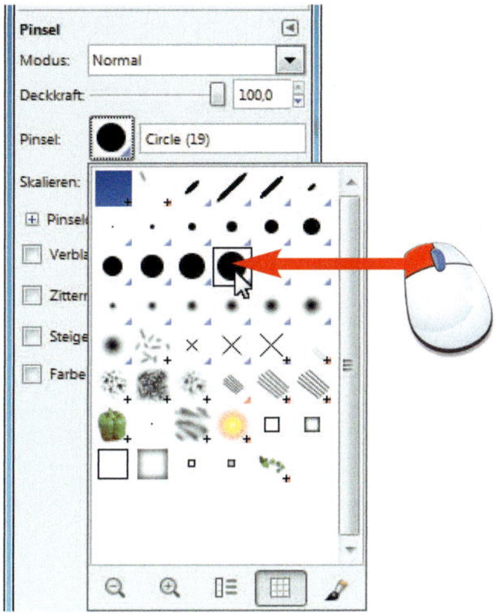

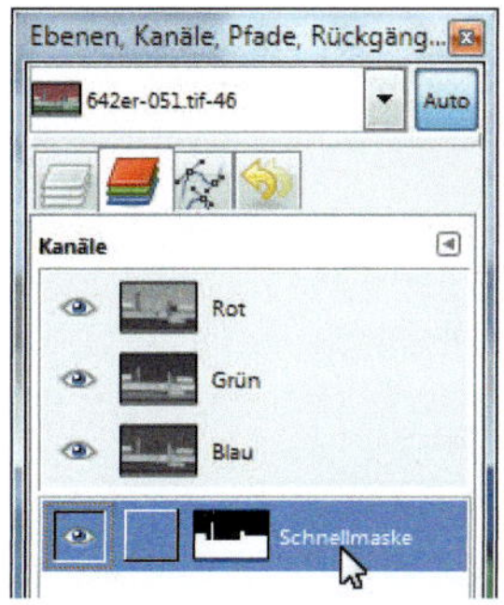

5

6

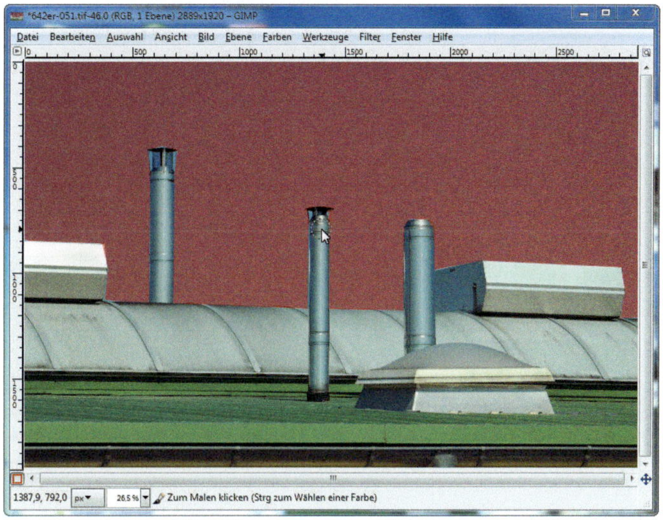

4 Wählen Sie in den Werkzeugeinstellungen eine Pinselspitze mit einem harten Rand aus und stellen Sie mit dem *Skalieren*-Schieberegler die Größe ein.

5 Im *Kanäle*-Dialog muss die *Schnellmaske* aktiviert sein.

6 Malen Sie nun in den rot eingefärbten Bereichen, um die bisherige Auswahl zu erweitern.

Ende

Sie können sich aussuchen, ob Sie die Bereiche mit gedrückter linker Maustaste „zumalen" wollen oder ob Sie einzelne Mausklicks zum „Zutupfen" einsetzen.

TIPP

Beachten Sie, dass als Vordergrundfarbe Weiß eingestellt ist, damit die übermalten Bereiche vollständig erfasst werden – bei Grautönen wird die Auswahl nur teildeckend.

HINWEIS

Wenn Sie eine Pinselspitze mit einem weichen Rand einsetzen, wird die Kante nur teilweise in die Auswahl aufgenommen.

HINWEIS

Start

1

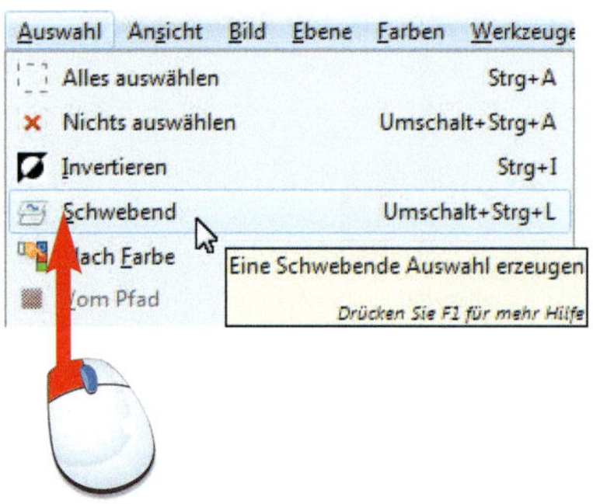

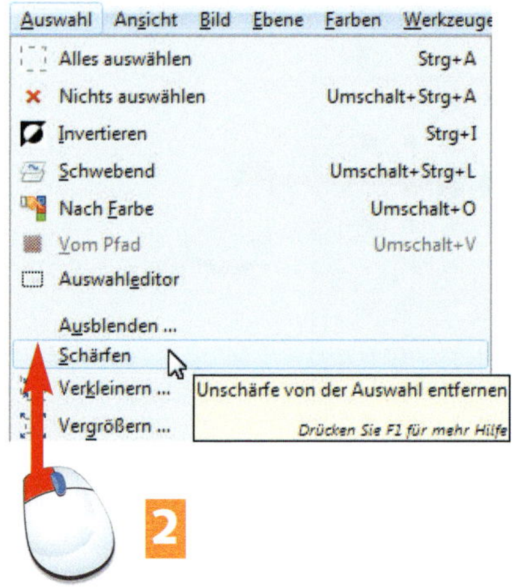

2

3

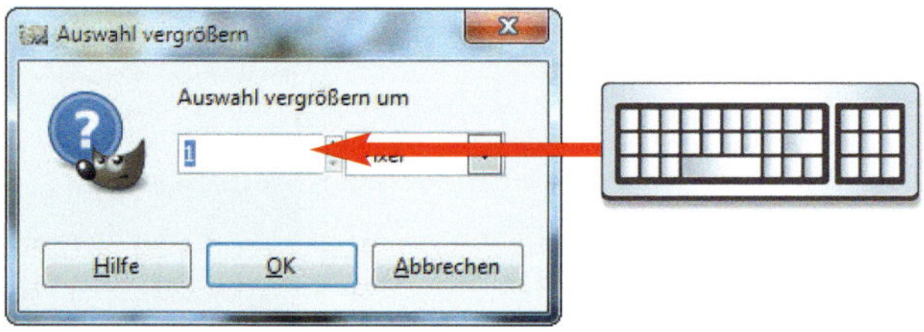

1 Nutzen Sie die Funktion *Auswahl/Schwebend*, um aus der Auswahl eine schwebende Auswahl zu erstellen, die dann in eine eigene Ebene umgewandelt werden könnte.

2 Wurden die Auswahlkanten mit der Funktion *Auswahl/Ausblenden* weichgezeichnet, können Sie dies mit der Funktion *Auswahl/Schärfen* zurücknehmen.

3 Soll die Größe der Auswahl verändert werden, nutzen Sie *Auswahl/Vergrößern* oder *Verkleinern* und geben Sie den exakten Wert der Änderung im Dialogfeld ein.

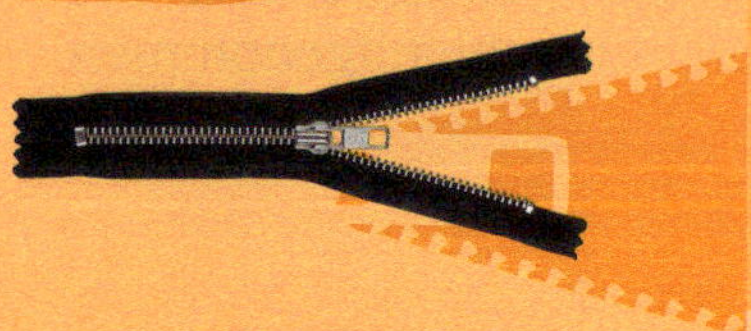

Ist die Auswahl erst einmal erstellt, haben Sie verschiedene Möglichkeiten, um mit der Auswahl weiterzuarbeiten und sie beispielsweise zu modifizieren. Einige nützliche Funktionen stellen wir Ihnen hier vor.

WISSEN

4

5

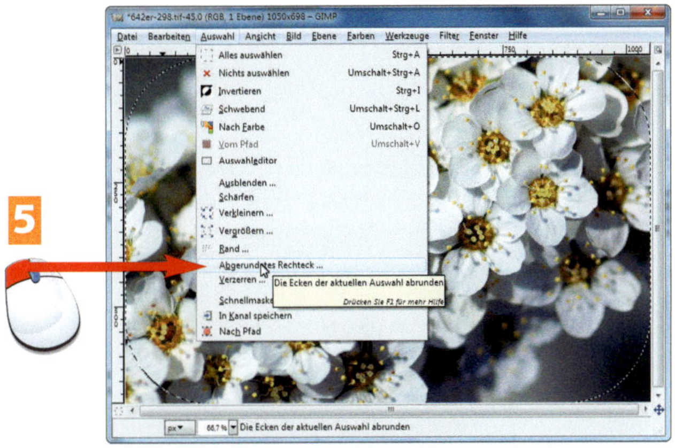

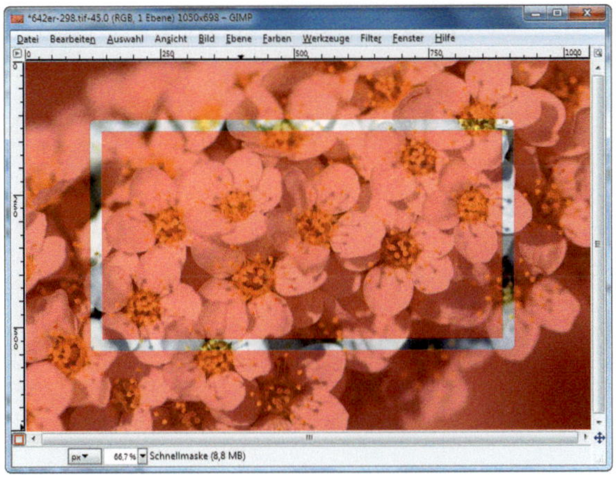

6

4 Wenn Sie einen Bereich mit einem Rand versehen wollen, hilft Ihnen die Funktion *Auswahl/Rand*. Geben Sie im Dialogfeld die gewünschte Stärke ein.

5 Auch komplexe Auswahlbereiche sind möglich, wie etwa mit der Option *Auswahl/Abgerundetes Rechteck*. Im Foto oben sehen Sie die angewandte Funktion.

6 Mit der Funktion *Auswahl/Schnellmaske* werden die nicht ausgewählten Bildteile rötlich eingefärbt angezeigt.

Ende

Um eine Auswahl aufzuheben rufen Sie die Funktion *Auswahl/Nichts auswählen* auf.

HINWEIS

Wenn Sie viel mit Auswahlbereichen arbeiten, kann der andockbare Dialog *Auswahleditor* hilfreich sein, in dem einige wichtige Funktionen über Schaltflächen erreichbar sind.

TIPP

Die *Rand*-Funktion ist beispielsweise nützlich, wenn Sie ein Bild mit einem Rahmen verzieren wollen.

HINWEIS

6

Mit Ebenen arbeiten

Start

1

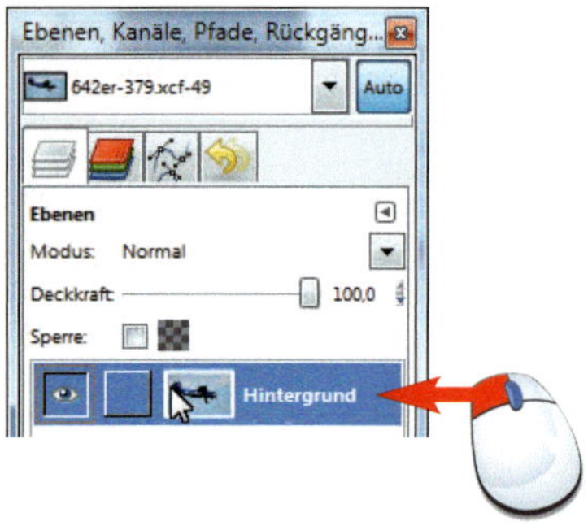

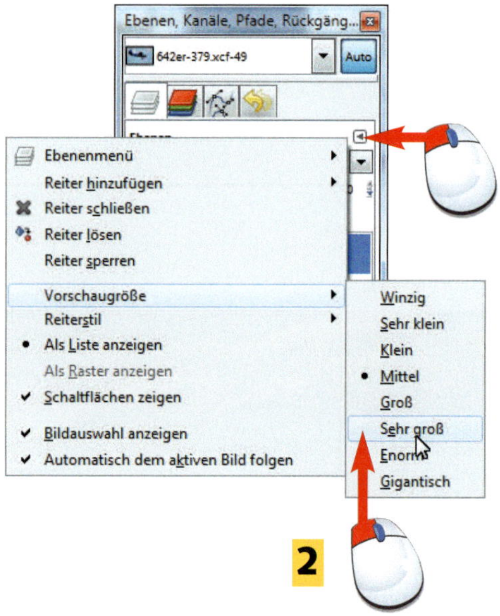

2

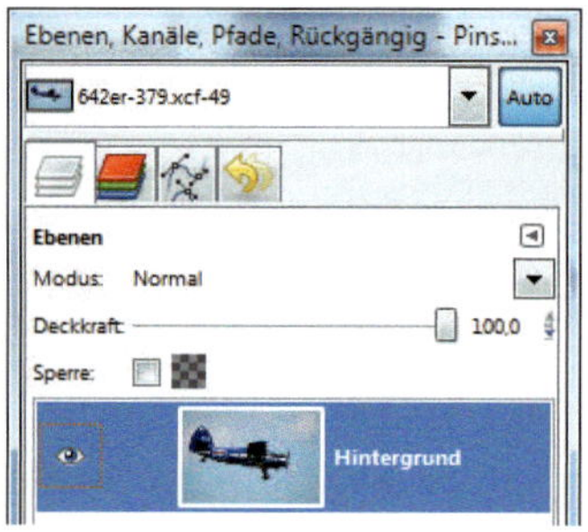

3

1 Im *Ebenen*-Dialog werden alle Ebenen des Bildes aufgelistet. Um eine Ebene bearbeiten zu können, muss sie markiert werden. Sie wird dann blau unterlegt dargestellt.

2 Klicken Sie auf den kleinen Pfeil oben, um das Menü zu öffnen. Mit der *Vorschaugröße*-Funktion ...

3 ... können Sie eine größere Miniaturansicht einstellen, um den Ebenen-Inhalt besser beurteilen zu können.

Wenn Sie Bilder aus verschiedenen Teilen zusammensetzen wollen, helfen Ihnen die Ebenen. Sie haben vielseitige Möglichkeiten bei der Ebenenbearbeitung.

WISSEN

4

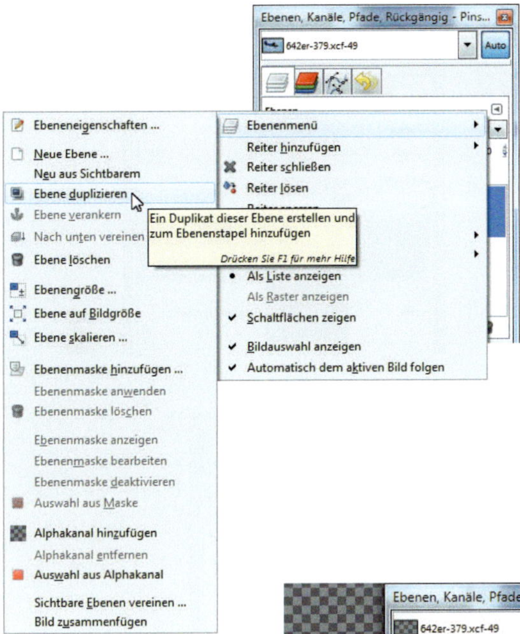

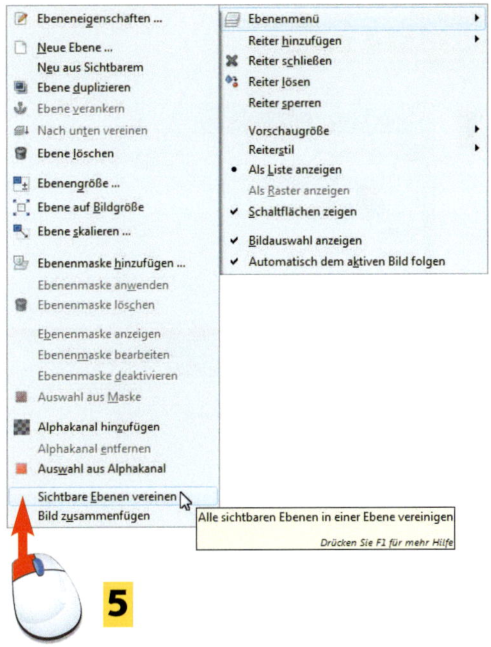

5

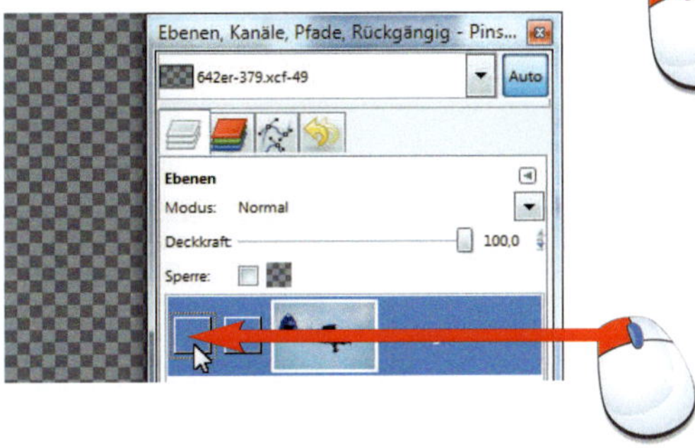

6

4 In dem Menü werden alle verfügbaren Ebenen-Funktionen zum Verwalten und Bearbeiten aufgelistet.

5 Bestehen mehrere Ebenen im Bild, können Sie diese mit der Funktion *Sichtbare Ebenen vereinen* zu einer Ebene „verschmelzen".

6 Um Ebenen auszublenden, klicken Sie auf das Augensymbol. Im Bild sehen Sie dann ein Karomuster, das transparente Bereiche kennzeichnet.

Ende

Jedes Bild besteht mindestens aus einer Ebene. Wenn Sie ein Bild öffnen, ist dort zumindest die Hintergrund-Ebene zu sehen.

HINWEIS

Damit die Ebenen erhalten bleiben, müssen Sie beim Speichern das Gimp eigene Dateiformat **XCF** verwenden. Wird ein anderes Format verwendet, werden die Ebenen verschmolzen.

FACHWORT

Sie sollten Ebenen nur dann zusammenfassen, wenn Sie sich sicher sind. Einmal zusammengefasste Ebenen können nicht wieder getrennt werden.

TIPP

Start

1

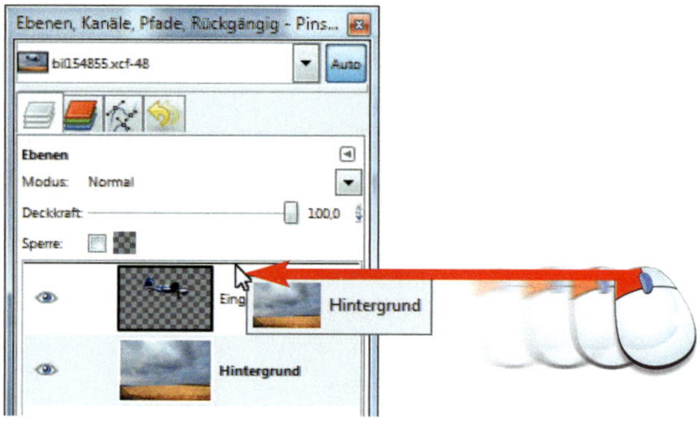

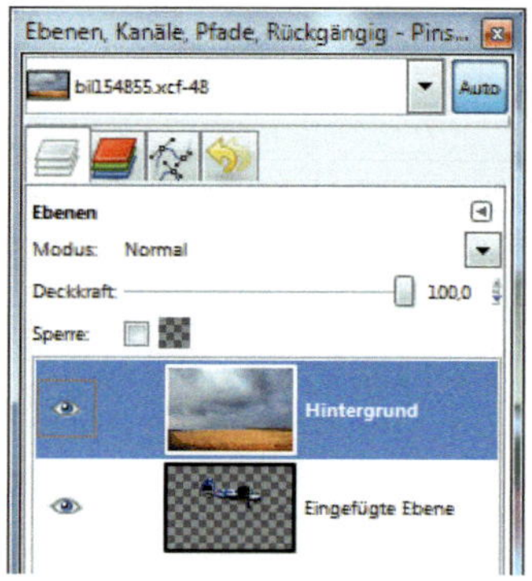

2

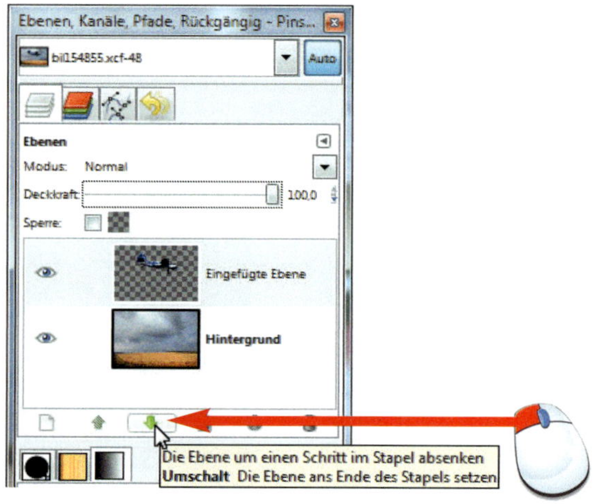

3

1 Die Anordnung der Ebenen lässt sich per Drag & Drop verändern. Ziehen Sie die betreffende Ebene mit gedrückter linker Maustaste auf die neue Position.

2 Nach dem Loslassen der Maustaste wird die Ebene in der Hierarchie verschoben.

3 Alternativ zu dieser Vorgehensweise können Sie markierte Ebenen auch mit der zweiten oder dritten Schaltfläche in der Fußzeile des Dialogs verschieben.

Gimp bietet Ihnen diverse Funktionen bei der Bearbeitung mehrerer Ebenen an. So können Sie die Anordnung verändern oder auch festlegen, wie die Ebenen miteinander „vermischt“ werden sollen.

WISSEN

4

5

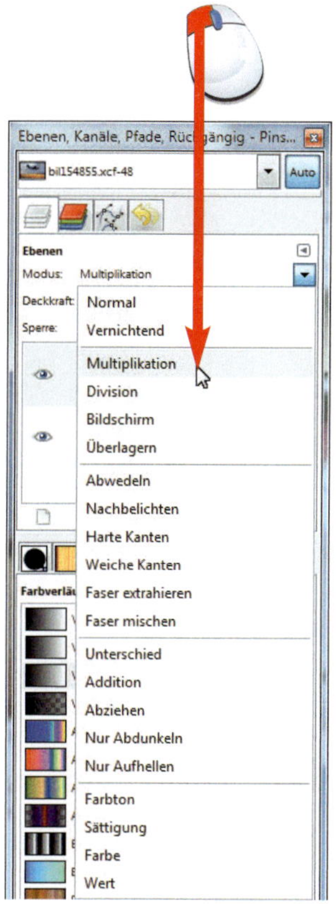

6

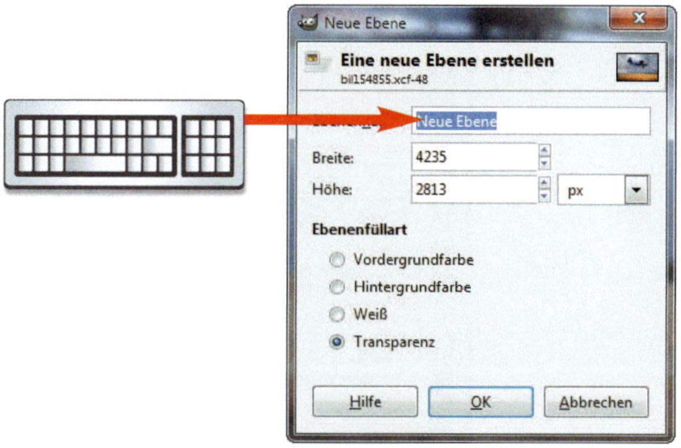

4 Ziehen Sie den Schieberegler, um festzulegen, wie transparent die Ebene sein soll.

5 Im *Modus*-Listenfeld finden Sie diverse Überblendungsmodi, mit denen Sie festlegen, auf welche Art und Weise die Ebenen miteinander „vermischt“ werden sollen.

6 Wenn Sie mit der ersten Schaltfläche in der Fußzeile des Dialogs eine neue Ebene erstellen, können Sie in diesem Dialogfeld die Ebenenbezeichnung eintippen.

Ende

Die Anordnung im Ebenenstapel bestimmt, welche Bilder verdeckt werden oder welche vollständig zu sehen sind. Nur die oberste Ebene ist komplett zu sehen.

HINWEIS

Klicken Sie nach dem Markieren einer Ebene auf das Mülleimersymbol in der Fußzeile, wenn Sie die Ebene löschen wollen.

HINWEIS

Der Name einer Ebene lässt sich auch ändern, indem Sie doppelt auf die Ebenenbezeichnung klicken.

TIPP

Start

1

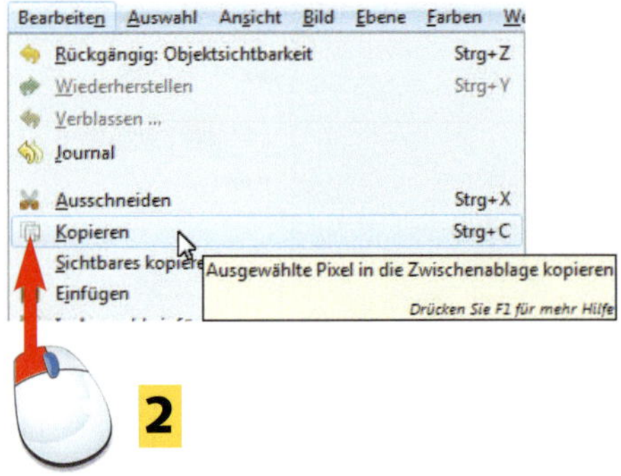

2

3

1 Erstellen Sie mit den Auswahlwerkzeugen wie gewohnt die gewünschte Auswahl. Hier wurde das Flugzeug ausgewählt.

2 Rufen Sie die Funktion *Bearbeiten/Kopieren* auf, um die Auswahl in die Zwischenablage zu kopieren.

3 Wechseln Sie zu dem anderen Bild und rufen Sie die Funktion *Bearbeiten/Einfügen* auf.

Mit nur wenigen Arbeitsschritten können Sie mit Gimp Bildteile von einem Bild in ein anderes montieren. So könnten Sie sich beispielsweise selbst ganz schnell an Orte verfrachten, an denen Sie nie gewesen sind.

WISSEN

4

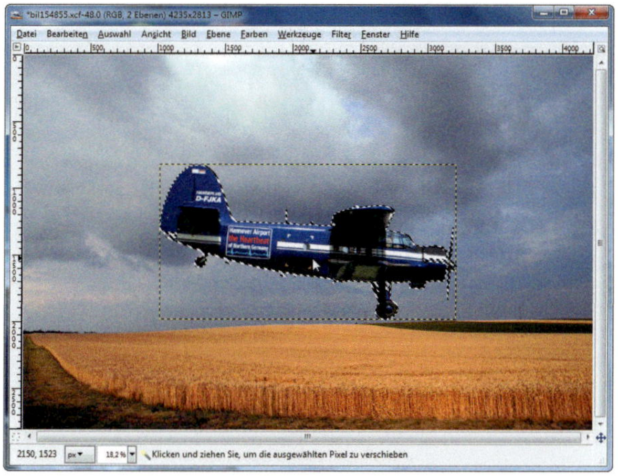

5

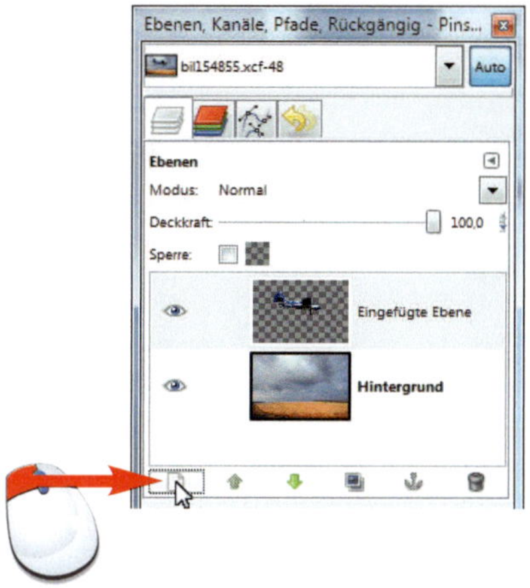

6

4 Der Inhalt der Zwischenablage wird als schwebende Auswahl in der Bildmitte eingefügt.

5 Ziehen Sie die schwebende Auswahl mit gedrückter linker Maustaste an die gewünschte neue Position.

6 Rufen Sie die erste Schaltfläche in der Fußzeile des *Ebenen*-Dialogs auf, um eine Ebene zu erstellen, auf der die schwebende Auswahl untergebracht wird.

Ende

Im Menü *Bearbeiten/Einfügen als* finden Sie unterschiedliche Funktionen, auf welche Art der Inhalt der Zwischenablage eingefügt werden soll.

HINWEIS

Nutzen Sie die Funktion *Bearbeiten/In Auswahl einfügen*, wenn der Inhalt der Zwischenablage in eine bestehende Auswahl eingefügt werden soll.

HINWEIS

Start

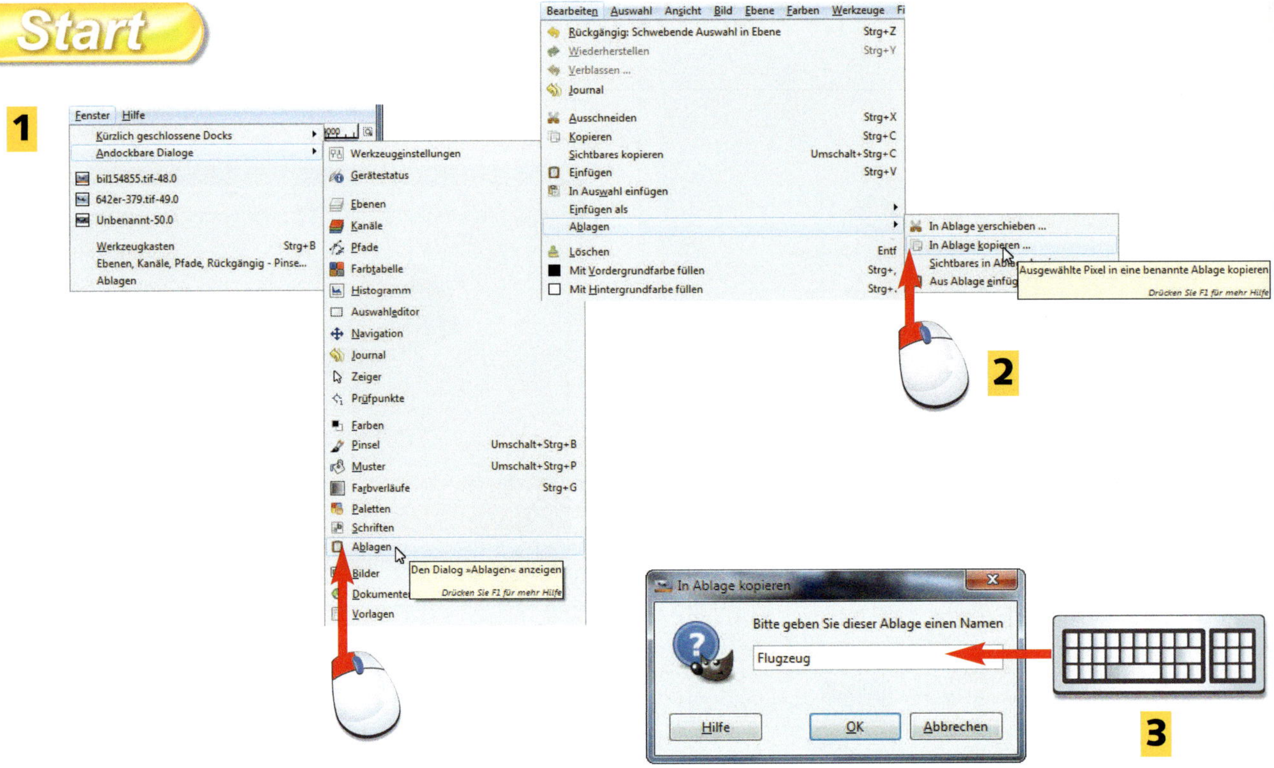

1 Rufen Sie die Funktion *Fenster/Andockbare Dialoge/Ablagen* auf, um die Ablage zu öffnen.

2 Mit der Funktion *Bearbeiten/Ablagen/In Ablage kopieren* wird der Inhalt der Zwischenablage in die Gimp-Ablage kopiert.

3 Geben Sie einen aussagekräftigen Namen ein.

Gimp verfügt über eine eigene Ablage, die nicht mit der Windows-Zwischenablage zu verwechseln ist. In der Gimp-Ablage können Sie verschiedene Bilder unterbringen. Es gibt sogar einen eigenen andockbaren Dialog für die Ablage.

WISSEN

4

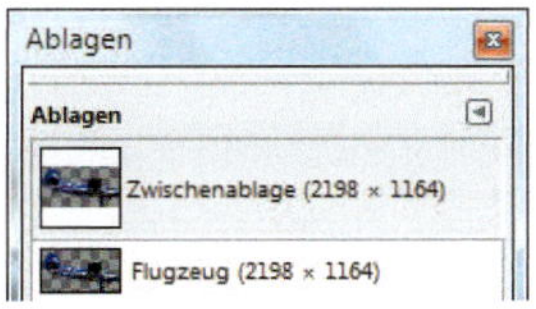

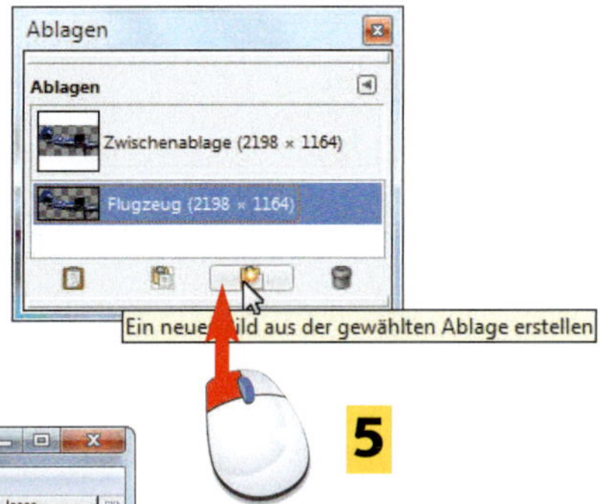

5

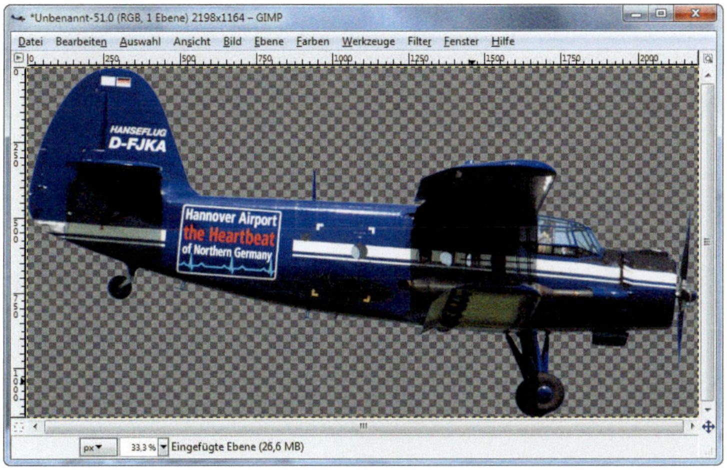

6

4 Anschließend sehen Sie den neuen Eintrag im *Ablagen*-Dialog.

5 Verwenden Sie die dritte Schaltfläche in der Fußzeile des *Ablagen*-Dialogs, ...

6 ... um ein neues Dokument zu erstellen, das den Inhalt des Eintrags enthält. Dies können Sie nutzen, um Inhalte aus der Gimp-Ablage dauerhaft zu speichern.

Ende

Wenn Sie Gimp beenden, wird die Gimp-Ablage endgültig gelöscht.

HINWEIS

An erster Position im *Ablagen*-Dialog wird der Inhalt der Windows-Zwischenablage angezeigt. Dies dient aber nur zur Information. Ein Bearbeiten ist nicht möglich.

HINWEIS

Start

1

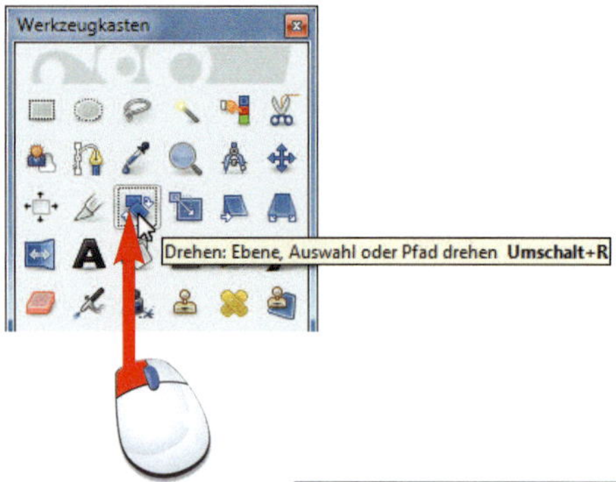

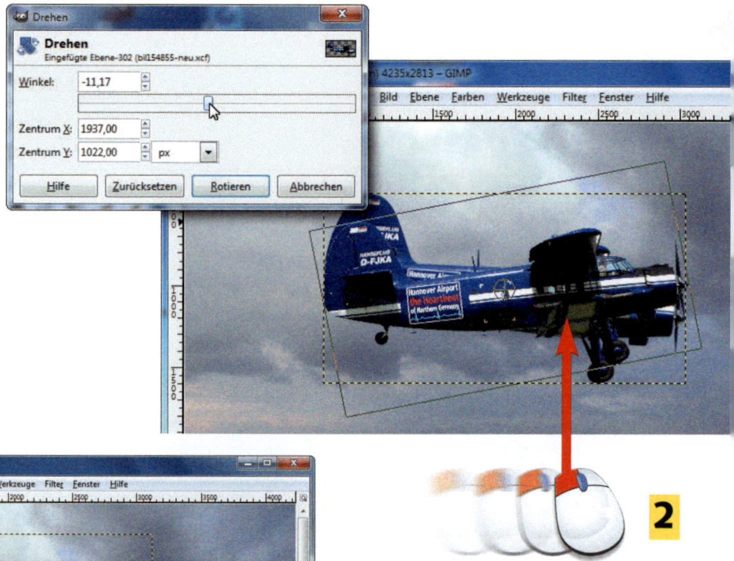

2

3

1 Rufen Sie das *Drehen*-Werkzeug aus dem *Werkzeugkasten* auf, wenn Sie die Ebene, die im *Ebenen*-Dialog markiert ist, kippen wollen.

2 Klicken Sie in das Bild und drehen Sie die Ebene mit gedrückter linker Maustaste. Beobachten Sie das Vorschaubild. Alternativ können Sie auch den Schieberegler im Dialogfeld zum Drehen nutzen.

3 Rufen Sie die *Rotieren*-Schaltfläche im Dialogfeld auf, damit die Drehung vollzogen wird.

Gimp bietet verschiedene Werkzeuge an, um markierte Ebenen im Bild zu transformieren. So lassen sich die Ebenen drehen, skalieren, neigen oder spiegeln. Auch das perspektivische Verzerren ist möglich.

WISSEN

4

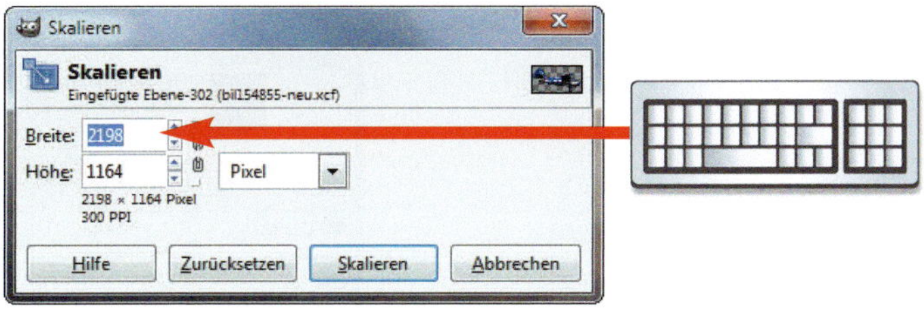

5

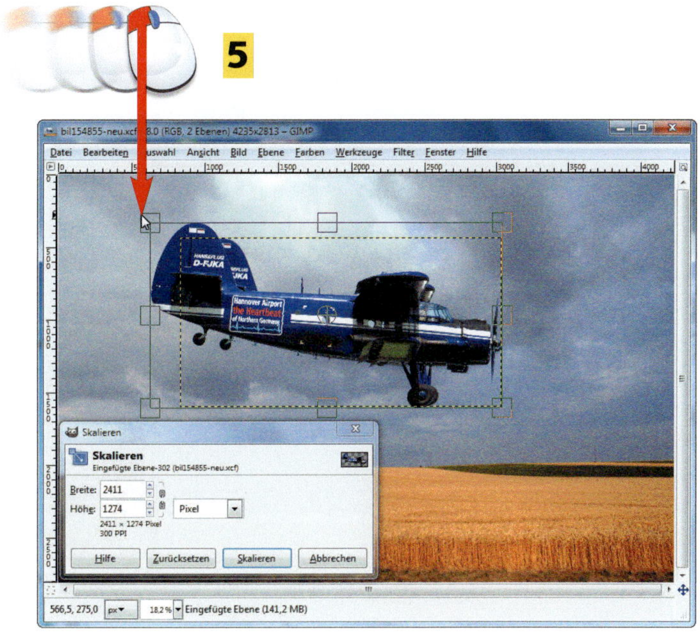

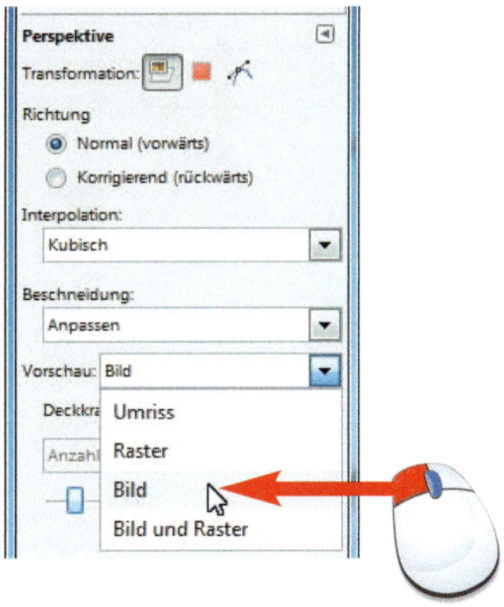

6

4 Mit dem *Skalieren*-Werkzeug können Sie die Größe der Ebene anpassen. Tippen Sie dazu die gewünschte Größe im Dialogfeld ein, das Sie mit einem Klick ins Bild öffnen.

5 Wie bei jedem Tansformations-Werkzeug können Sie die Veränderung auch per Drag & Drop durchführen. Verziehen Sie dazu die jeweiligen Markierungspunkte.

6 Werfen Sie auch einmal einen Blick in die Werkzeugeinstellungen. Hier lässt sich zum Beispiel die Art der Vorschau einstellen.

Ende

Mit den *Beschneidung*-Optionen legen Sie fest, ob die Ebene beispielsweise zugeschnitten oder an den Inhalt angepasst werden soll. Meist werden Sie die *Anpassen*-Option benötigen.

TIPP

Mit den Transformieren-Werkzeugen wird nur die markierte Ebene verändert. Um alle Ebenen des Bilds zu ändern, rufen Sie die Funktionen im Untermenü *Bild/Transformation* auf.

HINWEIS

Durch Drücken der Strg-Taste bleibt beim Transformieren das Seitenverhältnis von Höhe zu Breite erhalten.

TIPP

Start

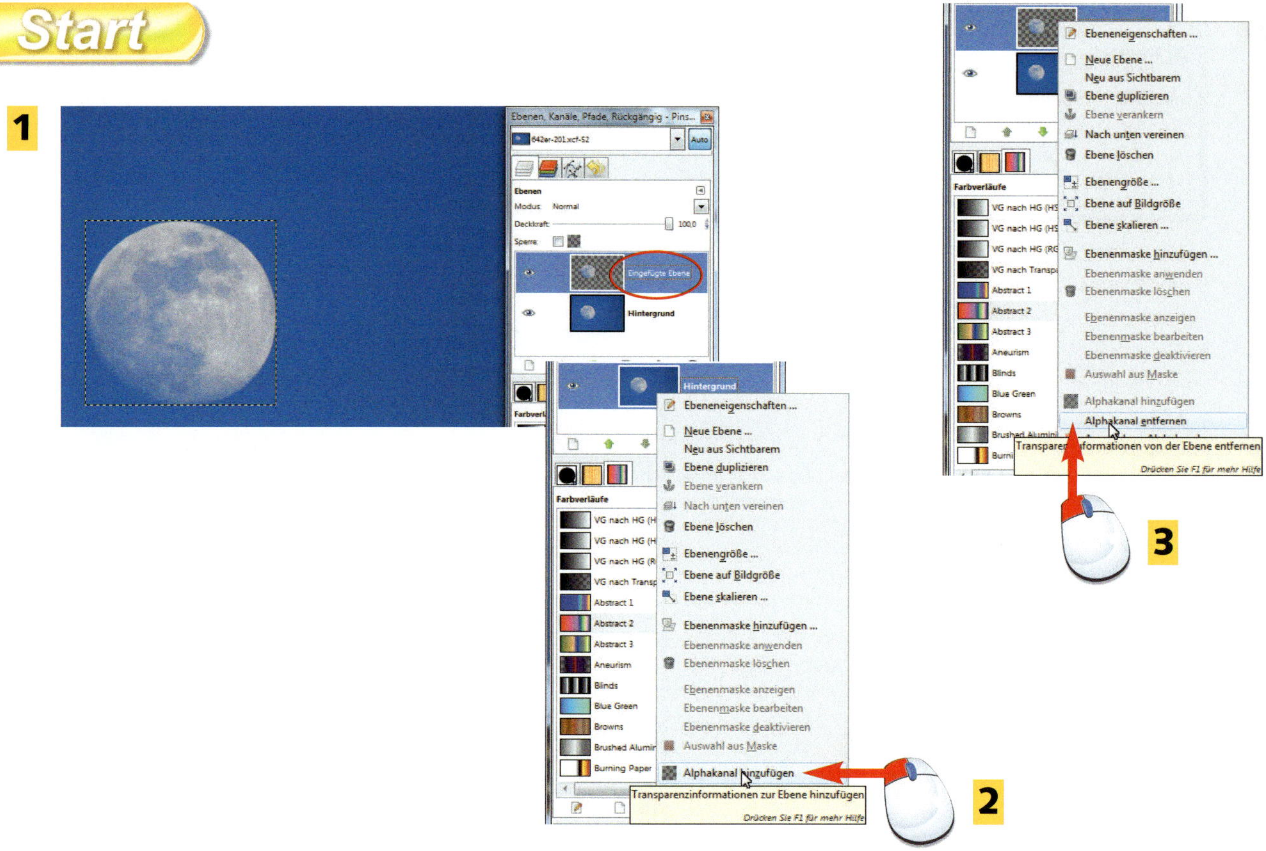

1 Wenn Sie aus Auswahlbereichen neue Ebenen erstellen, erzeugt Gimp automatisch einen Alphakanal mit der Transparenzinformation. Dies erkennen Sie an der normalen Schrift. Ist kein Alphakanal vorhanden, ist die Ebenenbezeichnung fett dargestellt.

2 Besitzt eine Ebene noch keinen Alphakanal (wie hier der markierte Hintergrund), können Sie im Kontextmenü mit der Funktion *Alphakanal hinzufügen* einen einfügen.

3 Ist ein Alphakanal vorhanden, kann er mit der Funktion *Alphakanal entfernen* gelöscht werden (wie hier bei der markierten Mondebene).

Alphakanäle beherbergen Informationen über transparente Bildteile. Sie werden aber nicht von jedem Dateiformat unterstützt. So sollten Sie derartige Bilder nicht im JPEG-, sondern im Gimp-eigenen Dateiformat XCF speichern, um die Transparenzinformationen zu erhalten.

WISSEN

4

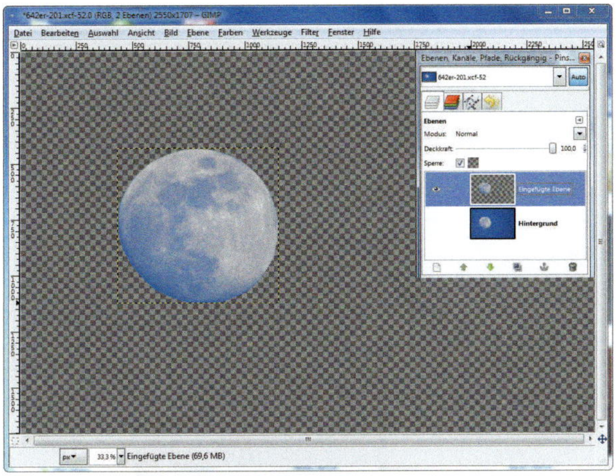

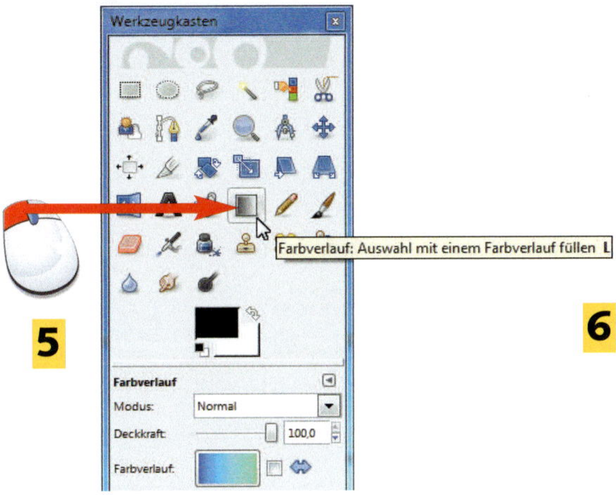

5

6

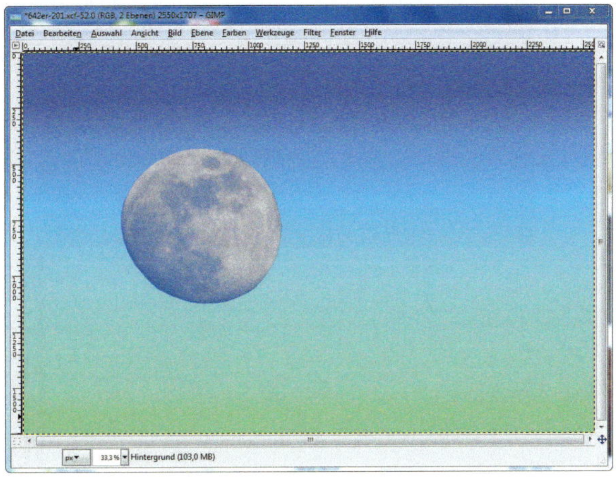

4 Die transparenten Bereiche im Bild erkennen Sie an dem Karomuster. Hier wurde die *Hintergrund*-Ebene ausgeblendet, sodass nur der freigestellte Mond zu sehen ist.

5 Sie können den transparenten Bereich beispielsweise dazu nutzen, um einen Farbverlauf auf der eingeblendeten *Hintergrund*-Ebene einzufügen.

6 Den verwendeten Verlauf sehen Sie in den Werkzeugeinstellungen. So entsteht dieses Ergebnis.

Ende

Um zu verhindern, dass transparente Bereiche der Ebene bearbeitet werden können, aktivieren Sie bei der aktiven Ebene die Option *Sperre* unter dem *Deckkraft*-Schieberegler.

TIPP

Farbverläufe können Sie im gleichnamigen Dialog aussuchen. Gimp liefert viele verschiedene Verläufe mit.

HINWEIS

Start

1

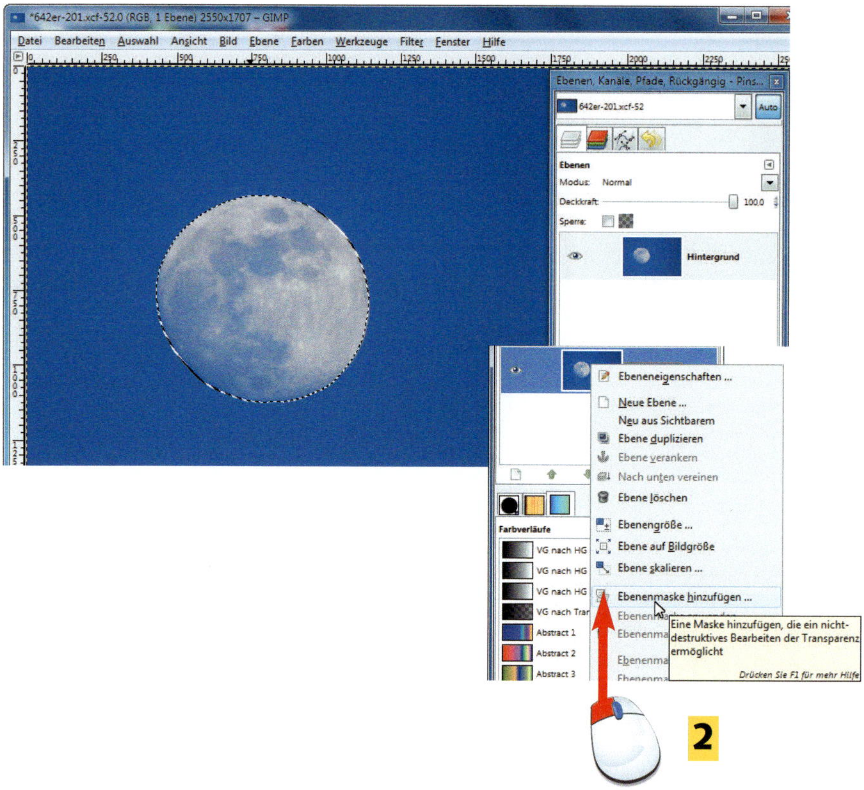

2

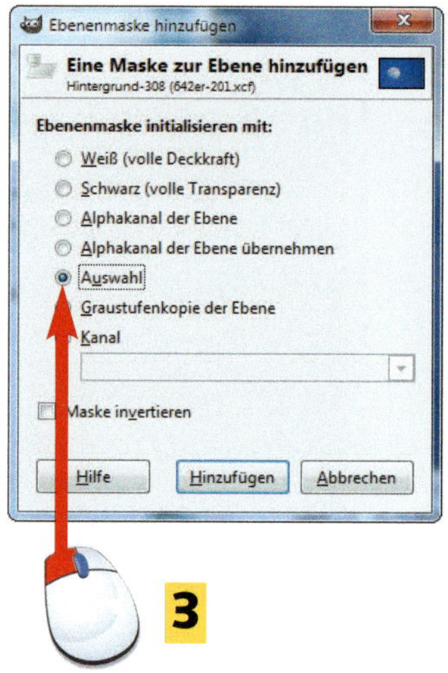

3

1 Erstellen Sie wie gehabt den gewünschten Auswahlbereich. Im *Ebenen*-Dialog ist in diesem Beispiel nur die *Hintergrund*-Ebene zu sehen.

2 Rufen Sie aus dem Kontextmenü die Funktion *Ebenenmaske hinzufügen* auf.

3 In diesem Dialogfeld können Sie entscheiden, womit die Maskierung erstellt werden soll – beispielsweise mit dem Auswahlbereich.

Oft haben Sie bei der Arbeit mit Gimp mehrere Möglichkeiten, um dasselbe Ziel zu erreichen. Mit den Ebenenmasken können Sie ebenfalls transparente Bereiche einer Ebene erstellen – und das sehr einfach.

WISSEN

4

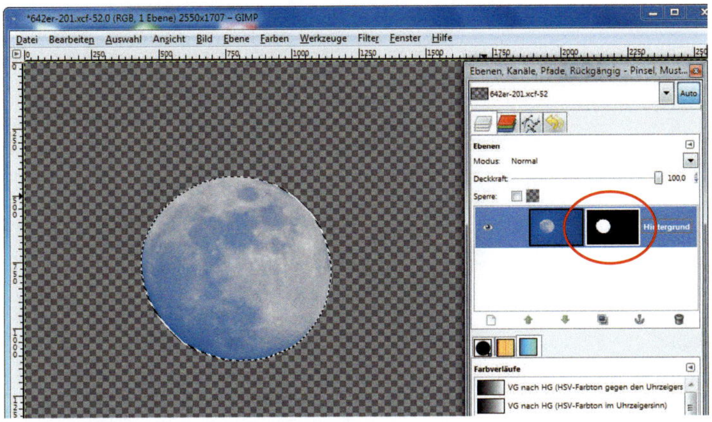

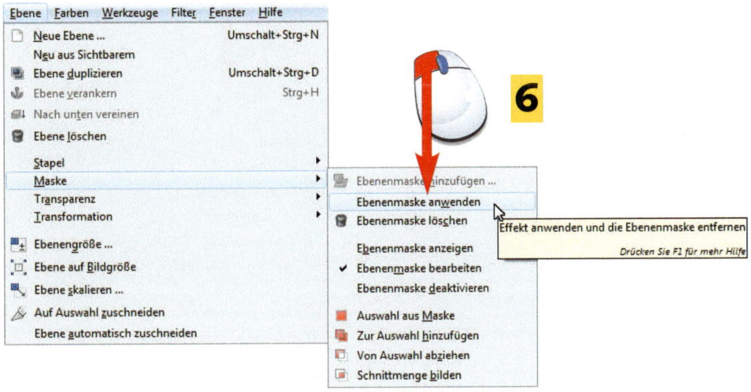

4 Anschließend sehen Sie im *Ebenen*-Dialog ein schwarz-weißes Miniaturbild der Maskierung. Alle schwarzen Teile der Maske werden im Bild transparent dargestellt.

5 Wenn Sie das Miniaturbild der Maske mit gedrückter Strg-Taste anklicken, wird die Maskierung vorübergehend deaktiviert.

6 Im Menü *Ebene/Maske* finden Sie diverse Funktionen für die Maskierung. Mit der Funktion *Ebenenmaske anwenden* wird die Maskierung mit der Ebene „verschmolzen“.

Ende

Teile, die in der Maske grau erscheinen, sind nur halbtransparent. Dies könnte beispielsweise für weiche Kanten einer Auswahl gelten.

HINWEIS

Da das Anwenden der Maske den transparenten Bereich der Ebene löscht, sollten Sie die Funktion nur anwenden, wenn Sie sich wirklich sicher sind, dass Sie die Informationen nicht mehr benötigen.

TIPP

Start

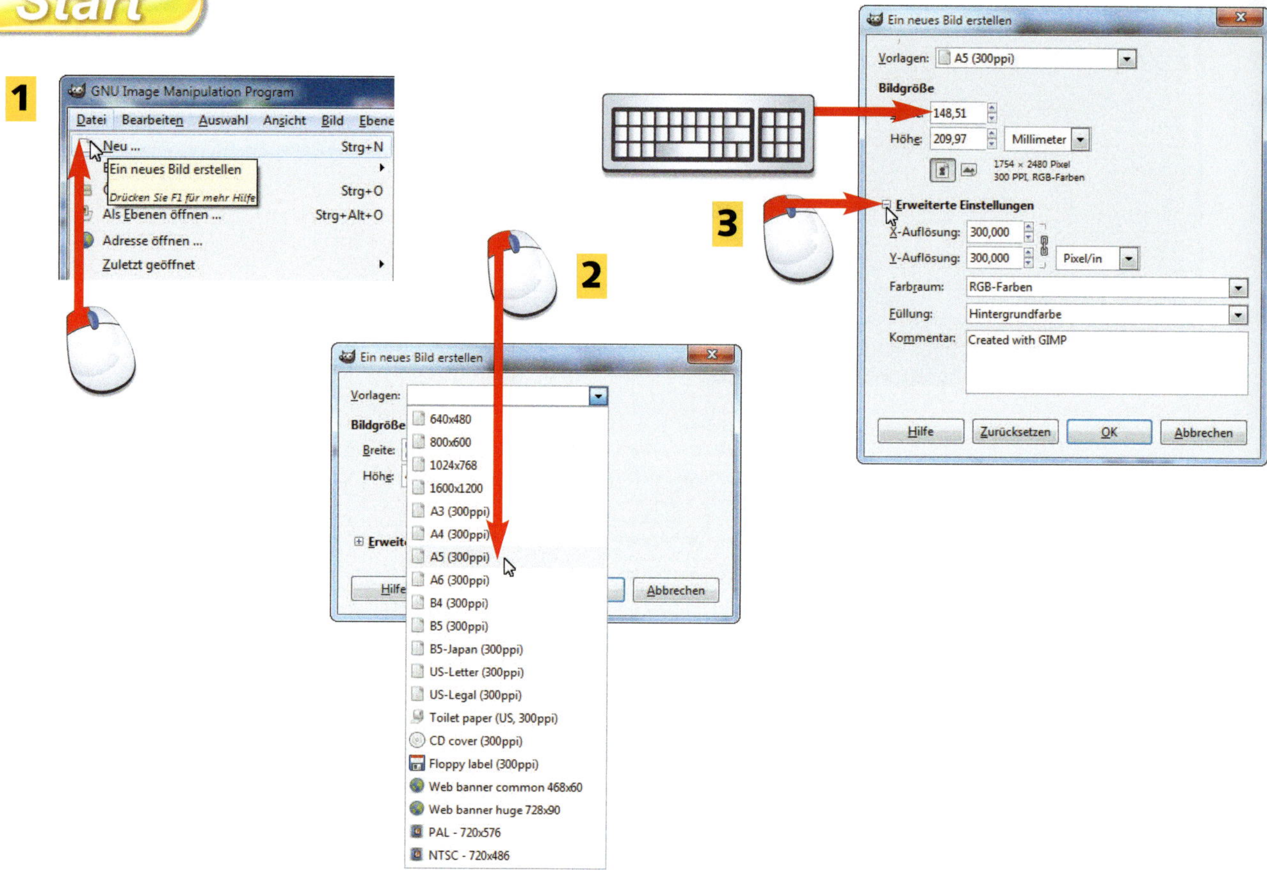

1 Rufen Sie die Funktion *Datei/Neu* auf.

2 Wählen Sie aus der *Vorlagen*-Liste die gewünschte Größe aus – in unserem Beispiel das DIN-A5-Format.

3 Alternativ können Sie die Größe auch selbst eintippen. Klappen Sie die *Erweiterten Einstellungen* auf.

Die Ebenentechnik können Sie auch nutzen, um Kollagen mit mehreren Fotos zu erstellen. Die Arbeitsschritte, die dazu notwendig sind, stellen wir Ihnen in diesem Workshop vor.

WISSEN

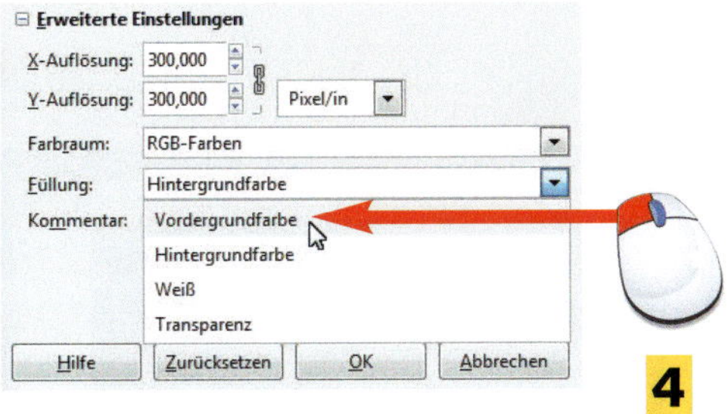

4

5

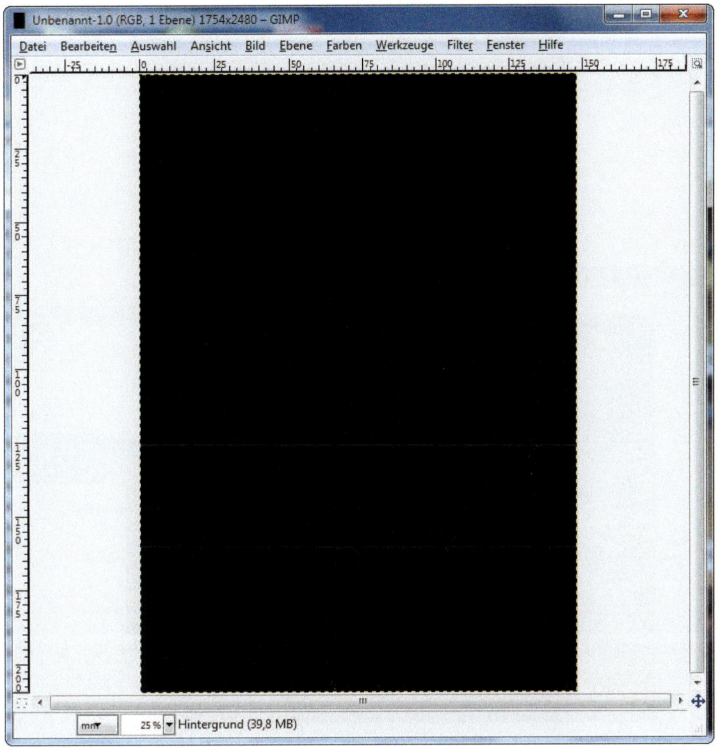

4 Wählen Sie in der *Füllung*-Liste aus, wie die Fläche gefüllt werden soll. In unserem Beispiel mit der Vordergrundfarbe, die auf den Standardwert Schwarz eingestellt ist.

5 Nach dem Bestätigen mit der *OK*-Schaltfläche erstellt Gimp ein neues, leeres Bild.

Die **Auflösung** bestimmt, aus wie vielen Pixeln das Bild besteht. Je mehr Pixel es sind, umso detailreicher ist das Ergebnis.

FACHWORT

Beachten Sie immer den Wert für die Auflösung. 300 Pixel/Zoll ist ein geeigneter Standardwert, wenn Sie das Ergebnis drucken wollen.

TIPP

6

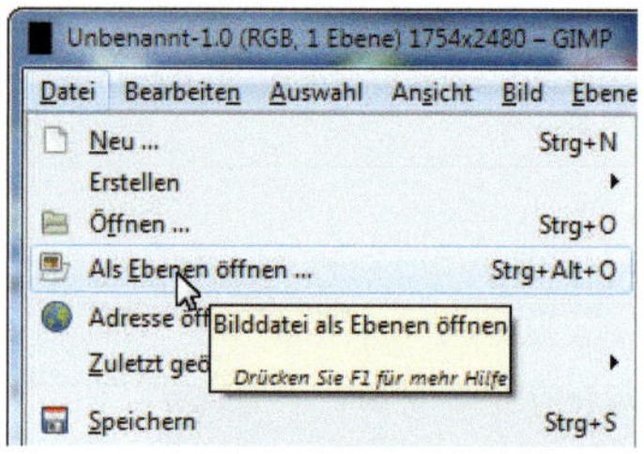

7

8

6 Rufen Sie die *Funktion Datei/Als Ebenen öffnen* auf, um die Bilder zu importieren, die Sie in die Kollage aufnehmen wollen.

7 Das importierte Bild wird als eigenständige Ebene aufgeführt und in der Bildmitte platziert.

8 Nehmen Sie auf diese Art und Weise nacheinander alle Bilder in das Sammeldokument auf.

Beachten Sie, dass relativ große Dateigrößen entstehen, wenn Sie das DIN-A5-Dokument mit einer Auflösung von 300 Pixel/Inch einstellen. Daher kann das Speichern des Dokuments einen Moment dauern. Die XCF-Datei ist in unserem Beispiel knapp 10 MByte groß.

WISSEN

9

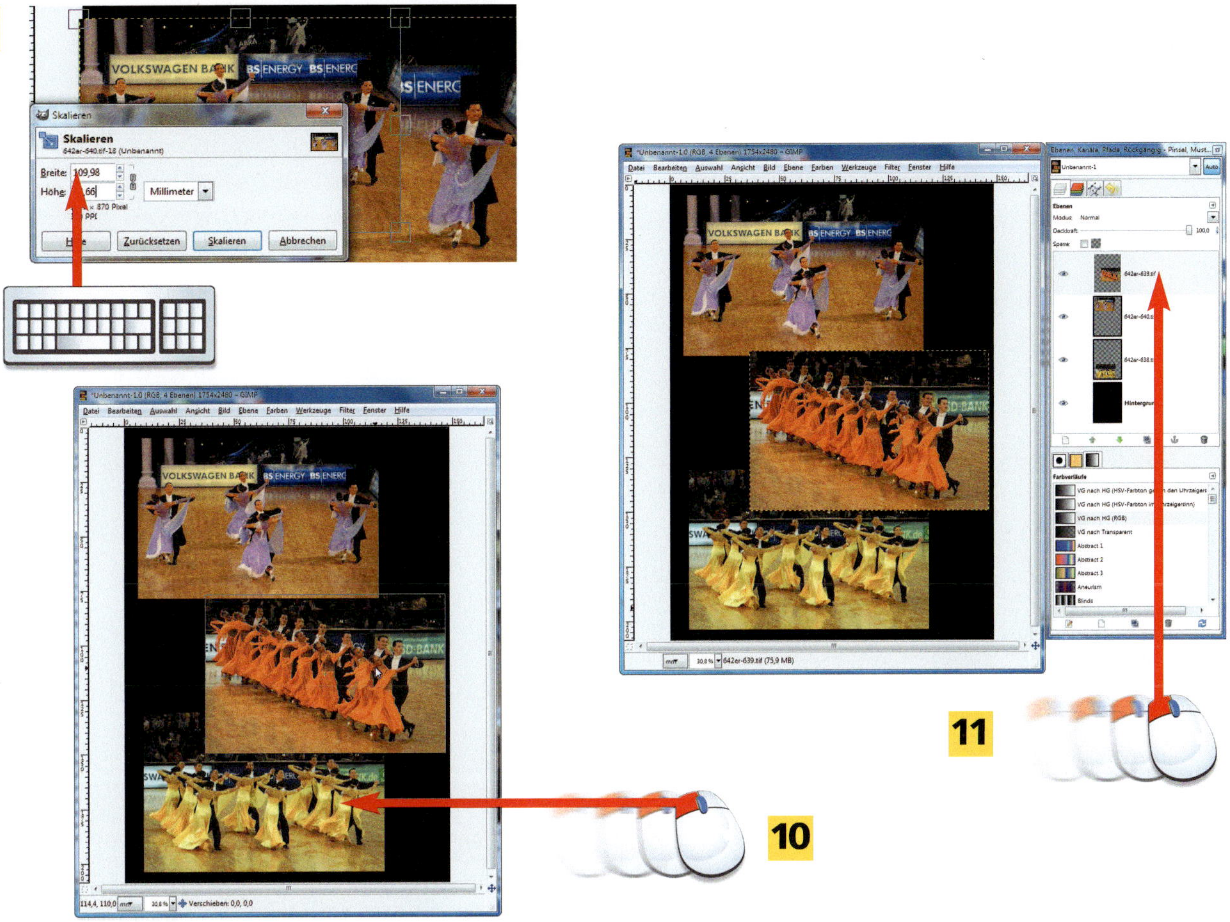

10

11

9 Rufen Sie aus dem *Werkzeugkasten* das *Skalieren*-Werkzeug auf und skalieren Sie alle Bilder der Reihe nach auf dieselbe Größe.

10 Verschieben Sie mit dem *Verschieben*-Werkzeug die Bilder nacheinander auf die gewünschte Position.

11 Passen Sie gegebenenfalls im *Ebenen*-Dialogfeld die Reihenfolge der Ebenen an.

Ende

HINWEIS

Sie können die Bilder auch in „einem Rutsch" importieren. Markieren Sie dazu im Dialogfeld alle betreffenden Fotos.

HINWEIS

Alternativ zum Import als Ebene können Sie die Bilder auch mit den *Kopieren/ Einfügen*-Optionen in das Sammeldokument importieren.

TIPP

Natürlich können Sie die Kollage weiter verfeinern, indem Sie die Bilder beispielsweise mit Rahmen versehen.

7

Effektvoll arbeiten

Start

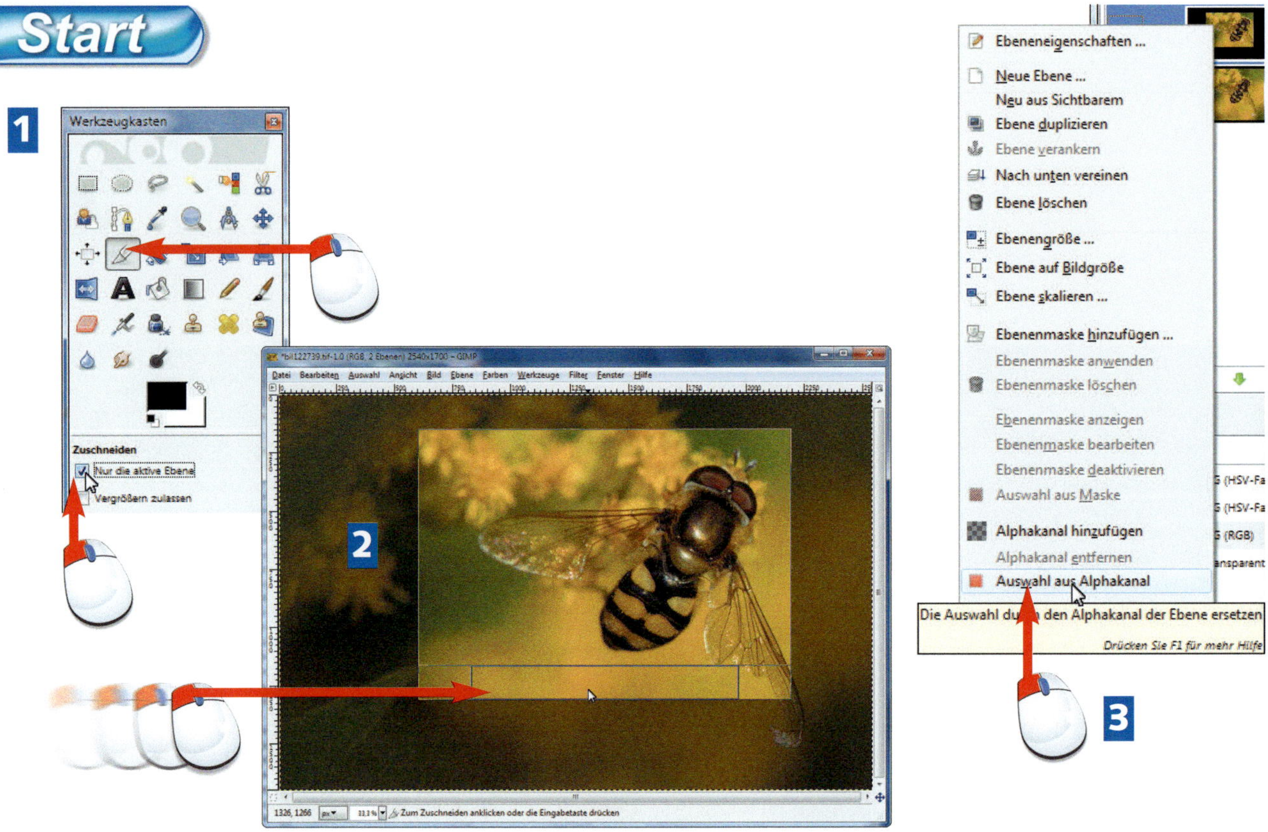

1 Duplizieren Sie nach dem Öffnen des Bildes die *Hintergrund*-Ebene und rufen Sie das *Zuschneiden*-Werkzeug auf. Aktivieren Sie die Option *Nur die aktive Ebene*.

2 Ziehen Sie einen Rahmen auf. Ziehen Sie an den Kanten, bis der gewünschte Bildausschnitt erreicht ist. Bestätigen Sie das Zuschneiden, indem Sie in den Rahmen klicken.

3 Rufen Sie aus dem Kontextmenü die Funktion *Auswahl aus Alphakanal* auf.

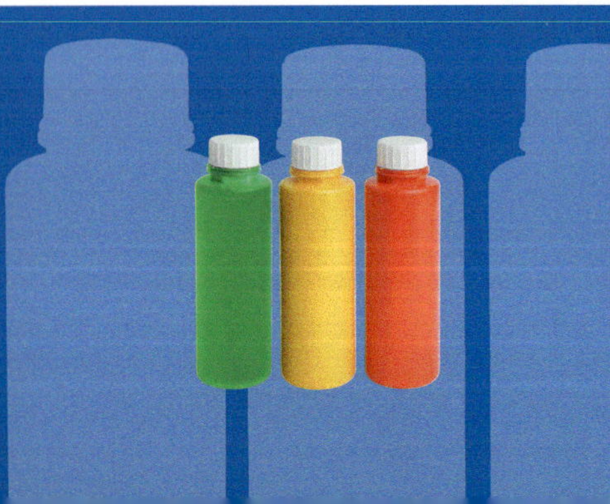

Der sogenannte Out-of-Bounds-Effekt (außerhalb des Rahmens) ist momentan recht beliebt. Dabei lässt man einige Bildteile aus dem Bildrahmen herausragen. Wie Sie dies mit Gimp bewerkstelligen, zeigt dieser Workshop.

WISSEN

4

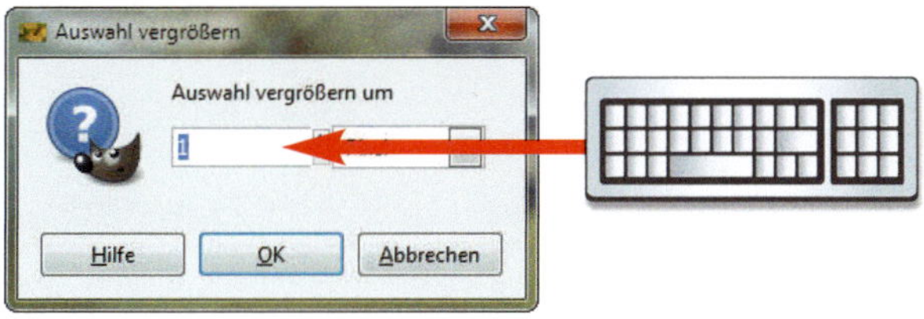

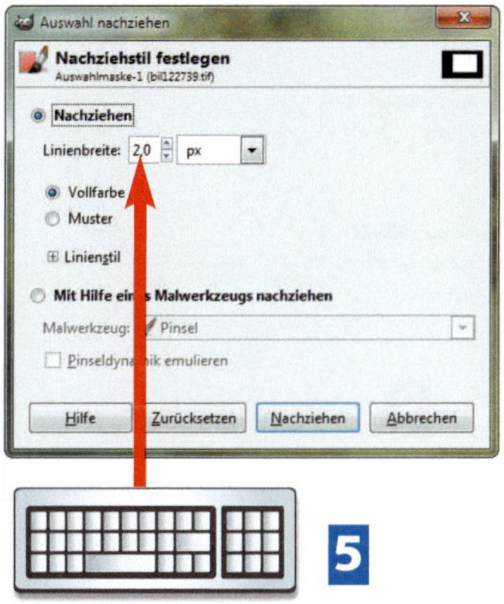

5

6

4 Erstellen Sie eine neue, leere Ebene. Rufen Sie die Funktion *Auswahl/Auswahl vergrößern* auf und stellen Sie den Wert *1 Pixel* ein.

5 Benutzen Sie jetzt die Funktion *Bearbeiten/Auswahl nachziehen* mit einem Wert von *2 Pixel*, um eine dünne Linie in der Vordergrundfarbe zu erhalten – in unserem Beispiel ist dies Schwarz.

6 Erstellen Sie eine weitere leere Ebene über dem Hintergrund und markieren Sie diese.

HINWEIS

Damit die Rahmenlinie auf der neuen Ebene erstellt wird, muss diese vor dem Aufruf der Nachziehen-Funktion aktiviert sein.

TIPP

Da neue Ebenen immer über der aktiven Ebene erstellt werden, sollten Sie zunächst den Hintergrund markieren. So sparen Sie sich das Verschieben im Ebenenstapel.

7

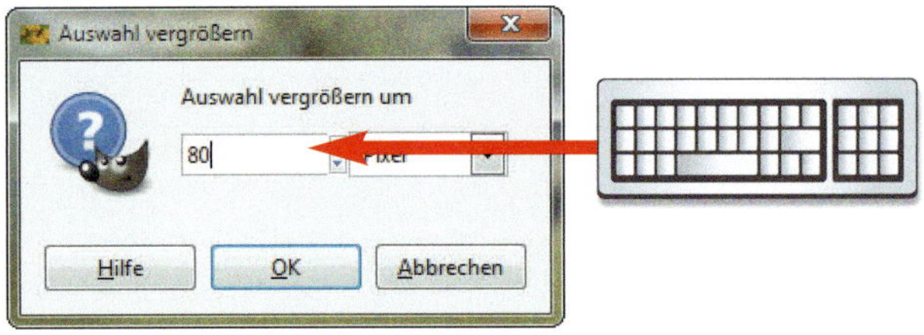

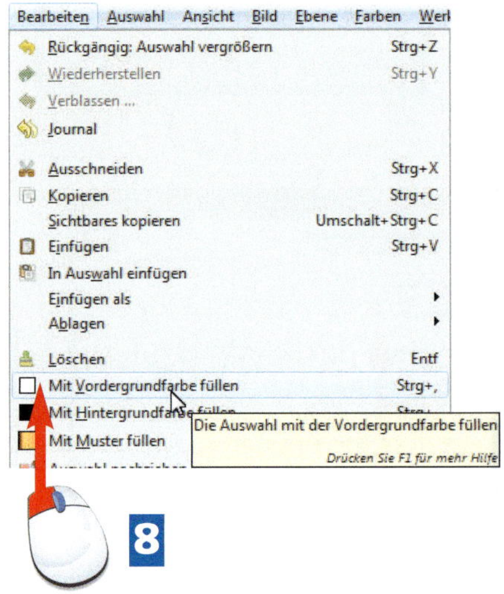

8

9

7 Vergrößern Sie die Auswahl erneut. Dieses Mal mit dem sehr hohen Wert von *80 Pixel*.

8 Rufen Sie die Funktion *Bearbeiten/Mit Vordergrundfarbe füllen* auf – in unserem Beispiel ist dies Weiß.

9 Damit erhalten Sie dieses Zwischenergebnis.

Sie haben diverse Möglichkeiten, um Rahmen zu erstellen. Variieren Sie beispielsweise die verwendeten Farbtöne oder die Stärke der Rahmen. Die Arbeitsschritte an sich bleiben dabei natürlich gleich.

WISSEN

10

11

12

10 Blenden Sie die oberen Ebenen aus und erstellen Sie mit dem Werkzeug *Freie Auswahl* eine Auswahl des Bereiches, der aus dem Rahmen ragen soll.

11 Kopieren Sie die Auswahl mithilfe einer schwebenden Auswahl auf eine neue Ebene. Laden Sie nach dem Einblenden der Ebenen die weiße Ebene als Auswahl.

12 Kehren Sie die Auswahl mit *Auswahl/Invertieren* um. Markieren Sie nun die *Hintergrund*-Ebene und füllen Sie diese beispielsweise mit Schwarz. Damit entsteht die abgebildete Situation.

Ende

TIPP

Beim Erstellen der weißen Ebene wurde automatisch ein Alphakanal eingefügt, der nun zum Laden des Auswahlbereichs genutzt werden kann.

HINWEIS

Die abschließende Anordnung der Ebenen sehen Sie in der letzten Abbildung. Um die Ebenen wiederzuerkennen, können Sie diese entsprechend benennen.

HINWEIS

Wie Sie den Hintergrund gestalten, ist variabel. Sie könnten auch eine andere Farbe einsetzen oder ihn transparent erscheinen lassen.

Start

1
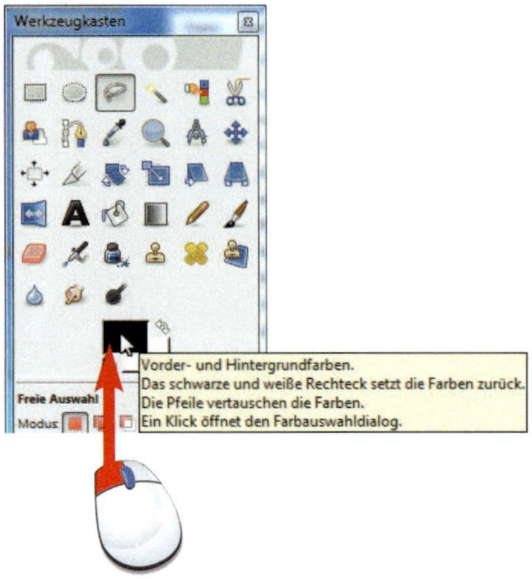

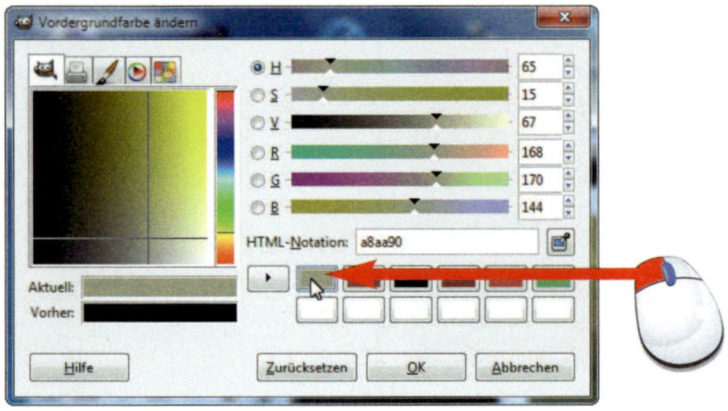

2

3

1 Um eine neue Vordergrundfarbe einzustellen, klicken Sie auf dieses Farbfeld.

2 In diesem Dialogfeld stellen Sie den neuen Farbwert entweder mit den Eingabefeldern ein oder Sie wählen einfach eine der Farben aus der Farbliste.

3 Wenn Sie nun die *Hintergrund*-Ebene auswählen, können Sie die Funktion *Bearbeiten/ Mit Vordergrundfarbe füllen* verwenden.

Ausgehend vom letzten Workshop soll das Ergebnis auf dieser Doppelseite weiter verfeinert werden. So werden wir einen Schlagschatten anbringen und eine neue Hintergrundfüllung nutzen.

WISSEN

4

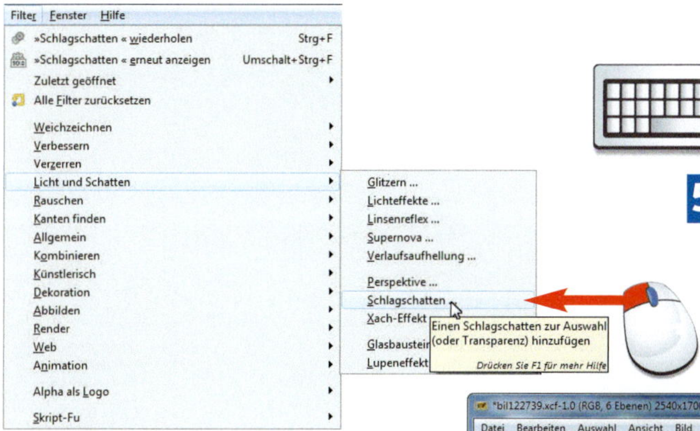

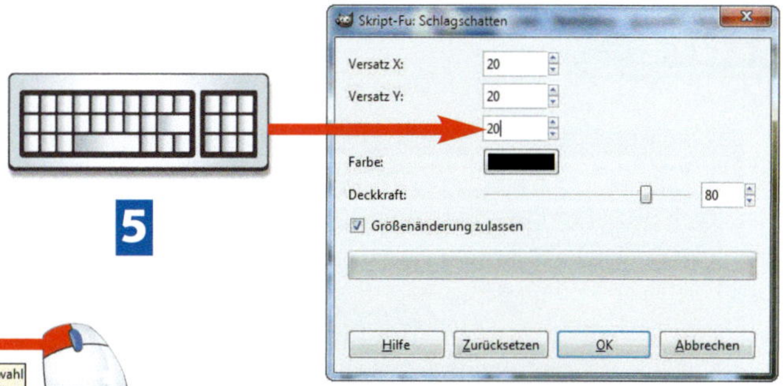

5

6

4 Markieren Sie die Ebene mit der weißen Fläche und rufen Sie die Funktion *Filter/Licht und Schatten/Schlagschatten* auf.

5 Stellen Sie den Abstand ein. Mit dem *Weichzeichnungsradius* legen Sie fest, wie weich der Schatten auslaufen soll.

6 So haben wir dieses Ergebnis erhalten.

Ende

Im *Bearbeiten*-Menü sehen Sie übrigens bei den Füllen-Funktionen die aktuell eingestellten Farben als Miniaturbild. Dies ist für eine bessere Orientierung nützlich.

TIPP

Gimp erledigt bei der *Schlagschatten*-Funktion diverse Arbeitsschritte automatisch nacheinander. Dies können Sie nach dem Bestätigen in der Fußzeile des Bildfensters beobachten.

HINWEIS

Start

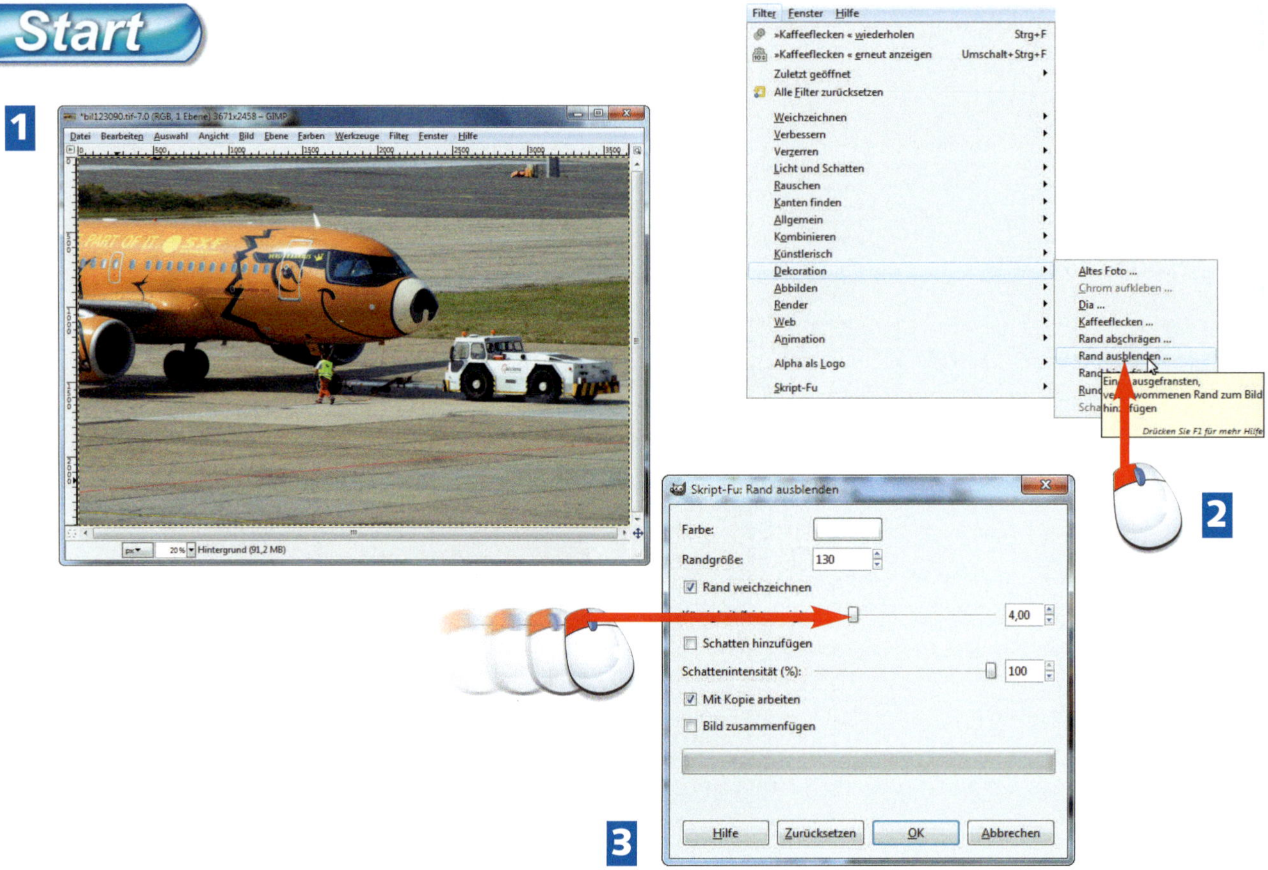

1. Dieses Ausgangsbild soll mit einem weichen Rand versehen werden.
2. Rufen Sie dazu die Funktion *Filter/Dekoration/Rand ausblenden* auf.
3. Stellen Sie die gewünschten Werte ein. Unsere Einstellungen sehen Sie in der Abbildung.

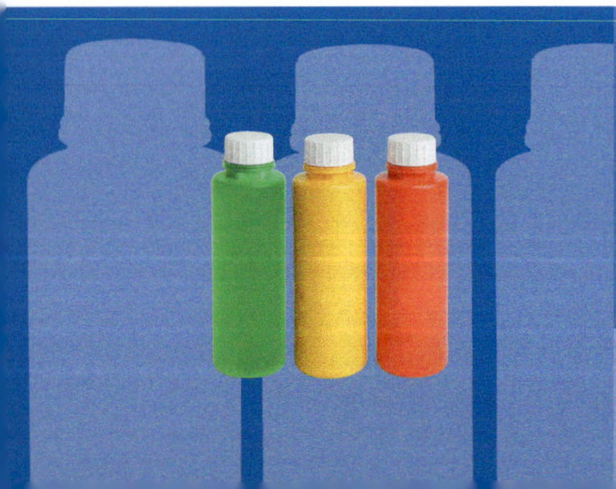

Das Einrahmen von Fotos ist recht beliebt, weil die Bilder damit oft wirkungsvoller werden. Gimp bietet verschiedene Hilfsmittel an, um Bilder einzurahmen. Sie liegen als sogenannte Skripte vor.

WISSEN

4

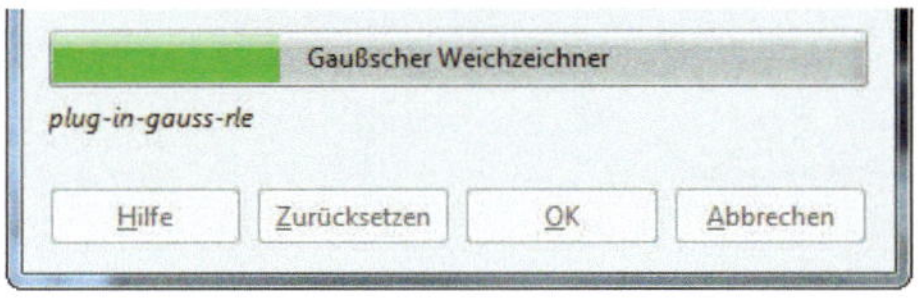

5

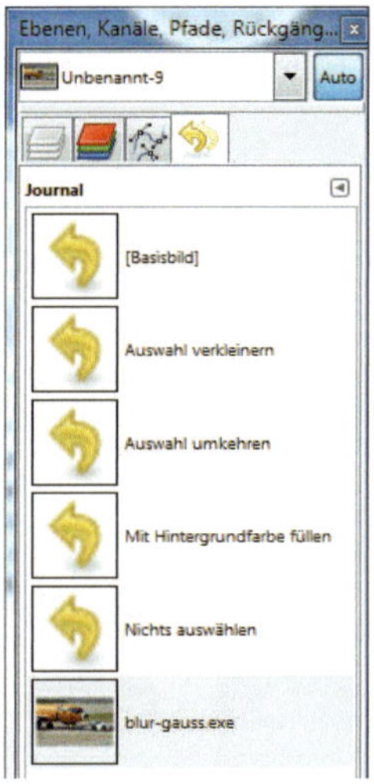

6

4 Im Fortschrittsbalken können Sie ablesen, welche Funktion gerade ausgeführt wird.

5 Nach der Fertigstellung zeigt ein Blick in den *Journal*-Dialog, welche Arbeitsschritte automatisch durchgeführt wurden, um das Ergebnis zu erreichen.

6 So entstand dieses Ergebnis.

Ende

Wenn Sie die Option *Bild zusammenfügen* deaktivieren, besteht das Ergebnis aus mehreren Ebenen.

HINWEIS

Skripte sind Befehlsfolgen, die Gimp der Reihe nach abarbeitet. Es sind also Makros.

FACHWORT

Durch das Abarbeiten verschiedener Befehle dauert es einen Moment, ehe das Ergebnis erscheint.

HINWEIS

Start

1

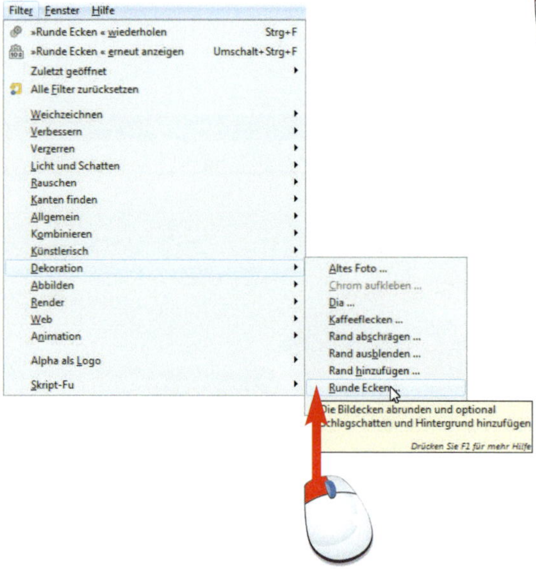

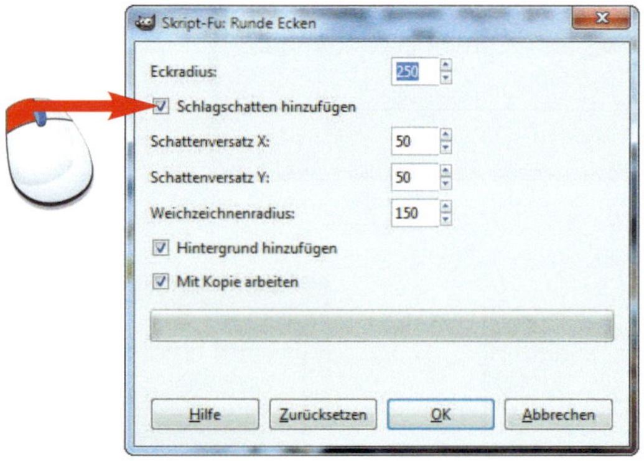

2

3

1 Um die Bildecken abzurunden, rufen Sie die Funktion *Filter/Dekoration/Runde Ecken* auf.

2 Wir haben diese Werte eingestellt. Aktivieren Sie die Option *Schlagschatten hinzufügen*.

3 Damit entstand dieses Ergebnis.

Die passenden Einstellungen für die Effekte hängen von der Bildgröße ab. Je kleiner das Ausgangsbild ist, umso niedrigere Werte führen zu guten Ergebnissen.

WISSEN

4

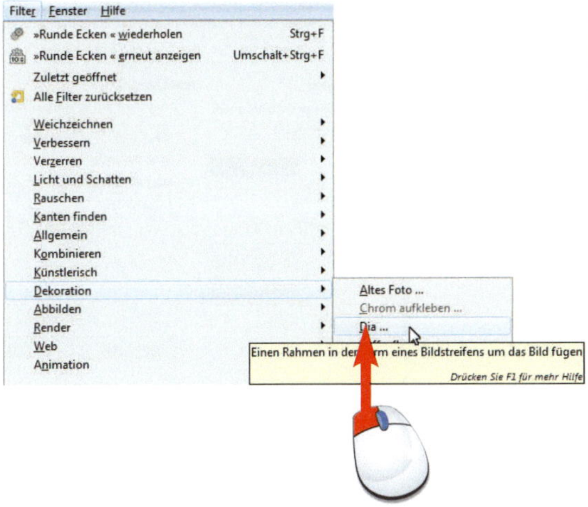

5

6

4 Um das Bild in ein analoges Diapositiv umzuwandeln, rufen Sie die Funktion *Filter/Dekoration/Dia* auf.

5 Tippen Sie die Bezeichnung und Nummerierung ein, die auf dem Filmstreifen erscheinen sollen.

6 So entsteht dieses attraktive Ergebnis.

Ende

Aktivieren Sie die Option *Mit Kopie arbeiten*, um das Originalbild zu erhalten.

TIPP

Beim Aufruf der Filter werden stets die zuletzt verwendeten Werte vorgeschlagen. Das ist praktisch, wenn Sie einen zweiten Versuch mit leicht veränderten Einstellungen machen wollen.

HINWEIS

Start

1

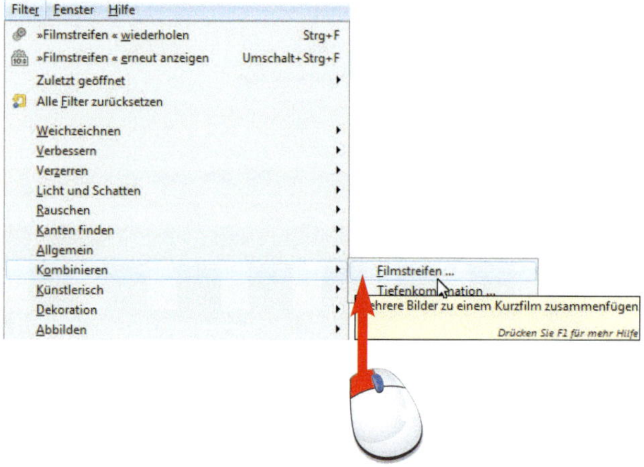

2

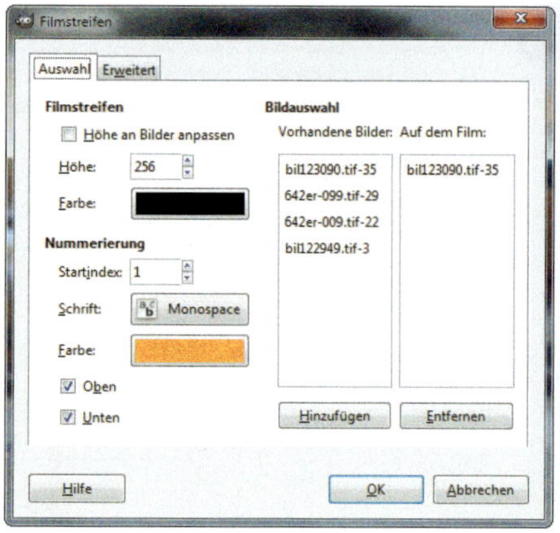

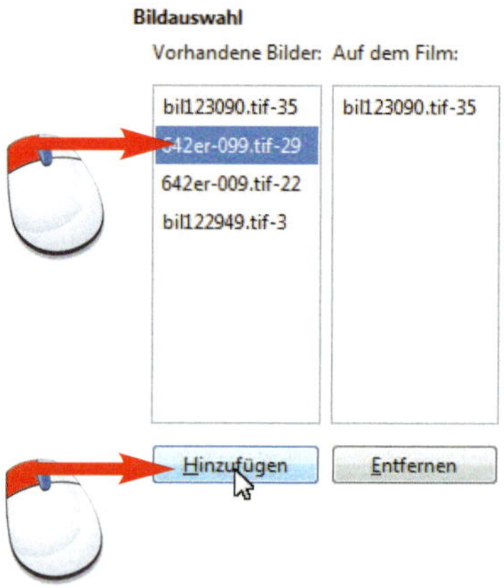

3

1 Öffnen Sie alle Fotos, die Sie in den Filmstreifen aufnehmen wollen, und rufen Sie die Funktion *Filter/Kombinieren/Filmstreifen* auf.

2 In diesem Dialogfeld nehmen Sie die Einstellungen für die Höhe und den Schrifttyp sowie die Farbe vor.

3 In der Bildauswahlliste sehen Sie links alle geöffneten Bilder. Um Bilder in den Filmstreifen aufzunehmen, markieren Sie diese und rufen Sie die *Hinzufügen*-Schaltfläche auf.

Neben dem *Dia*, das Sie auf der vorherigen Seite kennengelernt haben, bietet Gimp eine weitere Option an, um analoge Fotos zu simulieren. Mit der *Filmstreifen*-Option lassen sich schöne „Fotokollagen“ zusammenstellen.

WISSEN

4

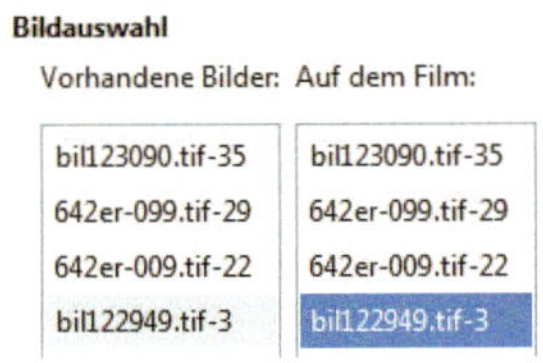

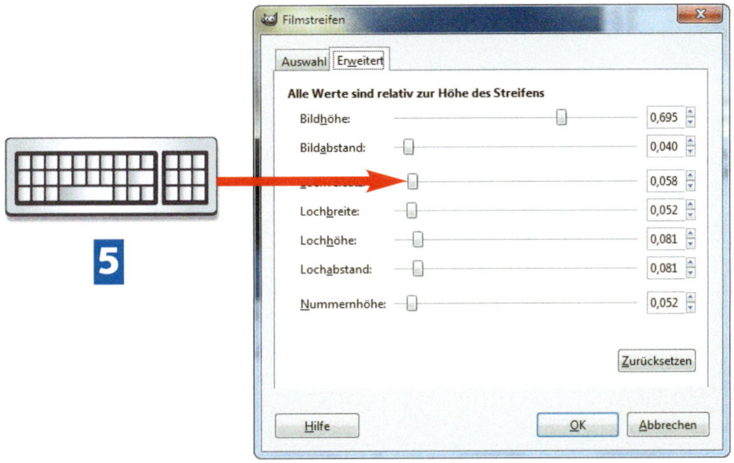

5

6

4 Übertragen Sie auf diese Art alle Bilder. Alle Einträge im rechten Teil der Liste werden Bestandteil des Filmstreifens.

5 Auf der *Erweitert*-Registerkarte finden Sie diverse Optionen, um etwa die Abstände zu verändern.

6 Nach dem Bestätigen ergibt sich dieses interessante Ergebnis.

Ende

Um Bilder wieder aus der Liste zu entfernen, markieren Sie sie im rechten Teil der Liste und drücken Sie die *Entfernen*-Schaltfläche.

TIPP

Je mehr Bilder Sie in den Filmstreifen aufnehmen, umso länger dauert die Bearbeitung. Hier ist ein wenig Geduld erforderlich.

HINWEIS

Start

1

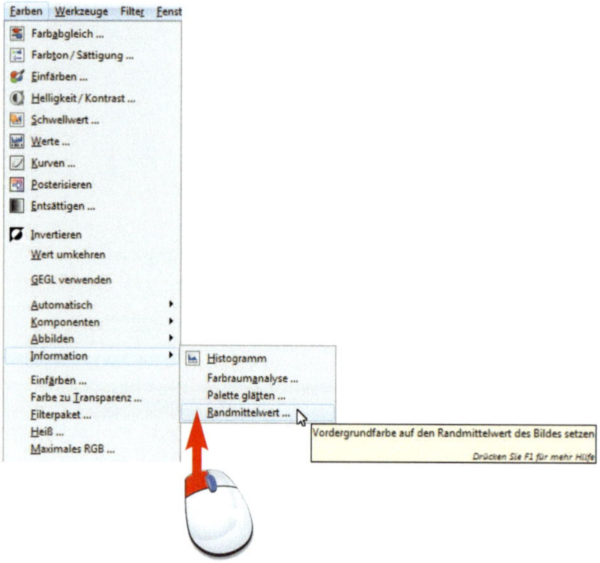

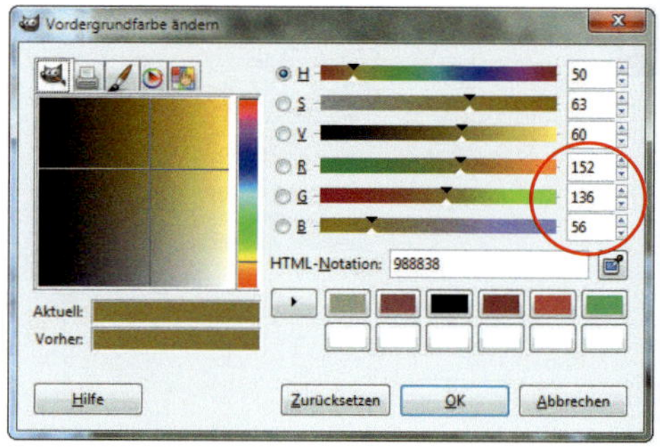

2

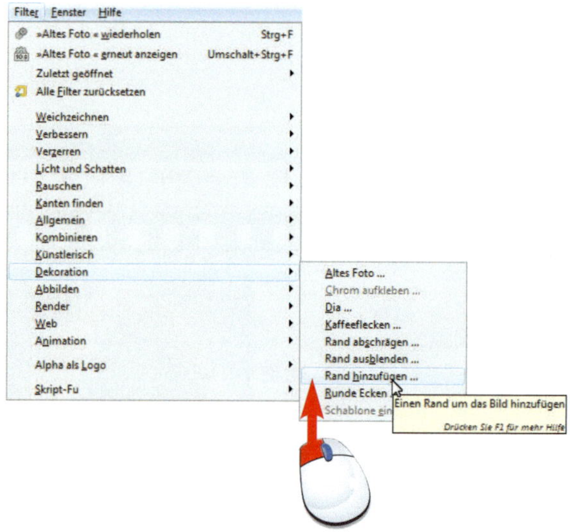

3

1 Im Vorfeld wird die Funktion *Farben/Information/Randmittelwert* benötigt, um später eine geeignete Farbe zu erhalten.

2 Wenn Sie die Ermittlung bestätigt haben, wird die Vordergrundfarbe umgestellt. Klicken Sie im *Werkzeugkasten* auf das Farbfeld und notieren Sie sich die RGB-Werte.

3 Rufen Sie die Funktion *Filter/Dekoration/Rand hinzufügen* auf ...

Weitere interessante Ergebnisse erreichen Sie, wenn Sie ein und denselben Filter mehrfach nacheinander anwenden – nur mit anderen Einstellungen. Ein solches Beispiel zeigen wir Ihnen hier.

WISSEN

4
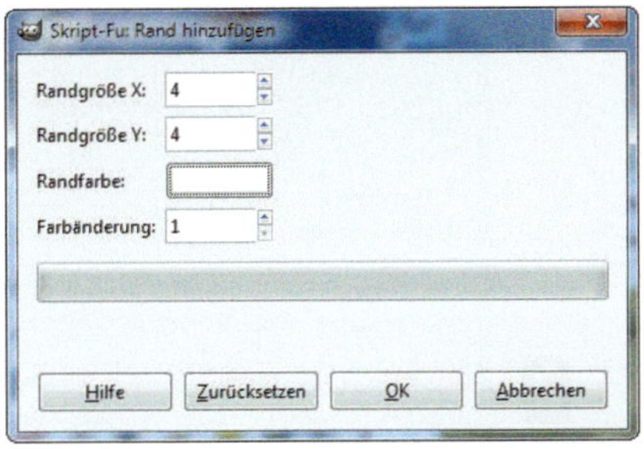

5
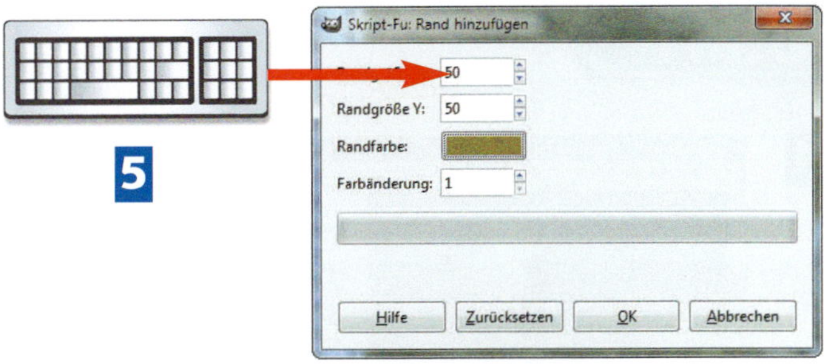

6

4 ... und erstellen Sie zunächst einen dünnen weißen Rand in einer Stärke von *4 Pixel*.

5 Danach wird derselbe Filter ein weiteres Mal aufgerufen. Dieses Mal wird aber ein hoher Wert für den Rand eingestellt. Als Farbton kommt der zuvor ermittelte Farbwert zum Einsatz.

6 Die zwei Ränder ergeben dieses Ergebnis. Natürlich könnten Sie auch noch mehr Ränder nutzen.

Ende

Bei der Funktion *Randmittelwert* wird ein Durchschnittswert der Farben ermittelt, die in dem festgelegten Randbereich vorkommen.

HINWEIS

Um den Farbton im Dialogfeld einzustellen, klicken Sie auf das Farbfeld. Damit öffnen Sie den Farbwähler.

TIPP

Wir haben die *Randmittelwert*-Funktion genutzt, um einen Farbton zu ermitteln, der bei der Randeinfärbung harmonisch zum Bild passt.

HINWEIS

Alte Fotos simulieren

Start

1

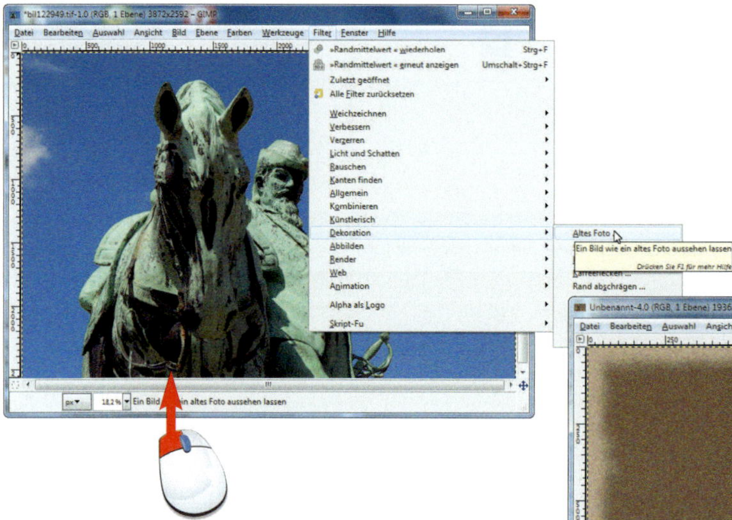

2

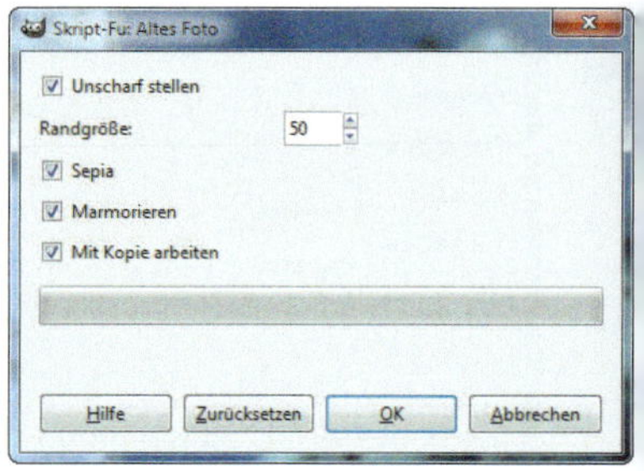

3

1 Rufen Sie nach dem Öffnen des Bildes die Funktion *Filter/Dekoration/Altes Foto* auf und ...

2 ... stellen Sie beispielsweise diese Werte ein, ...

3 ... um dieses Ergebnis zu erhalten.

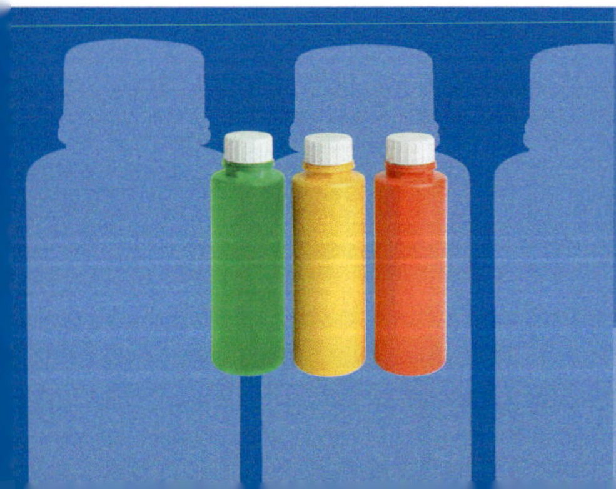

Auf viele Betrachter üben Fotos, die so aussehen, als seien sie sehr alt, einen besonderen Reiz aus. Auch das Tönen von Bildern ist recht beliebt. So bietet auch Gimp Möglichkeiten, um solche Aufgabenstellungen zu meistern.

WISSEN

4

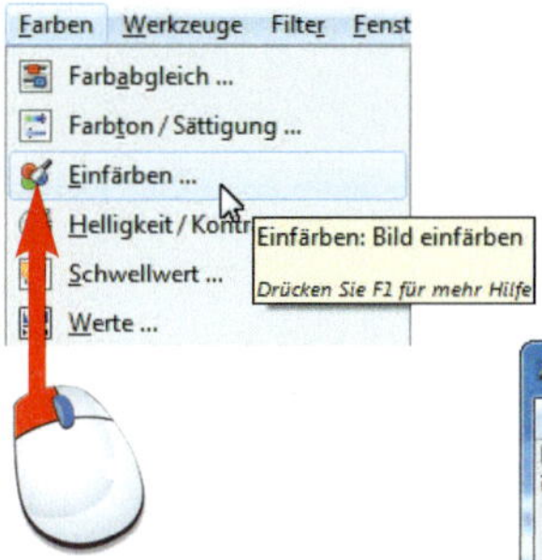

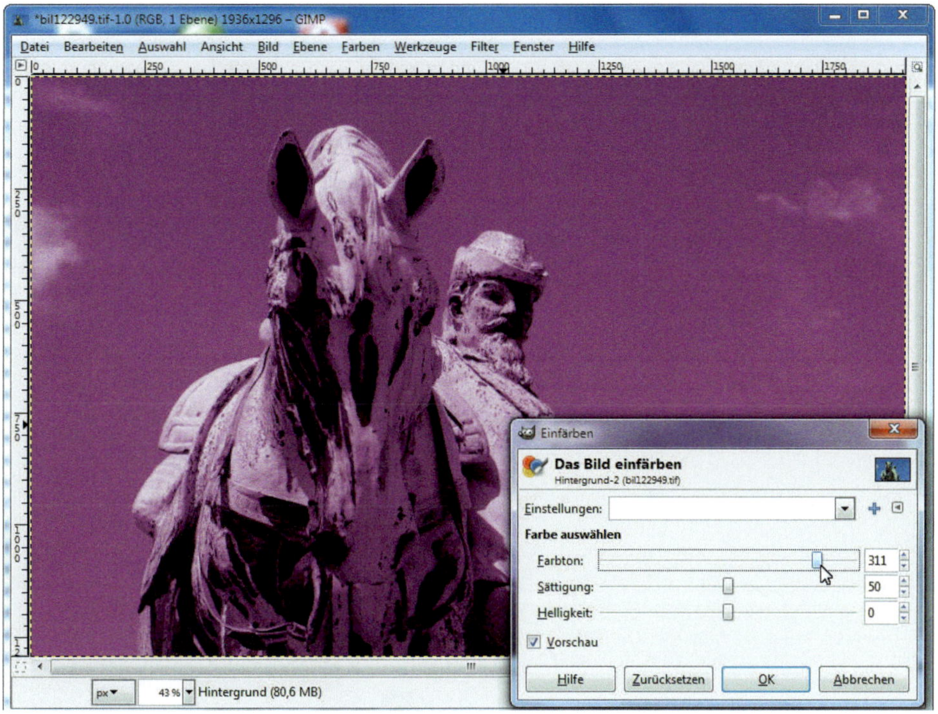

5

4 Wenn das Bild – wie zu analogen Zeiten durchaus üblich – eingefärbt werden soll, rufen Sie die Funktion *Farben/Einfärben* auf.

5 Experimentieren Sie ein wenig, um den geeigneten Farbton zu ermitteln. Die aktivierte *Vorschau*-Option hilft bei der Beurteilung des Ergebnisses.

Ende

Wie farbintensiv die Tönung sein soll, legen Sie mit dem *Sättigung*-Wert fest. Empfehlenswert sind hier mittlere Werte, da die Ergebnisse ansonsten unrealistisch aussehen.

HINWEIS

Wenn Sie bestimmte Einstellungen an mehreren Bildern anwenden wollen, können Sie die Einstellungen mit dem Plussymbol im Kopf des Dialogfelds speichern.

TIPP

Start

1

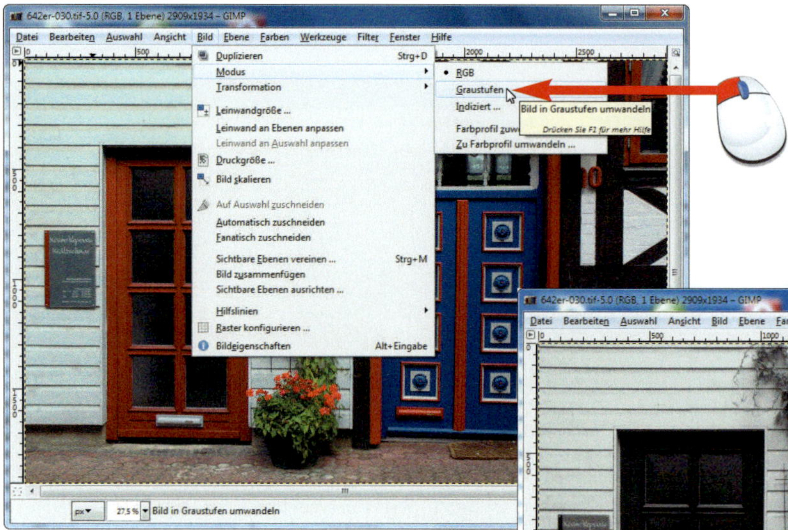

2

1 Die einfachste Möglichkeit, um Fotos in Schwarz-Weiß-Bilder umzuwandeln, ist der Einsatz der Funktion *Bild/Modus/Graustufen*.

2 Etwas mehr Möglichkeiten bietet die Funktion *Farben/Einfärben*. Wenn Sie hier den *Sättigung*-Wert auf *0* stellen, können Sie den *Helligkeit*-Regler nutzen, um die Bildhelligkeit zu variieren. Aktivieren Sie die *Vorschau*-Option, um das zu erwartende Ergebnis gleich beurteilen zu können.

Schwarz-Weiß-Bilder haben einen ganz eigenen Reiz. Das mag auch daran liegen, dass man lange Zeit nur schwarz-weiße Bilder machen konnte – die Farbfotografie gibt es erst seit den 1930er-Jahren. Viele Fotografen experimentieren auch heute noch gerne mit schwarz-weißen Varianten ihrer Farbbilder. Und so bietet Gimp eine Menge Möglichkeiten an, um Bilder umzuwandeln.

WISSEN

3

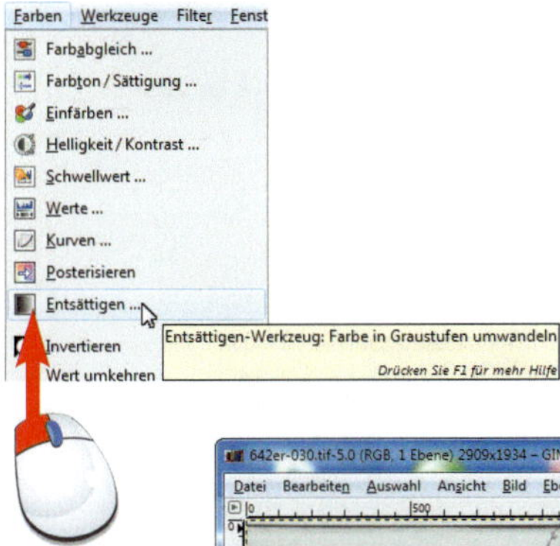

4

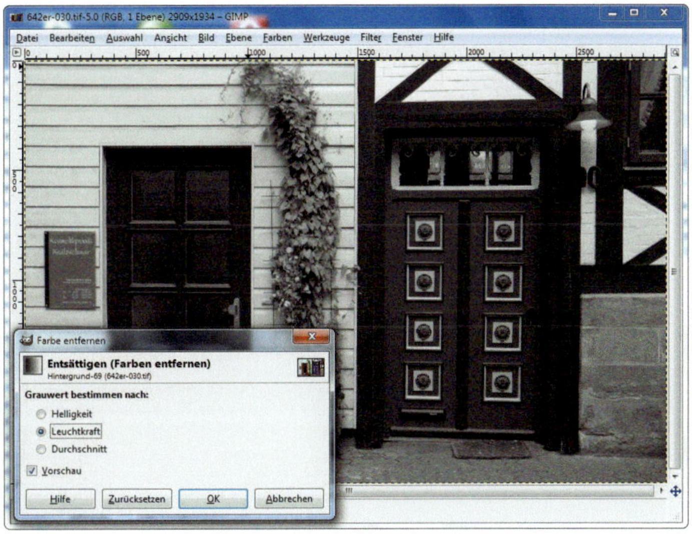

5

3 Der Vorteil der Sättigungsvariante besteht darin, dass es sich nach wie vor um ein Farbbild handelt. Dies belegt ein Blick in den *Kanäle*-Dialog.

4 Eine weitere Möglichkeit haben Sie mit der Funktion *Farben/Entsättigen*.

5 Auch hier können Sie mit der *Vorschau*-Option das Bild vor dem Zuweisen beurteilen.

Ende

Bei den drei Entsättigung-Optionen wird dem Bild die Farbe auf verschiedene Art und Weise „entzogen", sodass sehr unterschiedliche Ergebnisse entstehen.

HINWEIS

Es ist durchaus sinnvoll, verschiedene Möglichkeiten der Umwandlung auszuprobieren, um zu prüfen, bei welcher Variante das Bild am besten wirkt.

TIPP

Start

1

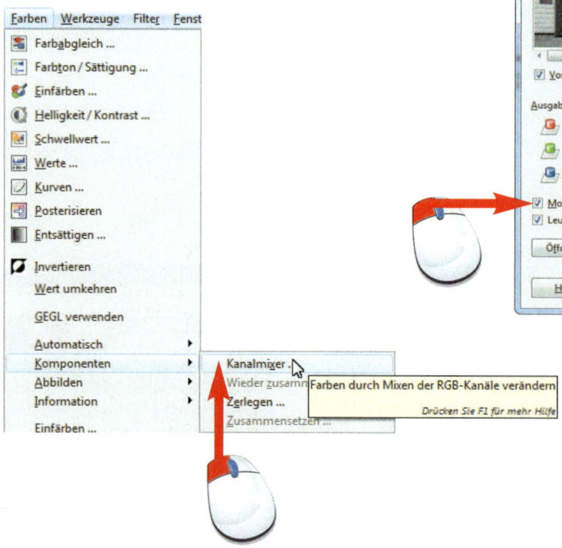

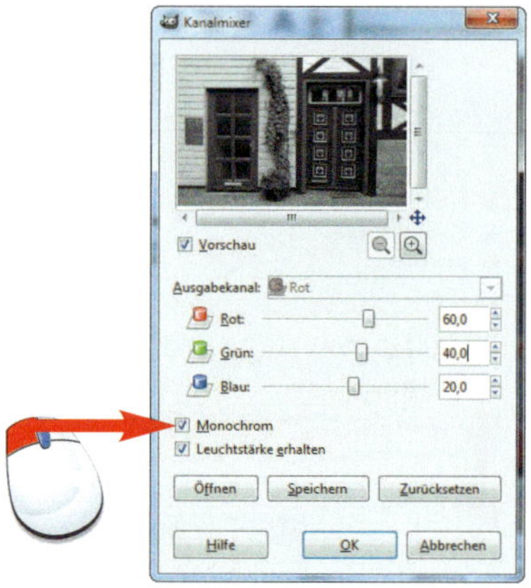

2

3

1 Noch mehr Variationsmöglichkeiten haben Sie mit der Funktion *Farben/ Komponenten/Kanalmixer*.

2 Aktivieren Sie die *Monochrom*-Option und stellen Sie die gewünschten Werte ein.

3 Die abgebildeten Werte ergeben dieses Ergebnis.

Sie sollten stets die Varianten bevorzugen, bei denen die Farben des Bildes erhalten bleiben. So haben Sie später die Möglichkeit, das Bild farbig weiterzubearbeiten – etwa, um besondere Effekte zu erzielen.

WISSEN

4

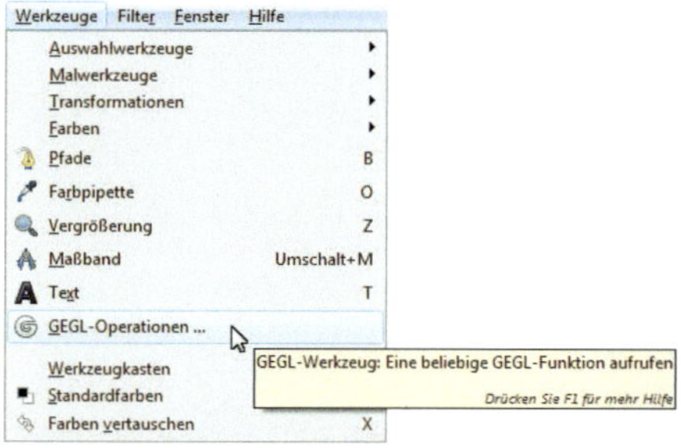

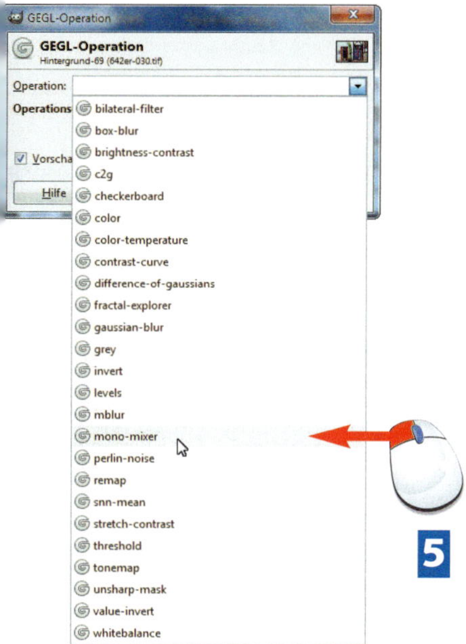

5

6

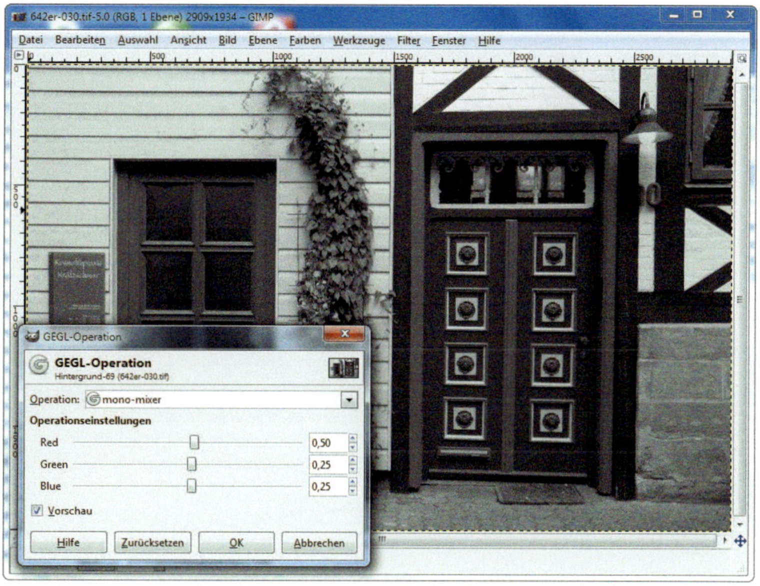

4 Rufen Sie die Funktion *Werkzeuge/GEGL-Operationen* auf.

5 Im *Operation*-Listenfeld finden Sie diverse Funktionen. Wählen Sie hier die Funktion *mono-mixer* aus.

6 Probieren Sie beispielsweise diese Einstellungen aus.

Ende

GEGL steht für Generic Graphical Library und ist eine graphen-basierte Bildbearbeitungsbibliothek.

FACHWORT

Der *mono-mixer* funktioniert ähnlich wie der *Kanalmixer*, er arbeitet aber etwas feiner, sodass die Ergebnisse nicht miteinander zu vergleichen sind.

HINWEIS

Start

1

2

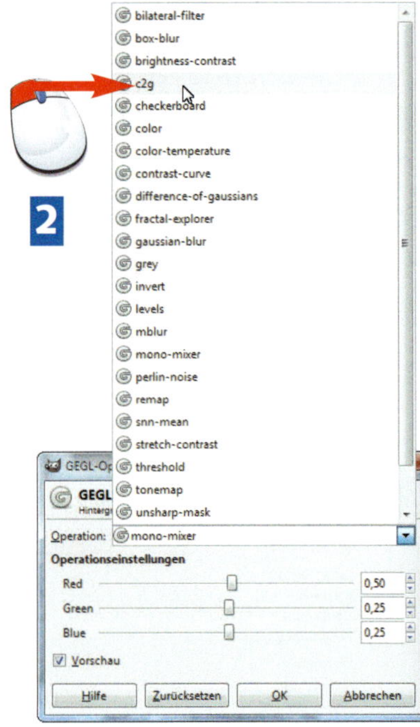

1 Dieses farbige Ausgangsbild soll in eine schöne Schwarz-Weiß-Variante umgewandelt werden.

2 Wählen Sie nach dem Aufruf der Funktion *Werkzeuge/GEGL-Operationen* die Funktion *c2g* aus der Liste aus.

Auch wenn die GEGL-Operationen in der aktuellen Gimp-Version teilweise noch recht langsam sind, sind sie allemal einen Versuch wert, weil schöne Ergebnisse dabei herauskommen.

WISSEN

3

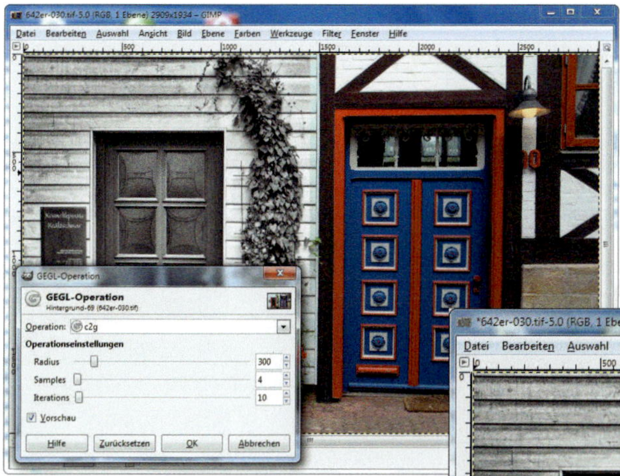

4

5

3 Probieren Sie beispielsweise diese Einstellungen aus.

4 Bestätigen Sie die Funktion mit der *OK*-Schaltfläche, um ...

5 ... dieses Ergebnis zu erhalten.

Ende

HINWEIS

Je höhere Werte Sie eingeben, umso länger dauern die Berechnungen bei dieser Funktion.

HINWEIS

Der *Vorschau*-Bildaufbau ist bei dieser Funktion extrem langsam. Daher ist ein wenig Geduld erforderlich.

Start

1

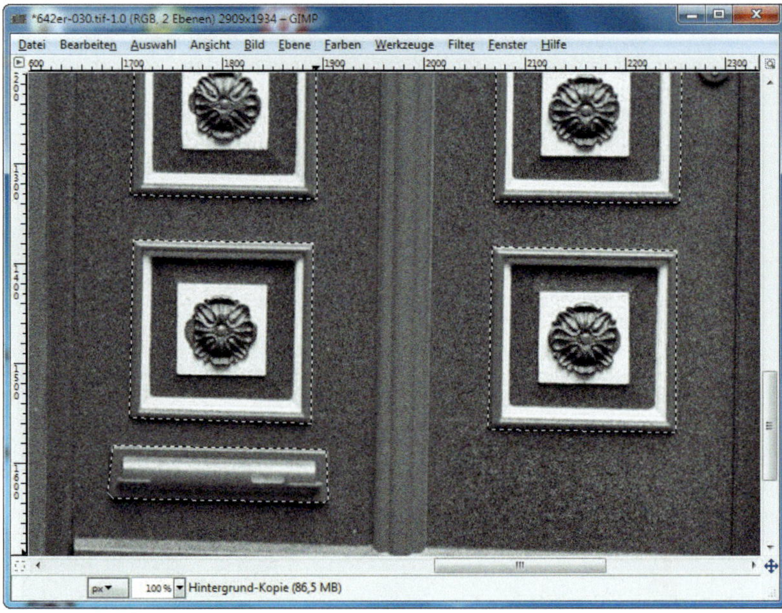

2

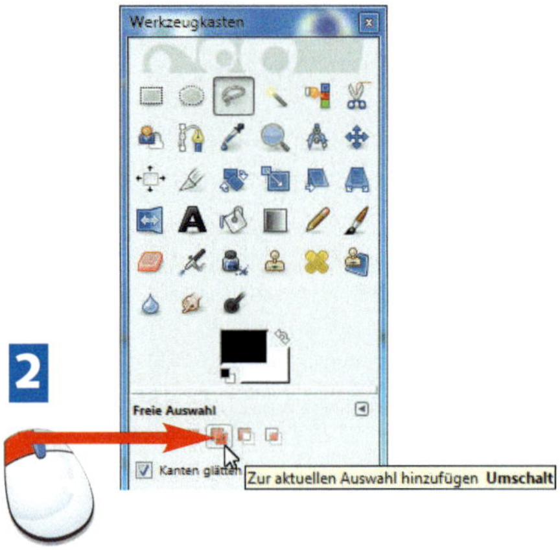

3

1 Duplizieren Sie die *Hintergrund*-Ebene des Ausgangsfotos und wenden Sie an der duplizierten Ebene die Funktion *Werkzeuge/GEGL-Operationen/c2g* mit den Einstellungen der letzten Doppelseite an.

2 Stellen Sie beim Werkzeug *Freie Auswahl* in den Werkzeugeinstellungen die Option *Zur aktuellen Auswahl hinzufügen* ein.

3 Erstellen Sie in der 100%-Ansicht die Auswahlbereiche, die später wieder farbig werden sollen.

Verblüffende Ergebnisse erhalten Sie, wenn Sie schwarz-weiße Bilder mit farbigen Elementen versehen. Diese ziehen dann die Aufmerksamkeit auf sich.

WISSEN

4

6

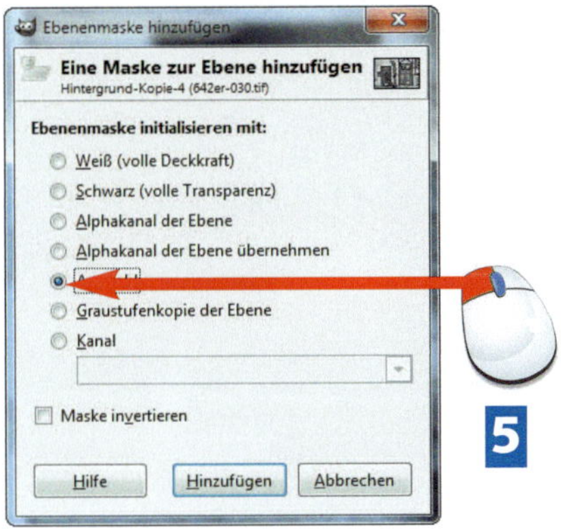

5

4 Hier sehen Sie die ausgewählten Bildteile, wobei die Auswahl invertiert wurde.

5 Rufen Sie nun die Funktion *Ebene/Maske/Ebenenmaske hinzufügen* auf und nutzen Sie die Option *Auswahl*, damit die ausgewählten Bildteile geschützt werden.

6 In den anderen Bildteilen scheint nun die farbige Version des Ausgangsbildes durch.

Ende

Natürlich haben Sie auch die Möglichkeit, den überwiegenden Teil des Bildes farbig zu belassen.

HINWEIS

Start

1

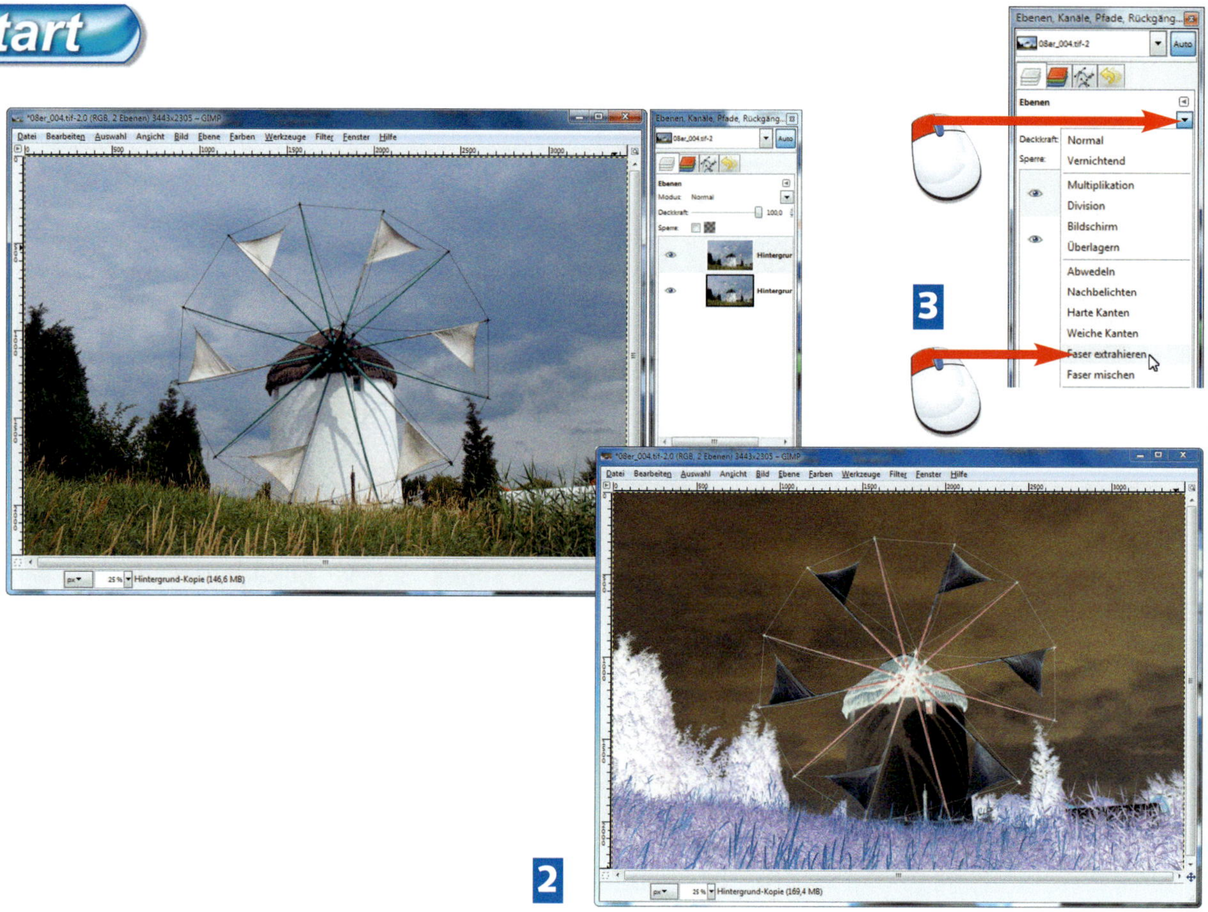

1 Öffnen Sie das Ausgangsbild und duplizieren Sie die *Hintergrund*-Ebene.

2 Erstellen Sie bei der duplizierten Ebene mit der Funktion *Farben/Invertieren* ein Negativ.

3 Stellen Sie für diese Ebene im *Ebenen*-Dialog den Modus *Faser extrahieren* ein.

High-key-Bilder zeichnen sich dadurch aus, dass sehr viele helle Tonwerte vorhanden sind – dunkle dagegen nur sehr wenige. Dabei darf man die Wirkung aber nicht mit überbelichteten Bildern vergleichen, da bei High-key-Bildern ein großer Kontrast entsteht.

WISSEN

4

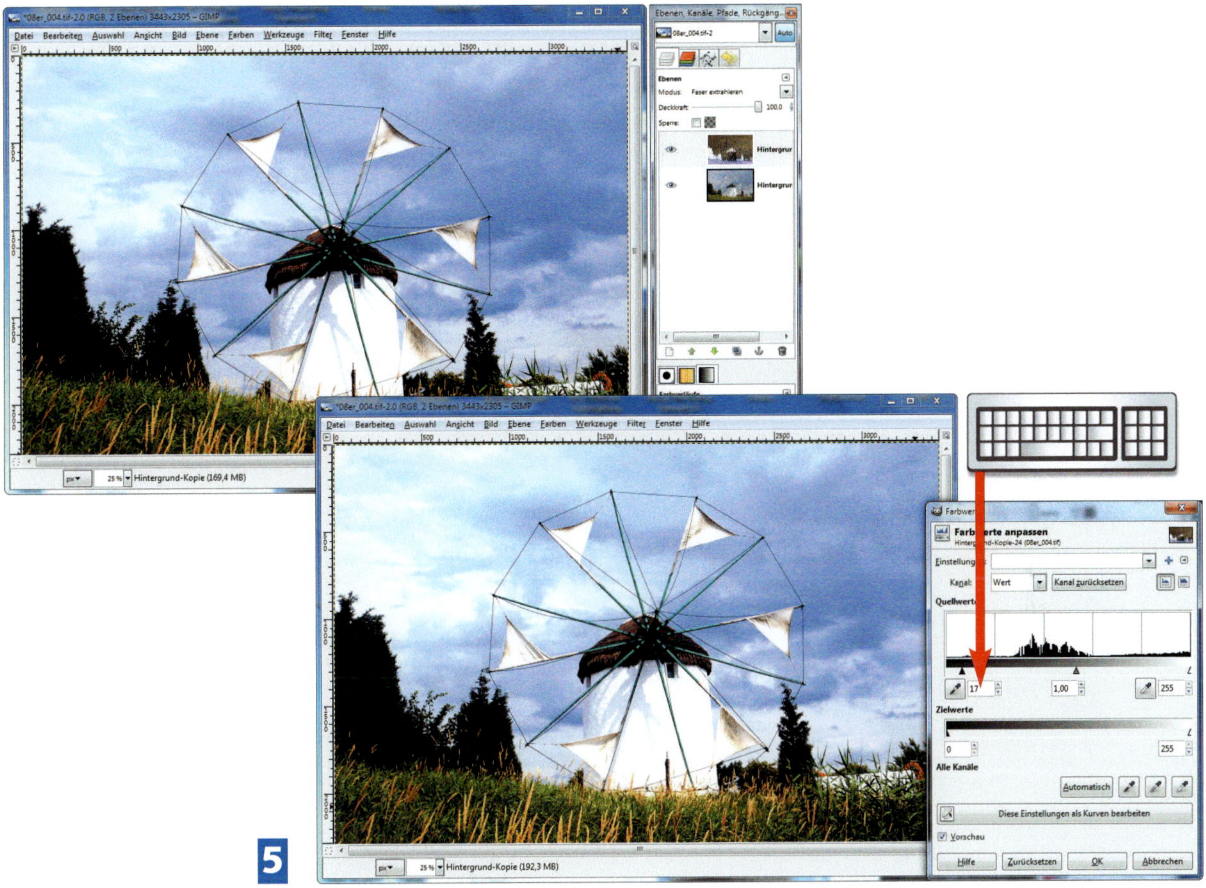

4 Hier sehen Sie das Ergebnis, das sich nun ergibt.

5 Sie können die Wirkung noch verstärken, wenn Sie bei der invertierten Ebene die Funktion *Farben/Werte* aufrufen und den Kontrast durch Eingabe im ersten Feld erhöhen – wir haben den Wert *17* eingesetzt.

Ende

Wenn Sie sich beim Endergebnis im *Histogramm*-Dialog die Tonwertverteilung ansehen, bemerken Sie, dass nun die hellen Farbtöne überwiegen.

HINWEIS

Das Gegenteil der Highkey-Bilder sind die **Lowkey-Bilder**, bei denen die dunklen Tonwerte das Bild bestimmen.

FACHWORT

Das Herumexperimentieren mit den Ebenen-Modi lohnt sich. Sie können damit zu verblüffenden Ergebnissen kommen. Variieren Sie dabei auch einmal die Deckkraft der betreffenden Ebene.

TIPP

8

Filtereffekte anwenden

Start

1

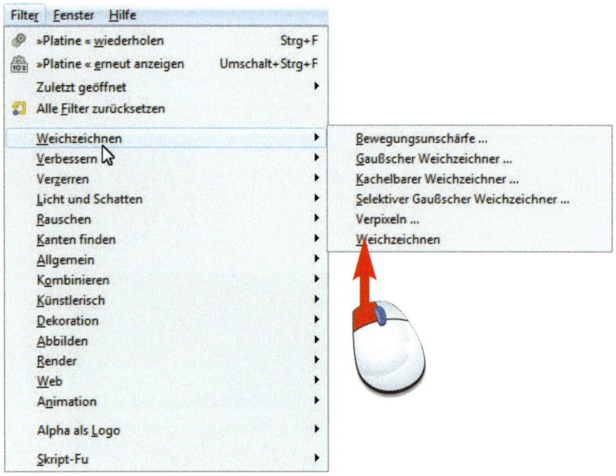

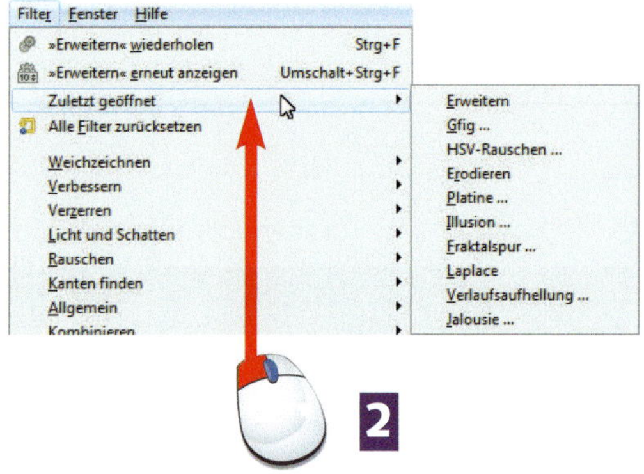

2

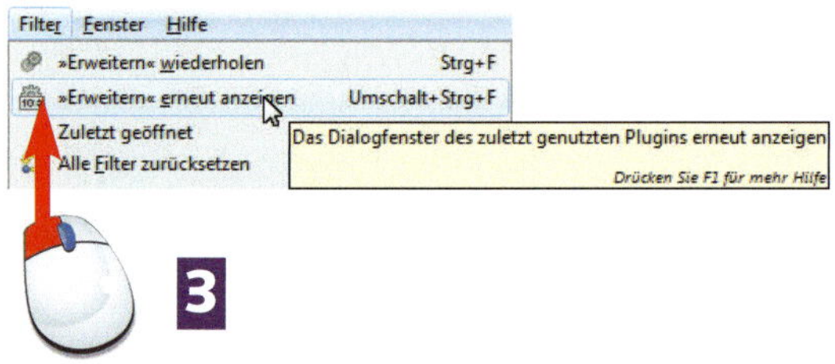

3

1 Im *Filter*-Menü sind alle Effekte untergebracht. Wählen Sie einen Filter in den thematisch sortierten Untermenüs aus.

2 Im Untermenü der Funktion *Filter/Zuletzt geöffnet* werden alle zuletzt genutzten Filter aufgelistet. So haben Sie einen schnellen Zugriff darauf.

3 Die beiden ersten Funktionen im *Filter*-Menü dienen zum Wiederholen einer Filteranwendung oder um das letzte Dialogfeld erneut zu öffnen. Dies lässt sich nutzen, wenn die Einstellungen variiert werden sollen.

Gimp bietet eine riesige Menge verschiedener Effektfilter an wie beispielsweise Mal-, Kunst- oder Verzerrungsfilter. Damit können Sie Fotos veredeln oder verfremden. Das Experimentieren mit verschiedenen Effekten lohnt sich.

WISSEN

4

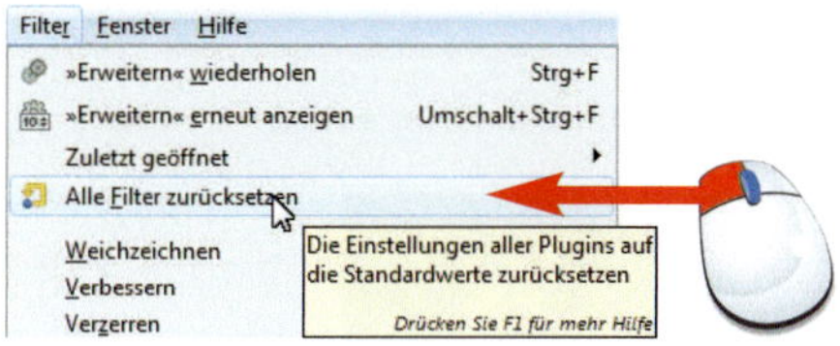

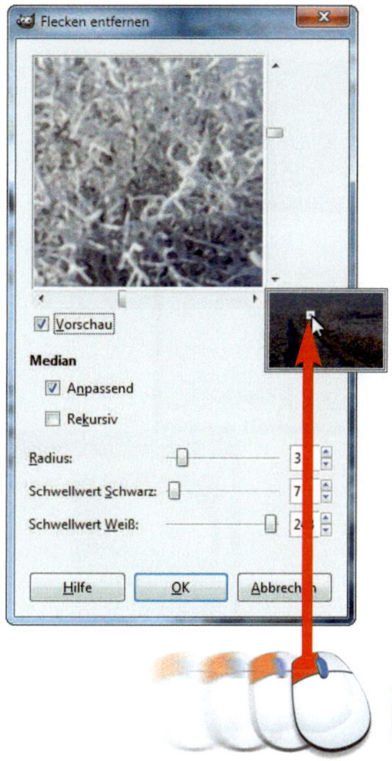

5

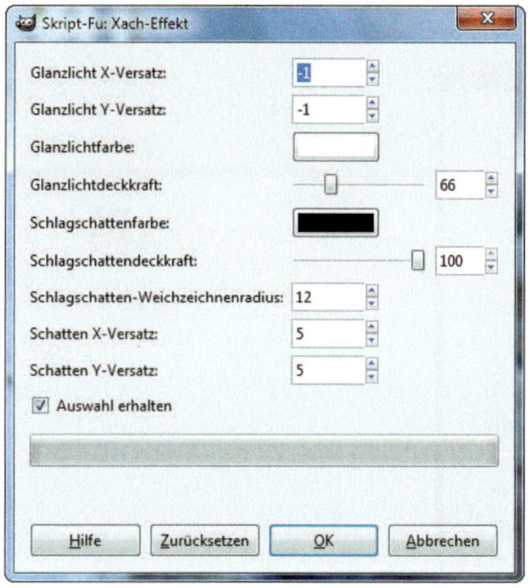

6

4 Wenn Sie die Filter auf die ursprünglichen Werte zurücksetzen wollen, rufen Sie die Funktion *Filter/Alle Filter zurücksetzen* auf.

5 Bei einigen Filtern können Sie die Einstellungen in einem Vorschaubild begutachten. Klicken Sie unten rechts, um im Navigationsfenster den Ausschnitt festzulegen.

6 Einige Filter bieten wenige Funktionen, andere sehr viele Funktionen an – wie dieser Filter.

Die Filter sind mit sogenannten **Plug-ins** realisiert, das sind Erweiterungsmodule. Sie können mit weiteren Filtern aus dem Internet erweitert werden.

FACHWORT

Die Vorschau wird nur innerhalb des Dialogfelds angezeigt – nicht im Bildfenster.

HINWEIS

7

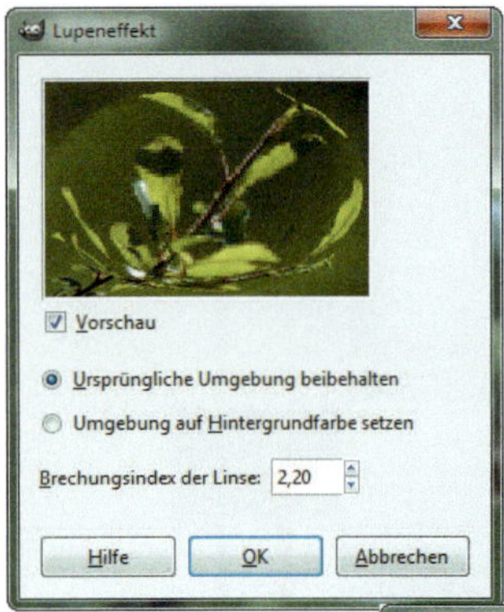

8

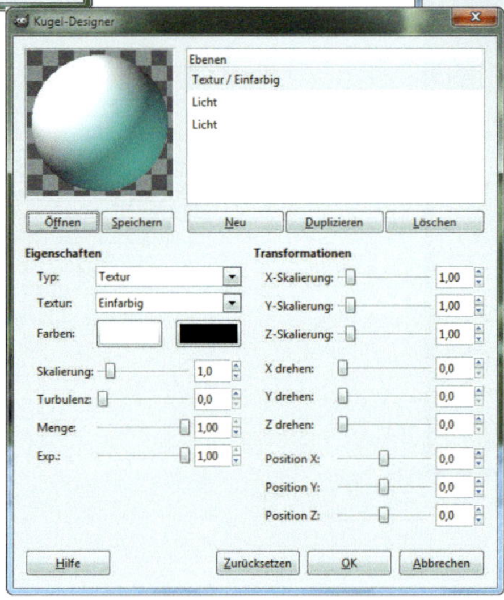

9

7 Es gibt auch Filter, bei denen das gesamte Bild als Vorschau angezeigt wird – wie beim *Lupeneffekt*.

8 Einige Filter haben quasi einen eigenen Arbeitsbereich wie der *Gfig*-Filter, mit dem Formen erstellt werden.

9 Es gibt auch Filter, die sich nicht auf das Bild beziehen, wie beispielsweise der Kugel-Designer.

Nicht jeder Effekt wirkt bei jedem Motiv. Einige der Effekte wirken eher bei plakativen Motiven – andere eher bei detailreichen Abbildungen. Mit der Zeit gewinnen Sie aber bestimmt ein Gefühl dafür, welcher Filter für welches Motiv geeignet ist. Hier macht die Übung den Meister.

WISSEN

10

11

10 Die Filter wirken bei verschiedenen Bildgrößen völlig unterschiedlich. Beide Ergebnisse entstanden mit dem Filter *Kanten finden* – ...

11 ... diese Vorlage ist allerdings nur halb so groß wie die vorherige. Um den Unterschied deutlich zur Geltung zu bringen, wurde das Bild hier genauso groß dargestellt.

Ende

Da sich nicht jeder Effekt für jedes Foto eignet, sind meist einige Versuche notwendig. Probieren Sie die Effekte einmal bei unterschiedlichen Bildern aus.

TIPP

Es ist spannend, unterschiedliche Einstellungen eines Filters auszuprobieren.

HINWEIS

Start

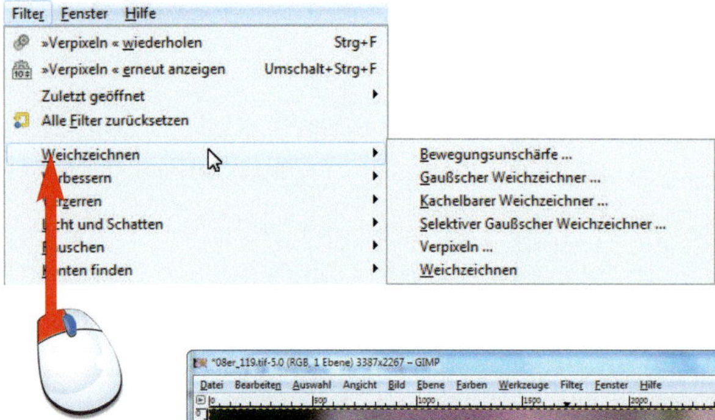

1

2

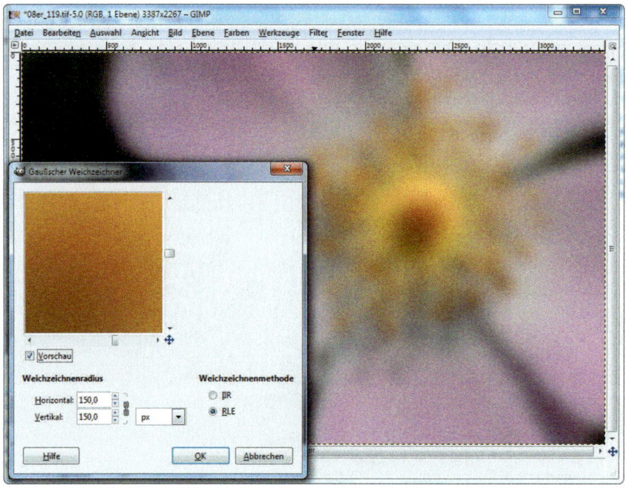

3

1. Rufen Sie das Menü *Filter/Weichzeichnen* auf.
2. Die Funktion *Bewegungsunschärfe* können Sie einsetzen, wenn Sie die Pixel des Bildes in eine Richtung verwischen wollen.
3. Am häufigsten wird die Funktion *Gaußscher Weichzeichner* eingesetzt, mit dem das Bild unscharf gemacht wird.

Im Untermenü *Weichzeichnen* finden Sie sechs Filter, um Bilder auf unterschiedliche Art und Weise weichzuzeichnen. Im *Verbessern*-Menü sind es acht Funktionen, um einerseits Rauschen zu entfernen und um zum anderen Bilder zu schärfen. Auch eine Funktion zum Entfernen der unschönen roten Augen finden Sie hier.

WISSEN

4

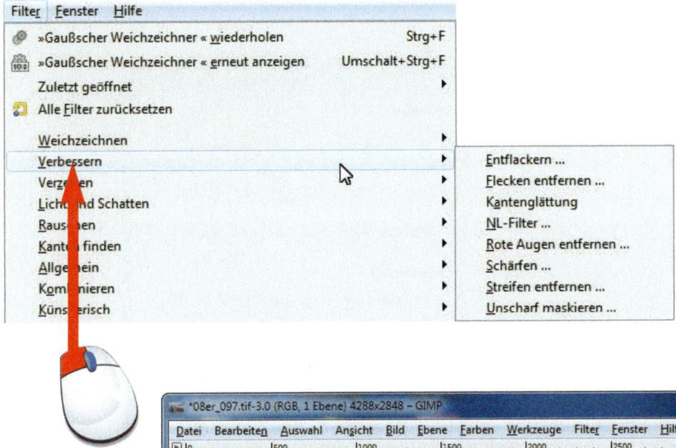

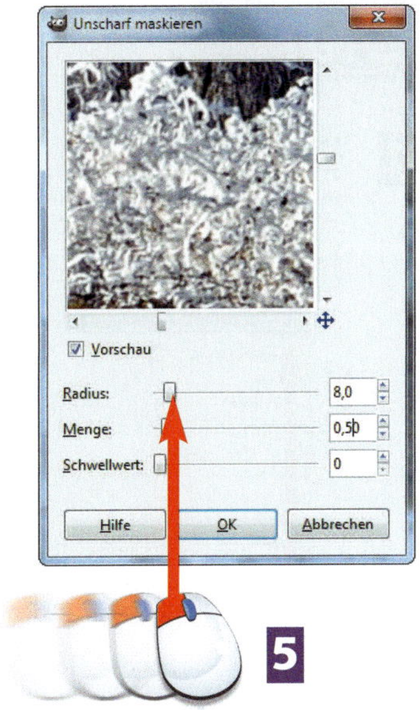

5

6

4 Um Bilder zu verbessern, benötigen Sie die Funktionen des gleichnamigen Untermenüs.

5 Zum Nachschärfen eines Bildes ist die Funktion *Unscharf maskieren* am besten geeignet. Experimentieren Sie ein wenig, um die geeigneten Einstellungen zu erreichen.

6 Hier wurde die Bildschärfe optimiert.

Ende

Wenn Sie mit hohen Empfindlichkeiten arbeiten, können Sie beispielsweise die Funktion *Flecken entfernen* nutzen, um das störende Bildrauschen zu reduzieren.

TIPP

Es ist völlig normal, dass digitale Fotos ein wenig nachgeschärft werden müssen.

HINWEIS

Start

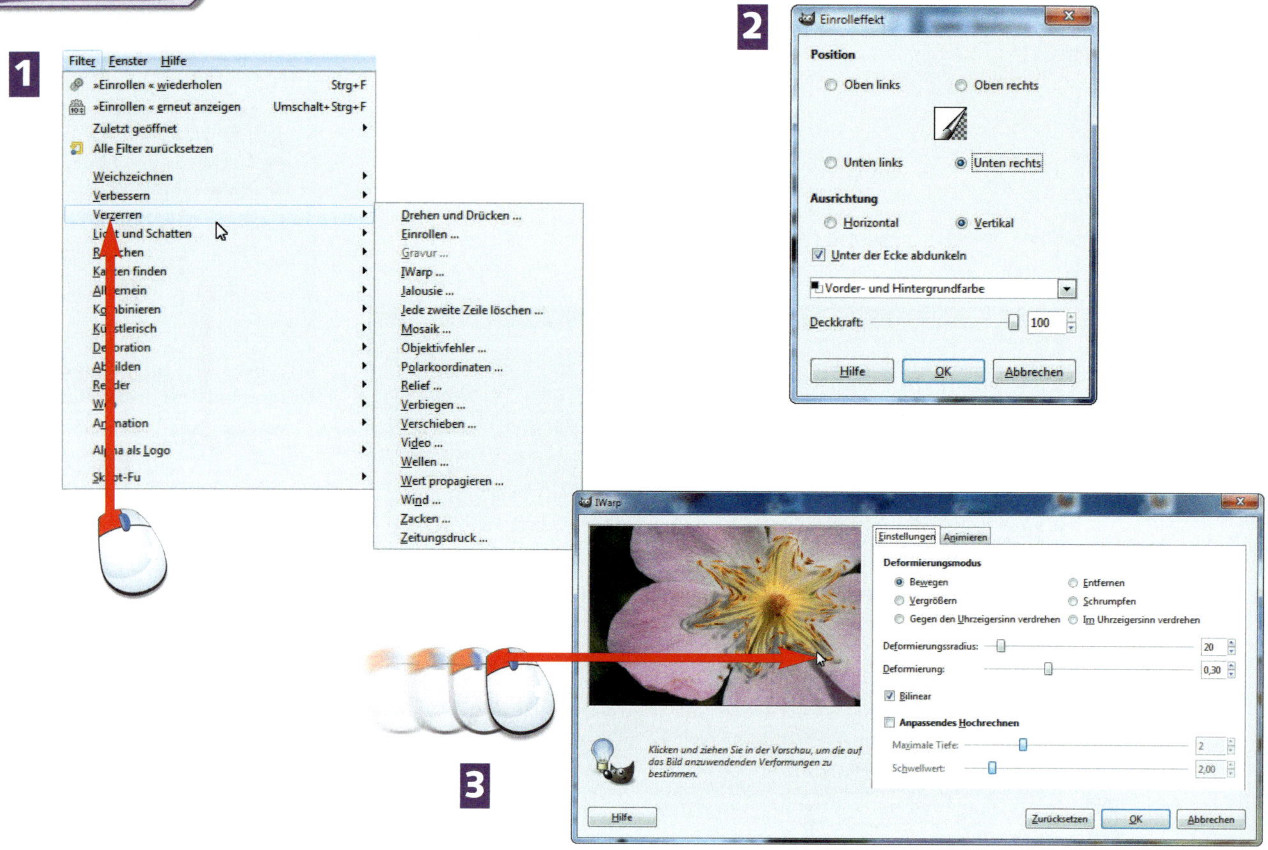

1 Öffnen Sie das Menü *Filter/Verzerren*.

2 Die *Einrollen*-Funktion rollt eine der vier Bildecken auf, wobei eine dreidimensionale Wirkung entsteht.

3 Der *IWarp*-Filter kann eingesetzt werden, um Bilder zu verformen. Ziehen Sie dazu in der Vorschau die Bildteile auf neue Positionen.

Das *Verzerren*-Menü ist prall gefüllt mit Effektfiltern – gleich 18 Funktionen stehen hier bereit, um Bilder auf sehr unterschiedliche Art zu verformen.

WISSEN

4

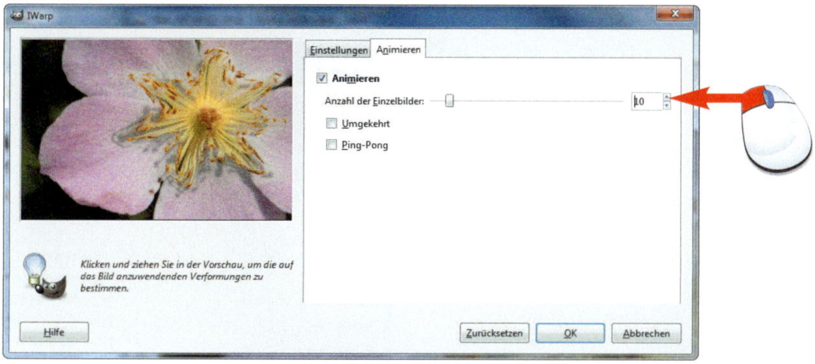

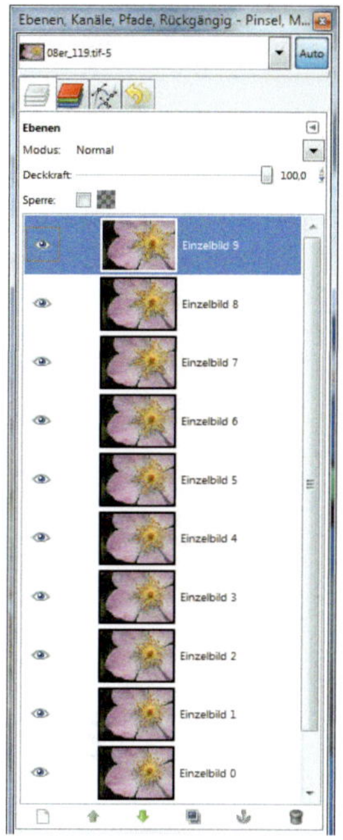

5

6

4 Auf der *Animieren*-Registerkarte stellen Sie ein, aus wie vielen Bildern die Verformung erstellt werden soll.

5 Nach dem Bestätigen sind im *Ebenen*-Dialog diverse Ebenen übereinandergestapelt, sodass die Verformung Schritt für Schritt passiert.

6 Die Funktion lässt sich für witzige Ergebnisse einsetzen.

Ende

Bei einer Animation berechnet Gimp automatisch die Veränderungen von Bild zu Bild und erstellt für jedes Filmbild eine eigene Ebene.

HINWEIS

Um eine Animation erstellen zu können, müssen Sie das GIF-Dateiformat verwenden.

HINWEIS

Start

1

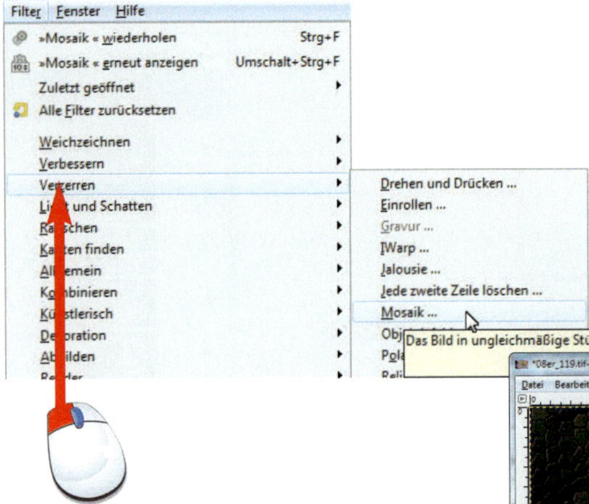

2

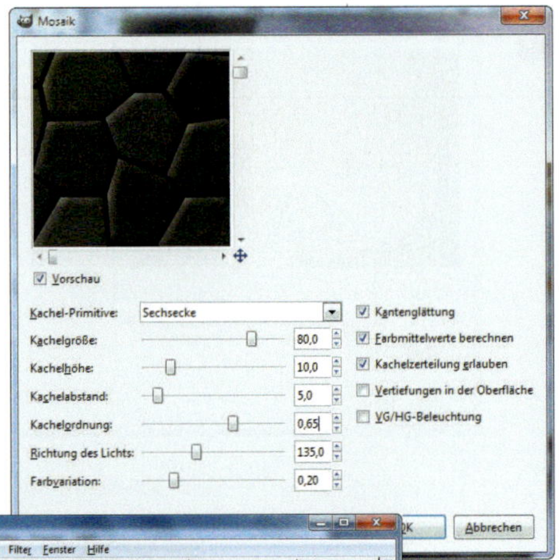

3

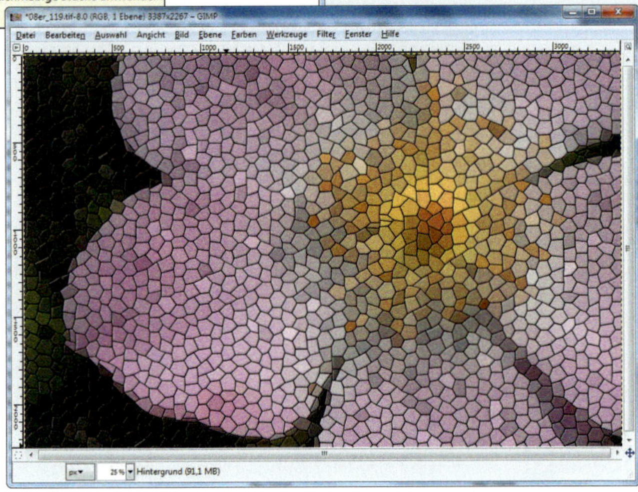

1 Rufen Sie die Funktion *Filter/Verzerren/Mosaik* auf.

2 Verwenden Sie beispielsweise diese Einstellungen, um ...

3 ... dieses Ergebnis zu erhalten.

Viele der Funktionen des *Verzerren*-Menüs laden zum Experimentieren ein. Es entstehen teilweise recht lustige Ergebnisse. Von den Details des Ausgangsfotos bleibt manchmal nicht viel erhalten.

WISSEN

4

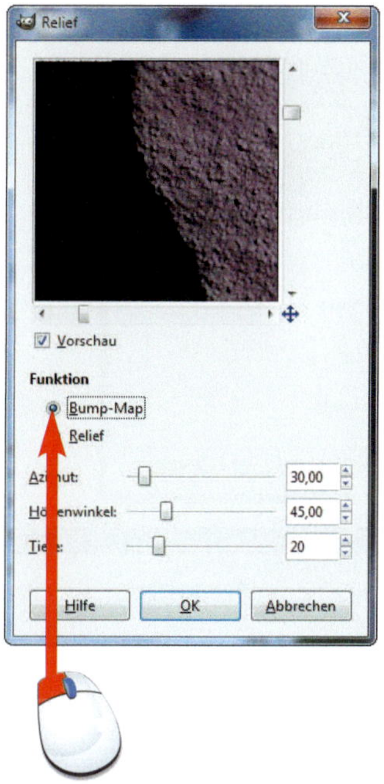

5

6

4 Rufen Sie die Funktion *Filter/Verzerren/Relief* auf und verwenden beispielsweise die gezeigten Einstellungen.

5 Da das Ergebnis etwas dunkel ist, haben wir anschließend mit der Funktion *Farben/Helligkeit/Kontrast* und den gezeigten Einstellungen ...

6 ... dieses Ergebnis erzielt.

Ende

TIPP

Damit die Filter wirken, sollten Kontraste im Bild vorhanden sein. Gut geeignet sind Bildpartien, in denen viele dunkle auf helle Stellen treffen.

HINWEIS

Wird die *Relief*-Option aktiviert, entsteht ein schwarzweißes Ergebnis.

Start

1

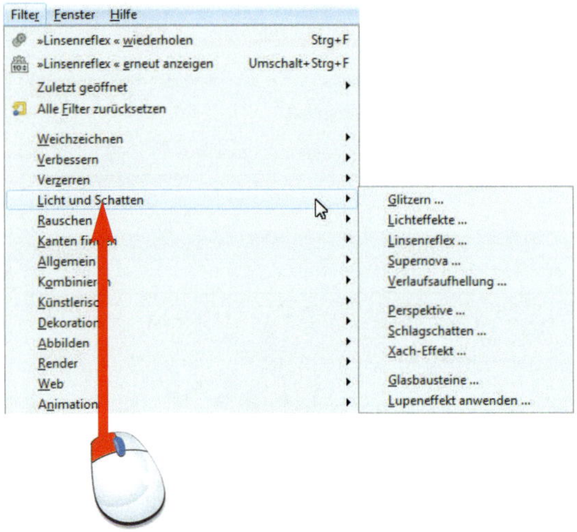

2

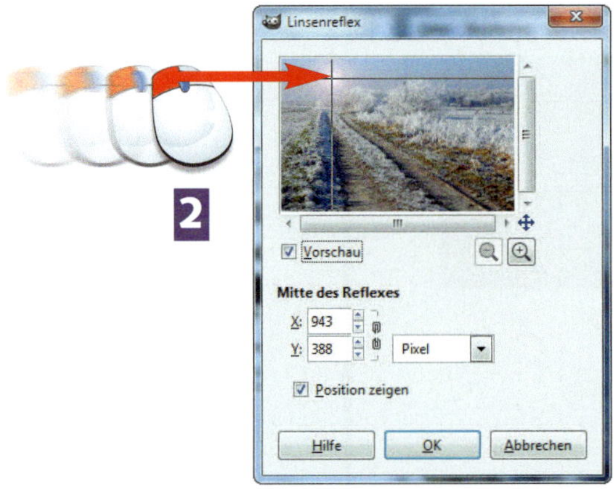

3

1 Rufen Sie das Menü *Filter/Licht und Schatten* auf.

2 Mit der Funktion *Linsenreflex* legen Sie im Vorschaubild eine Position fest, an der ein Lichtreflex angebracht werden soll.

3 Damit sieht es beim Ergebnis so aus, als wenn eine Gegenlichtaufnahme gemacht worden wäre.

Im *Filter*-Menü *Licht und Schatten* sind zehn Funktionen verfügbar, mit denen Sie unter anderem verschiedene Lichteffekte simulieren können. Außerdem finden Sie dort Funktionen, um Ebenen mit Schatten zu versehen.

WISSEN

4

5

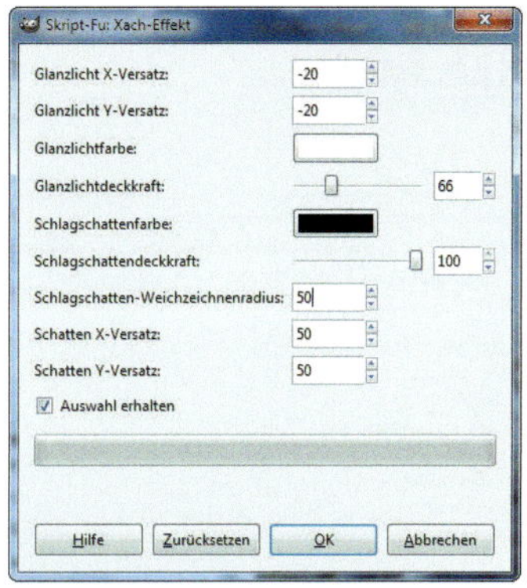

6

4 Erstellen Sie einen Auswahlbereich. Wir haben eine einfache rechteckige Auswahl erstellt.

5 Rufen Sie die Funktion *Filter/Licht und Schatten/Xach-Effekt* auf. Stellen Sie beispielsweise die gezeigten Werte ein, ...

6 ... mit denen dieses Ergebnis entsteht.

Ende

Die passenden Effekteinstellungen hängen im Wesentlichen von der Größe des bearbeiteten Bildes ab.

HINWEIS

Einige der Effekte arbeiten mit Auswahlbereichen zusammen – andere mit Ebenen. Bei wieder anderen sind Alphakanäle notwendig.

HINWEIS

Start

1

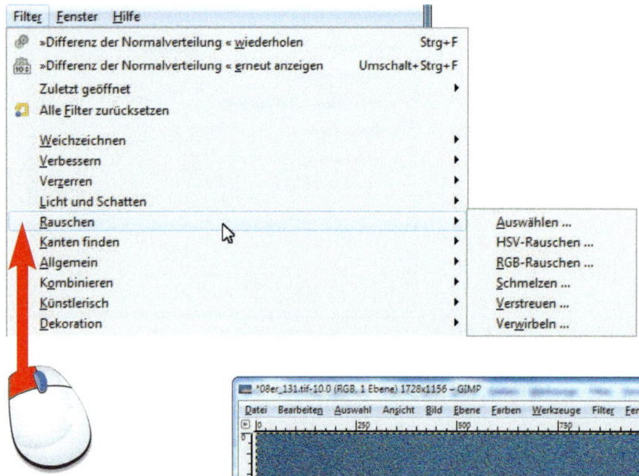

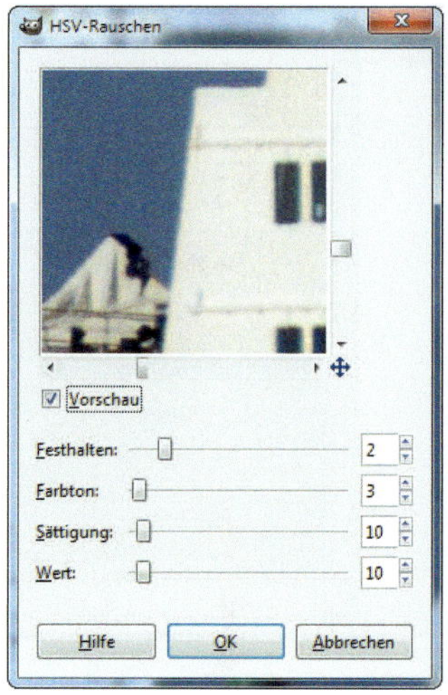

2

3

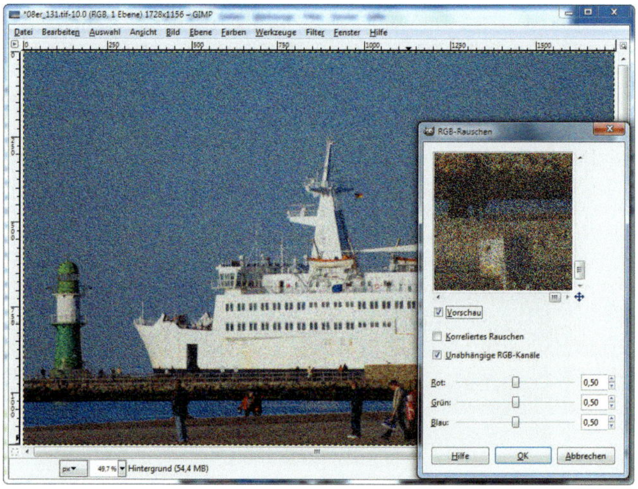

1 Rufen Sie das Menü *Filter/Rauschen* auf.

2 Mit der Funktion *HSV-Rauschen* wird das HSV-Farbmodell (**H**ue, **S**aturation, **V**alue) genutzt, um Rauschen ins Bild einzufügen.

3 Das am natürlichsten wirkende Rauschen erzielen Sie mit der Funktion *Filter/Rauschen/RGB-Rauschen*. Probieren Sie beispielsweise die gezeigten Einstellungen aus.

Normalerweise möchte man kein Rauschen im Bild sehen. Für Effekte kann es aber interessant sein, absichtlich Bildrauschen einzufügen. Im Menü *Rauschen* finden Sie sechs Funktionen, um das Bild auf unterschiedliche Art zu verfremden.

WISSEN

4

5

4 Bei der *Verstreuen*-Funktion werden Pixel in der Umgebung vertauscht. Farben werden hier nicht verändert.

5 Die *Verwirbeln*-Funktion verändert das Bild drastisch. Hier werden die Pixel mit einer Zufallsfarbe belegt.

Ende

HINWEIS

Ob die Rauschfunktionen gut wirken, hängt ein wenig vom Ausgangsbild ab. Nicht jedes Bild eignet sich für diese Filter.

HINWEIS

Bei der *Schmelzen*-Funktion werden einige Pixel zufällig nach unten verschoben.

Start

1

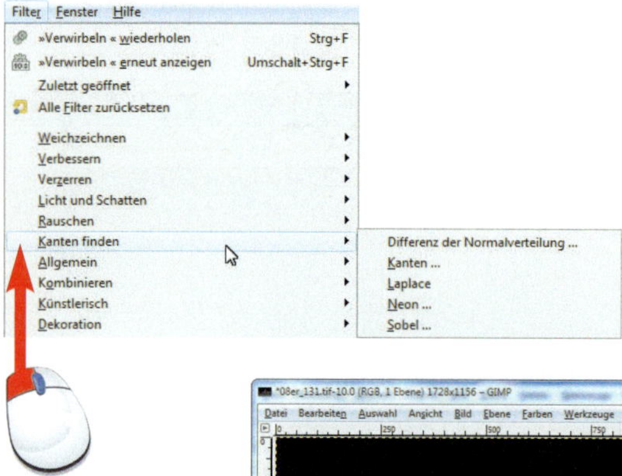

2

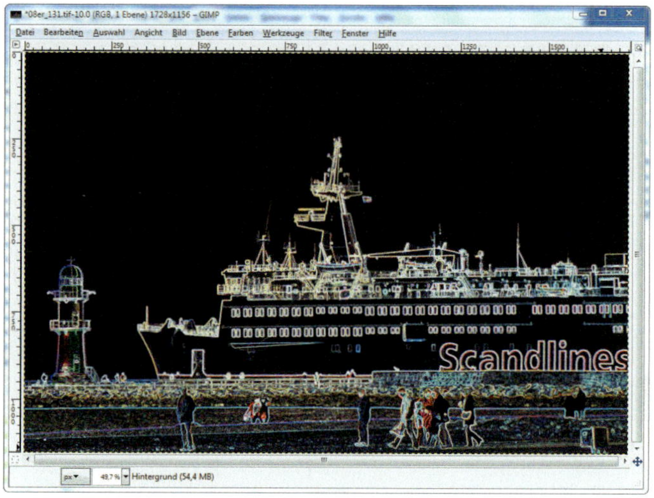

3

1 Im Menü *Filter/Kanten finden* sind fünf Funktionen zur Betonung von Kanten untergebracht.

2 Die Funktion *Kanten finden* ...

3 ... führt zu diesem Ergebnis.

Um mit den Konturen-Filtern arbeiten zu können, benötigen Sie Vorlagen, die Details enthalten – flächige Motive sind hier weniger geeignet. Mit der Kombination mehrerer Filter erzielen Sie ansprechende Ergebnisse.

WISSEN

4

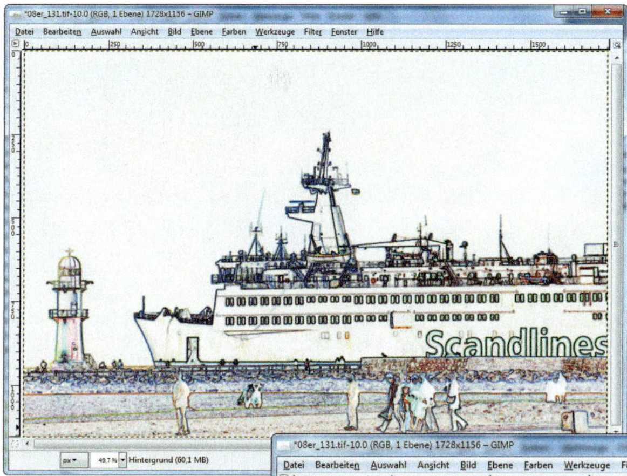

5

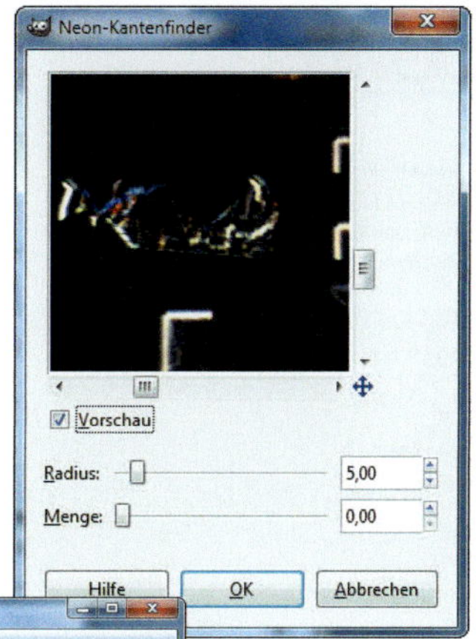

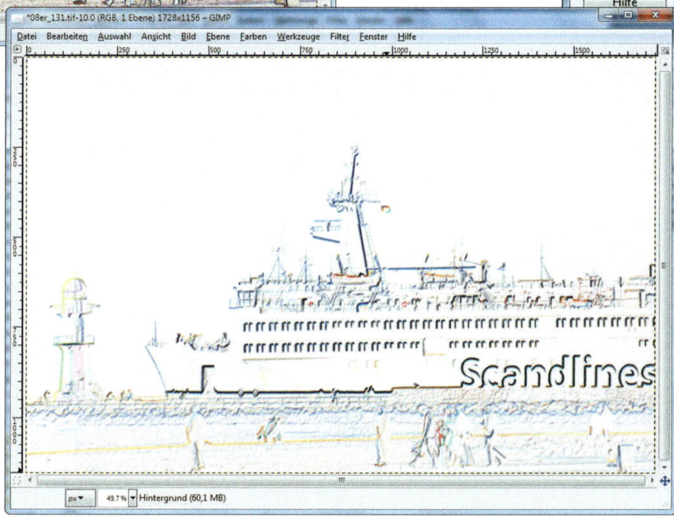

6

4 Um ein helles Ergebnis zu erhalten – das oft besser wirkt –, rufen Sie die Funktion *Farben/Invertieren* auf.

5 Mit der Funktion *Neon* und den abgebildeten Werten ...

6 ... erhalten Sie dieses Ergebnis, das ebenfalls invertiert wurde.

Ende

TIPP

Probieren Sie auch einmal den *Sobel*-Filter aus, mit dem Sie ein sehr feines Ergebnis erhalten.

HINWEIS

Für die Berechnung der Kantenfindung werden unterschiedliche Algorithmen genutzt, die Sie im *Algorithmus*-Listenfeld auswählen können.

Start

1

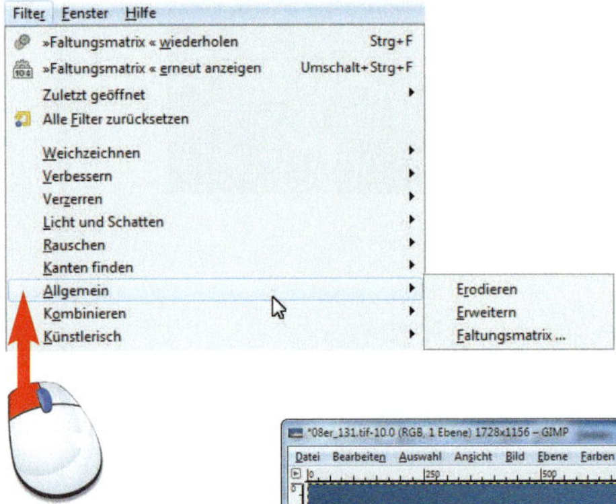

2

3

1 Rufen Sie das Menü *Filter/Allgemein* auf.

2 Die Funktion *Erodieren* reduziert die hellen Bereiche im Bild, sodass ein dunkleres Ergebnis entsteht.

3 Bei der Funktion *Erweitern* ist es umgekehrt. Hier werden die dunklen Bereiche im Bild verkleinert, sodass das Bild heller wird.

Im Menü *Filter/Allgemein* finden Sie nur drei Effektfilter, von denen nur die Funktion *Faltungsmatrix* Optionen anbietet. Die beiden anderen Funktionen werden ohne zusätzliche Option am Bild angewendet.

WISSEN

4

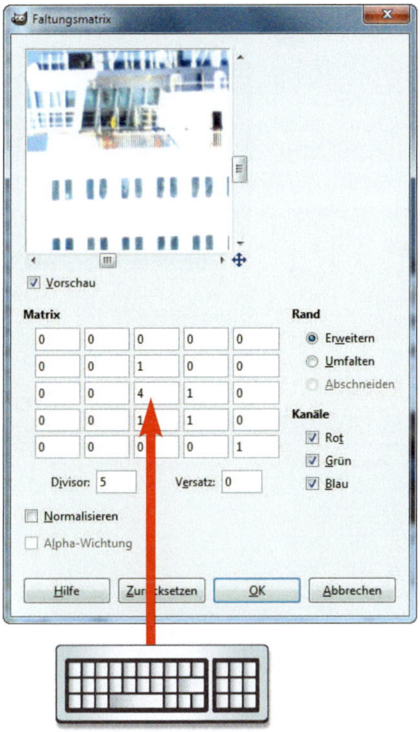

5

4 Beim Filter *Faltungsmatrix* können Sie sich in einer 5 x 5 Felder großen Matrix eigene Filtereffekte zusammenstellen.

5 So führen die abgebildeten Werte zu diesem Ergebnis, das ein wenig wie eine High-key-Aufnahme wirkt.

Ende

Je höher der Wert im mittleren Feld der Matrix ist, umso heller wird das Ergebnis.

HINWEIS

Der Filter *Faltungsmatrix* ist recht komplex. Daher müssen Sie ein wenig herumexperimentieren, um die Wirkungsweise zu verstehen.

HINWEIS

Start

1

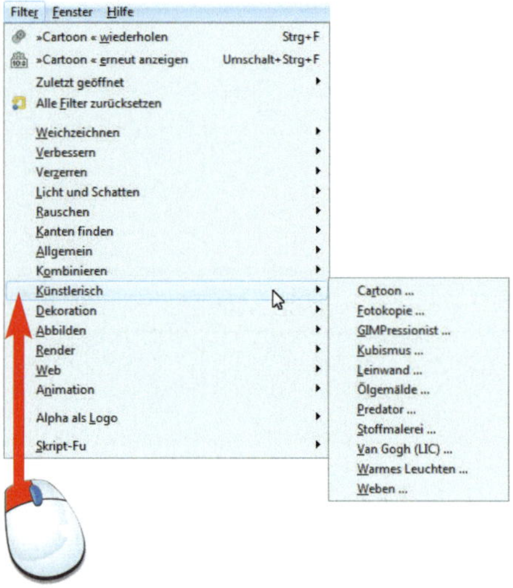

2

3

1 Im Menü *Filter/Künstlerisch* sind diverse Filter zu finden, mit denen Sie aus Fotos „Gemälde“ machen können.

2 Probieren Sie einmal die Funktion *Cartoon* mit diesen Einstellungen aus.

3 Damit entsteht dieses Ergebnis.

Wollen Sie Fotos in „Gemälde“ verwandeln, sollten Sie einen Blick in das *Filter*-Menü *Künstlerisch* werfen. Dort finden Sie elf Effektfilter, mit denen Sie wirkungsvolle Ergebnisse erzielen können.

WISSEN

4

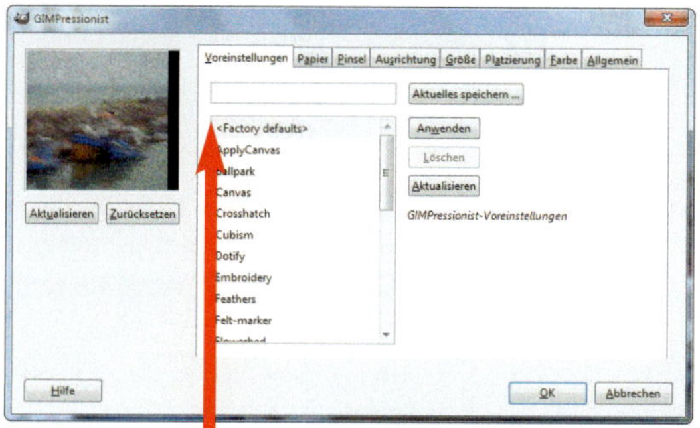

5

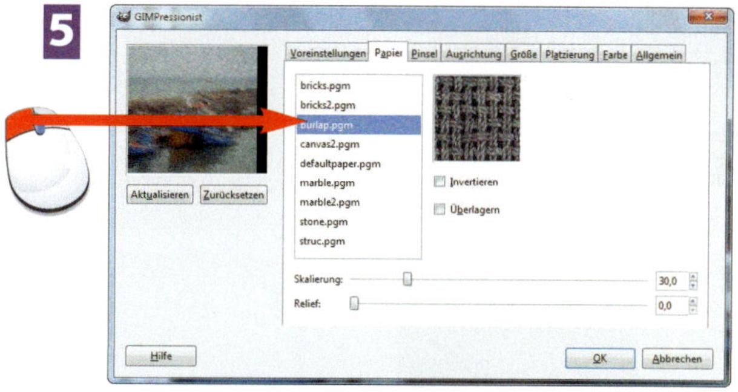

6

4 Der Filter *GIMPressionist* enthält zahlreiche Vorlagen. Die Einstellungen sind so vielseitig, dass sie...

5 ... auf acht Registerkarten verteilt sind.

6 Hier sehen Sie ein mögliches Beispiel dieses Filters.

Ende

Damit die aktuellen Einstellungen im Vorschaubild zu sehen sind, müssen Sie die *Aktualisieren*-Schaltfläche aufrufen.

HINWEIS

Nicht bei allen diesen künstlerischen Filtern entstehen schöne Ergebnisse. Einige Filter wirken nur mit viel Fantasie so, wie es der Name verheißt – wie etwa der Filter *Van Gogh (LIC)*.

HINWEIS

Start

1

3

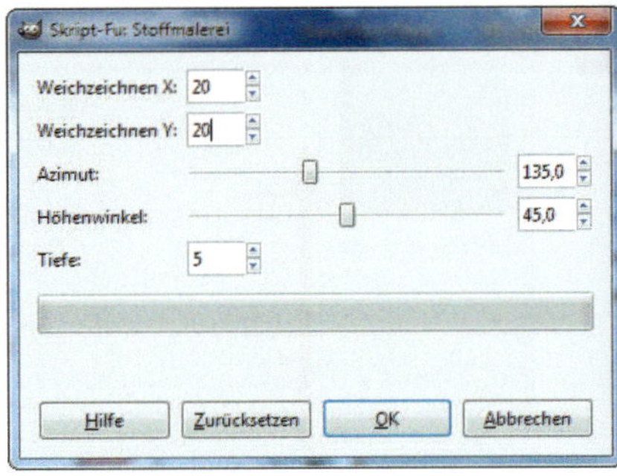

2

1 Mit der *Ölgemälde*-Funktion erhalten Sie diese Einstellungsmöglichkeiten. Die abgebildeten Werte führten ...

2 ... zu diesem Ergebnis.

3 Bei der Funktion *Stoffmalerei* haben wir diese Einstellungen genutzt.

Einige der Filter sind im Prinzip doppelt, da man sie mit dem komplexen Filter *GIMPressionist* ebenfalls umsetzen kann. Das gilt beispielsweise für die *Leinwand*-Funktion.

WISSEN

4

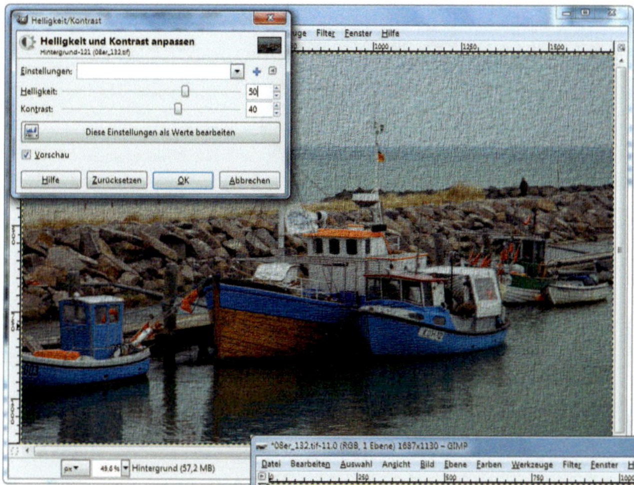

5

6

4 Da das Ergebnis etwas dunkel wurde, haben wir anschließend die Funktion *Farben/Helligkeit/Kontrast* mit den abgebildeten Einstellungen angewendet.

5 Als letzte Funktion aus diesem Menü wollen wir Ihnen die Funktion *Warmes Leuchten* vorstellen, bei der ...

6 ... dieses Ergebnis entstanden ist.

Ende

Bei der *Predator*-Funktion entsteht ein stark farbverfälschtes Ergebnis, das ein wenig an thermografische Wärmebilder erinnert.

HINWEIS

Es ist durchaus normal, dass eventuell nach dem Anwenden eines Filters Korrekturen der Helligkeit oder des Kontrastes notwendig sind.

HINWEIS

Start

1

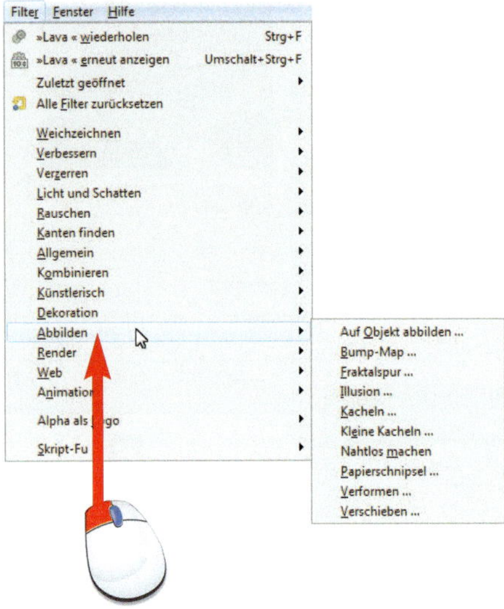

2

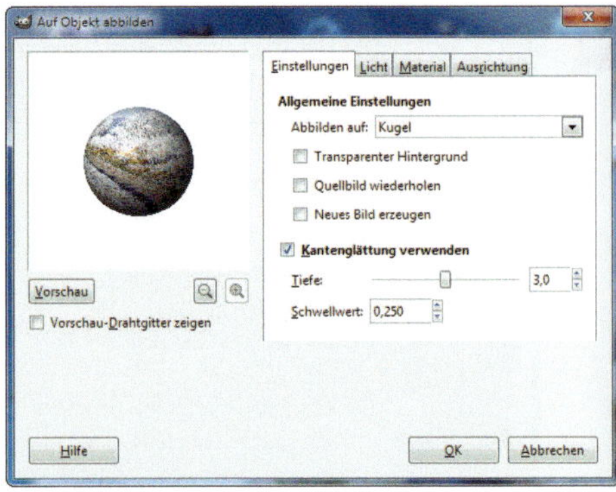

3

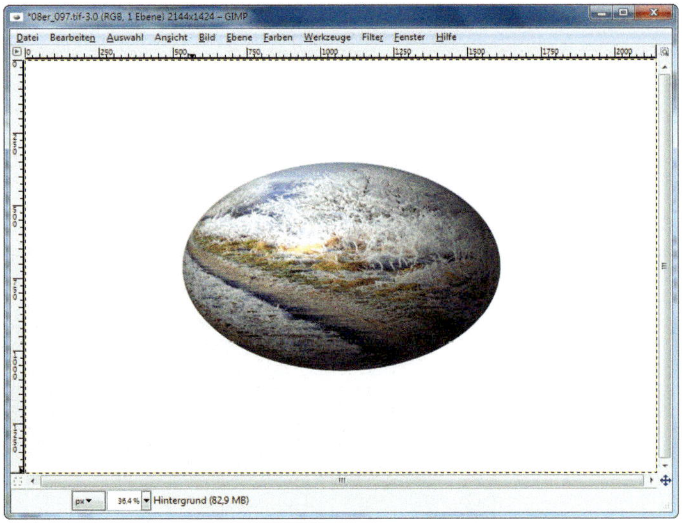

1 Öffnen Sie das Menü *Filter/Abbilden*.

2 Im Listenfeld *Abbilden auf* können Sie unter anderem wählen, ob das Bild auf einen Quader, eine Kugel oder einen Zylinder projiziert werden soll.

3 Bei der *Kugel*-Option entsteht dieses Ergebnis.

Im *Abbilden*-Menü sind zehn Funktionen untergebracht, mit denen Sie dreidimensional wirkende Ergebnisse erzielen können. Einige der Funktionen bieten sehr viele Optionen an, um den Effekt den eigenen Bedürfnissen anzupassen.

WISSEN

4

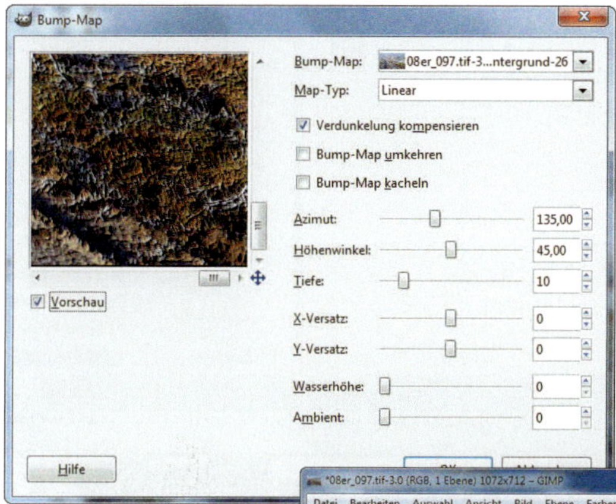

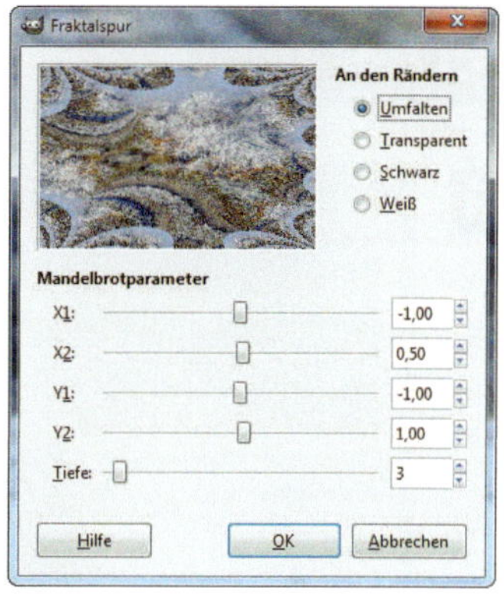

6

5

4 Der Filter *Bump-Map* erzeugt einen dreidimensionalen Effekt im Bild – das Ergebnis wirkt wie ein Relief.

5 Die gezeigten Einstellungen führen zu diesem Ergebnis.

6 Der *Fraktalspur*-Filter erzeugt ein sehr stark verzerrtes Bild.

Ende

Die Ergebnisse des *Fraktalspur*-Filters lassen sich beispielsweise als Hintergrund für Texttableaus verwerten.

TIPP

Beim *Bump-Map*-Filter haben Sie die Möglichkeit, ein anderes geöffnetes Bild für die Prägung zu nutzen.

HINWEIS

Start

1

2

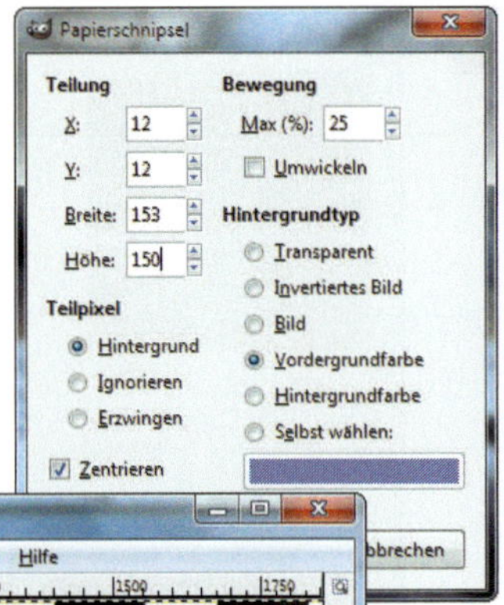

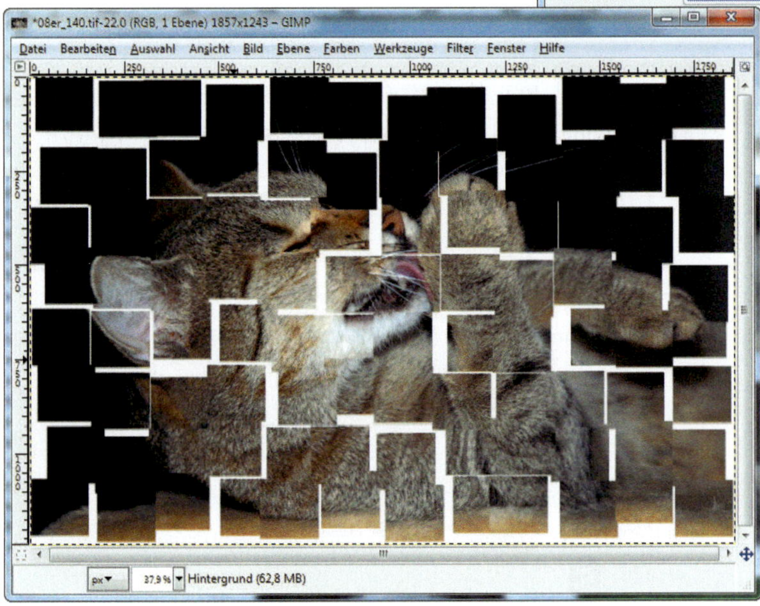

3

1 Der *Illusion*-Filter lässt das Bild wie ein Kaleidoskop erscheinen.

2 Testen Sie mit dem *Papierschnipsel*-Filter einmal die abgebildeten Einstellungen.

3 Damit erhalten Sie dieses Bild.

Die Kachelfilter im *Abbilden*-Menü sind unter anderem für das Webdesign nützlich. So können Sie Bilder so verändern, dass sie kachelbar sind oder nahtlos aneinanderstoßen können.

WISSEN

4

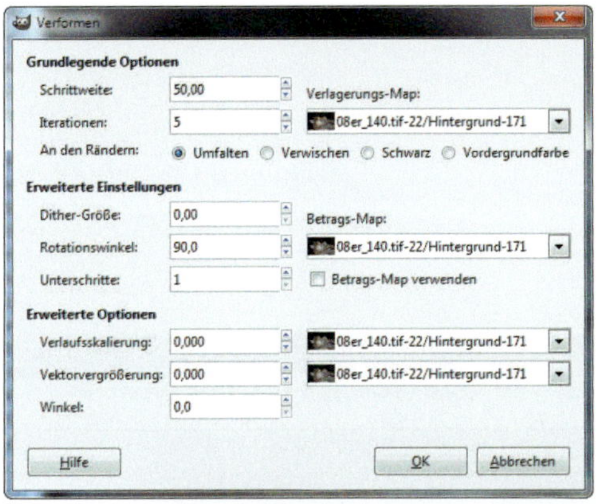

5

6

4 Der *Verformen*-Filter ist recht komplex. Hier werden die Helligkeitswerte des Bildes zum Verformen genutzt.

5 So entstand mit den gezeigten Werten dieses Ergebnis.

6 Der *Verschieben*-Filter kann genutzt werden, um ein sehr abstraktes Bild zu erhalten, das ebenfalls verformt erscheint.

Ende

TIPP

Wenn Sie andere Bilder zum Verformen einsetzen wollen, müssen diese dieselbe Größe wie das Ausgangsbild aufweisen.

HINWEIS

Beim *Verformen-* und beim *Verschieben*-Filter können Sie wahlweise das Ausgangs- oder ein anderes geöffnetes Bild zur Verformung nutzen.

Start

1

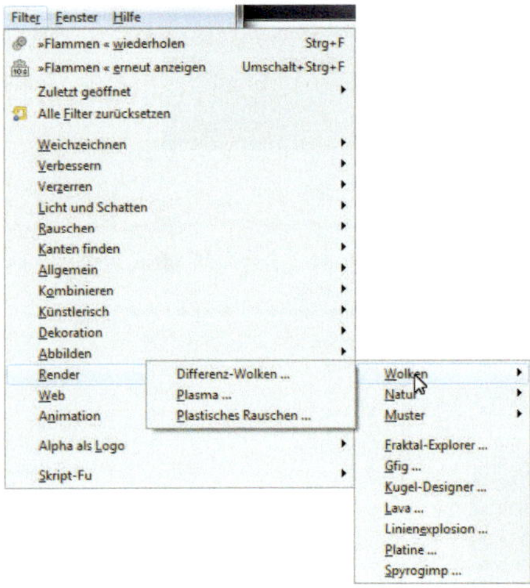

2

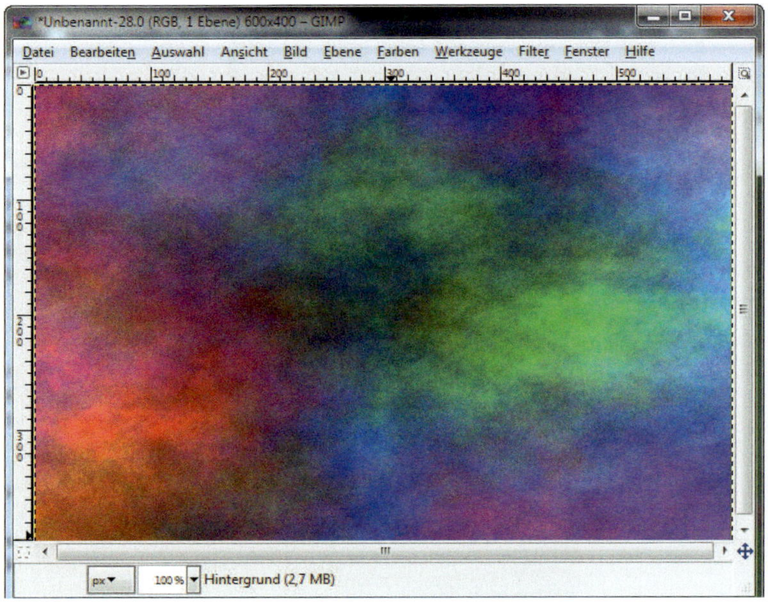

1 Das Menü *Filter/Render* ist prall gefüllt mit Funktionen, die in weiteren Untermenüs bereitgestellt werden.

2 Der Filter *Wolken/Plasma* erzeugte mit den Standardwerten dieses farbige Ergebnis.

Die meisten Funktionen im *Render*-Menü verändern nicht die Daten eines bestehenden Bildes, sondern erzeugen ein neues Bild. So können Sie auch ein neues, leeres Dokument einsetzen.

WISSEN

3

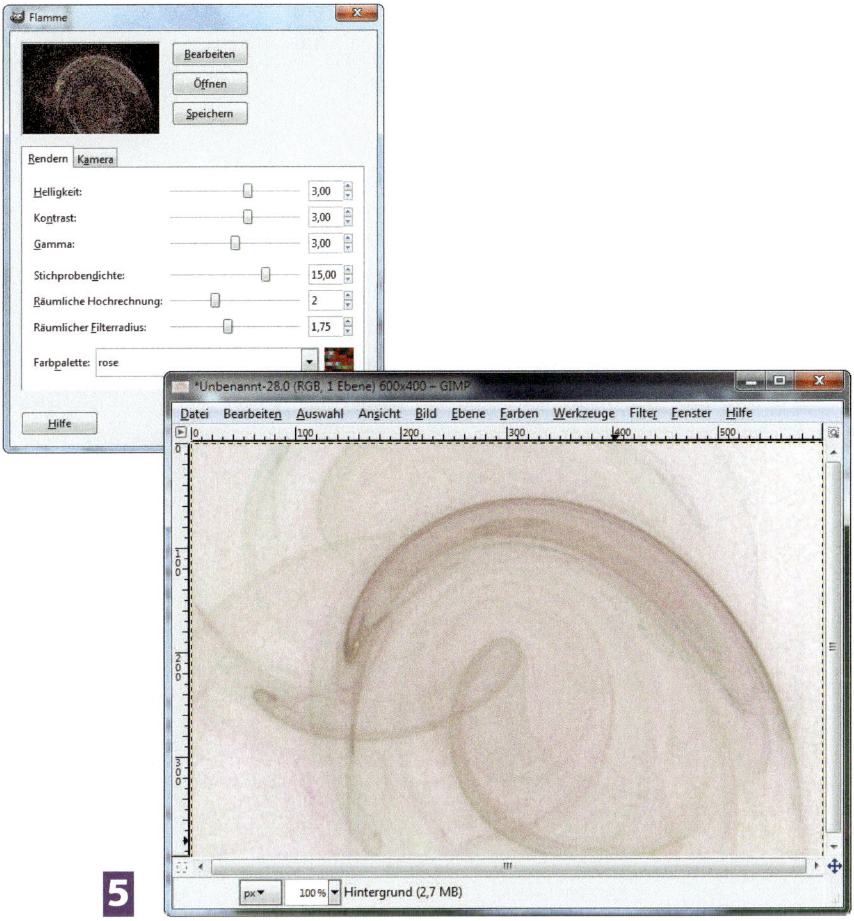

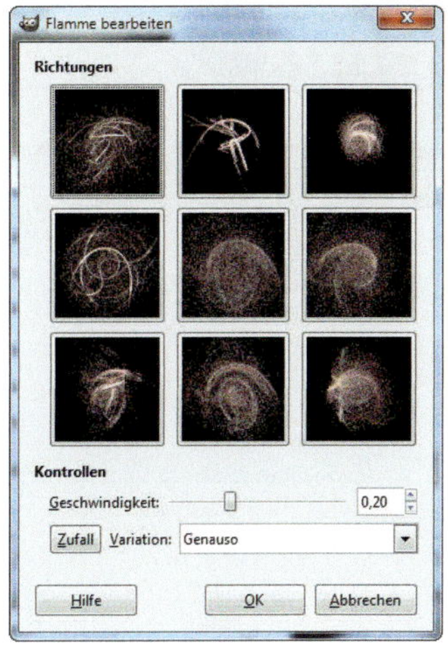

4

5

3 Der *Flammen*-Filter bietet ebenfalls sehr viele Optionen an. Am besten arbeiten Sie hier mit einem kleinen Bild.

4 Mit der *Bearbeiten*-Schaltfläche öffnen Sie dieses Dialogfeld, in dem weitere Einstellungen vorgenommen werden können.

5 Nach einer „Flamme" sieht das Ergebnis zwar nicht aus, aber es wirkt interessant.

Ende

Die Ergebnisse der *Render*-Filter können Sie zum Beispiel als Hintergründe für Grafiken einsetzen.

TIPP

Der Filter *IFS-Fraktal* bietet die Optionen in einem eigenen Arbeitsbereich an. Hier können Sie fraktale Muster erzeugen.

HINWEIS

1

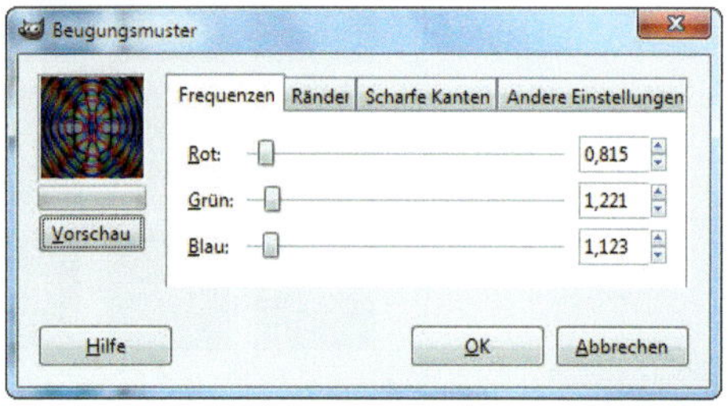

3

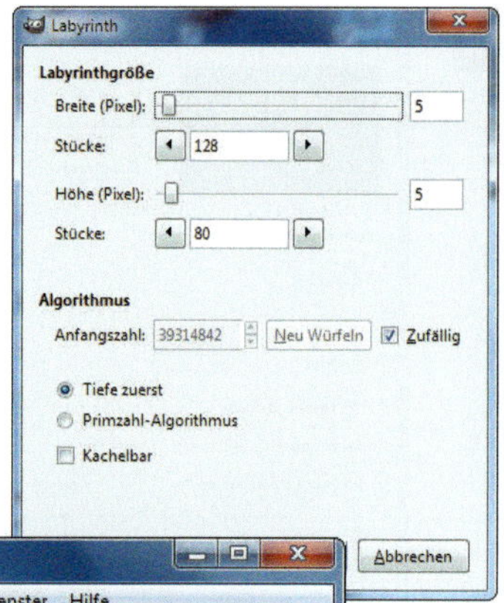

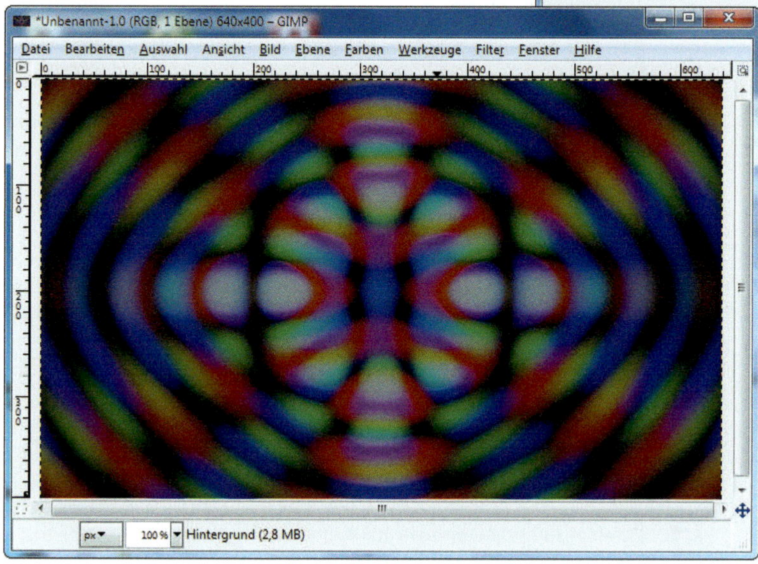

2

1 Wenn Sie bei der Funktion *Beugungsmuster* die abgebildeten Werte verwenden, ...

2 ... ergibt sich dieses farbenfrohe Ergebnis.

3 Mit der *Labyrinth*-Funktion und den gezeigten Einstellungen erhalten Sie ...

Im Untermenü *Filter/Rendern/Muster* sind acht Funktionen untergebracht, mit denen Sie verschiedenartige Muster erzeugen können, die sich beispielsweise als Hintergründe eignen. Sie können die Ergebnisse aber natürlich auch mit bestehenden Fotos kombinieren – zum Beispiel durch Anwenden der *Modus*-Funktion im *Ebenen*-Dialog.

WISSEN

4

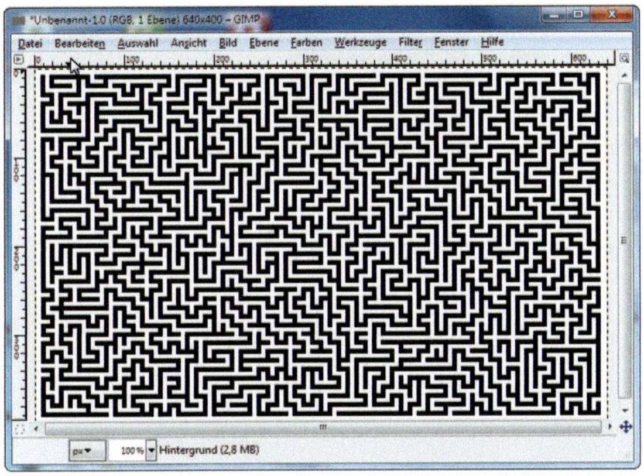

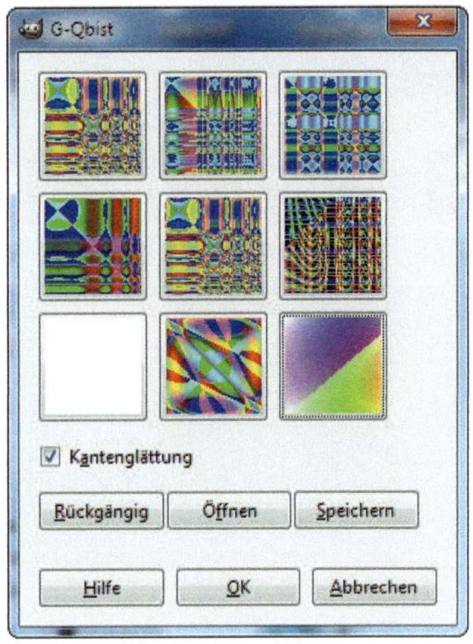

5

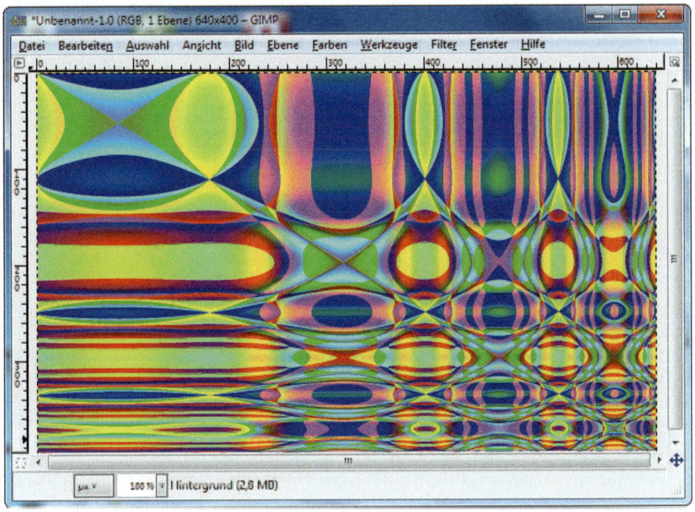

6

4 ... dieses Ergebnis. Die Farben sind davon abhängig, welche Vorder- und Hintergrundfarbe eingestellt wurde.

5 Im Dialogfeld der Funktion *G-Qbist* werden viele zufällige Muster angeboten. Klicken Sie auf eines der Vorschaubilder, um weitere Zufallsmuster zu generieren.

6 Die Ergebnisse dieses Filters sind sehr bunt.

Ende

Die Wirkung dieser Filter hängt auch von der Bildgröße ab. Die Beispiele entstanden mit einer leeren Datei und einer Bildgröße von 600 x 400 Pixeln.

Der *Puzzle*-Filter arbeitet mit den Bilddaten. So können Sie ein Foto in ein Puzzle umwandeln.

HINWEIS

HINWEIS

Start

1

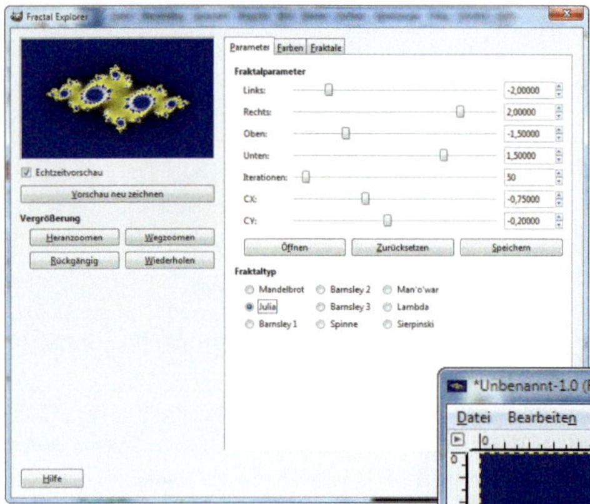

2

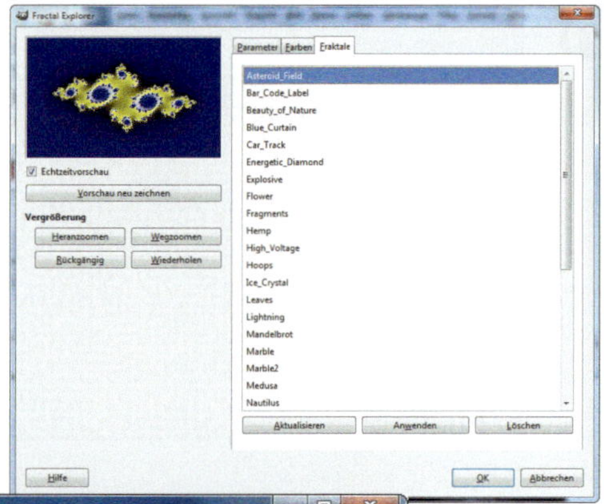

3

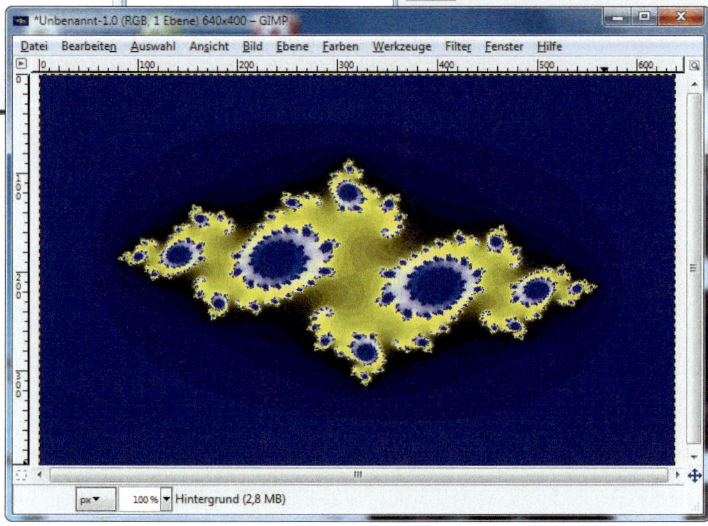

1 Die Funktion *Render/Fraktal-Explorer* bietet auf zwei Registerkarten unzählige ...

2 ... Optionen, um das Aussehen des fraktalen Musters anzupassen.

3 Hier sehen Sie ein mögliches Ergebnis.

Im Hauptmenü *Filter/Rendern* sind sieben Filter zu finden, die sehr viele Optionen bereitstellen und komplexe Ergebnisse erzeugen können.

WISSEN

4

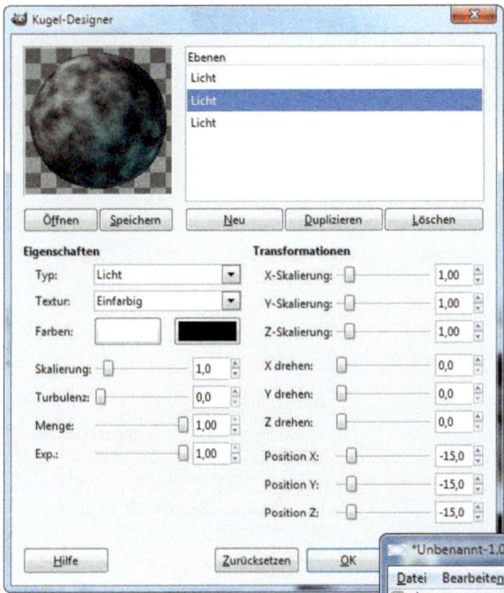

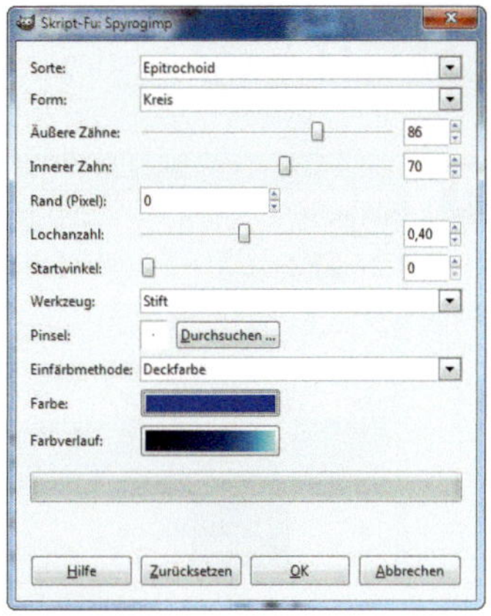

5

6

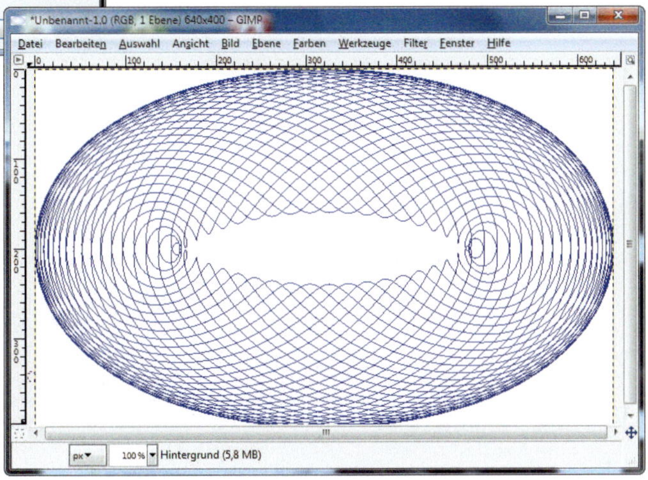

4 Setzen Sie den *Kugel-Designer* ein, um dreidimensional wirkende Kugeln zu erstellen.

5 Die Funktion *Spyrogimp* lässt sich nutzen, ...

6 ... um komplexe Linienmuster zu erzeugen. Dazu werden die im Dialogfeld eingestellten Farben verwendet.

Ende

Das Erzeugen fraktaler Muster war seit der Einführung der Computergrafik ein spannendes Thema – vielleicht sagt Ihnen die Bezeichnung „Apfelmännchen" ja noch etwas.

HINWEIS

Fraktal kommt aus dem Lateinischen (fractus = gebrochen) und wurde vom Mathematiker Benoît Mandelbrot für die fraktalen Muster geprägt.

FACHWORT

Start

1

2

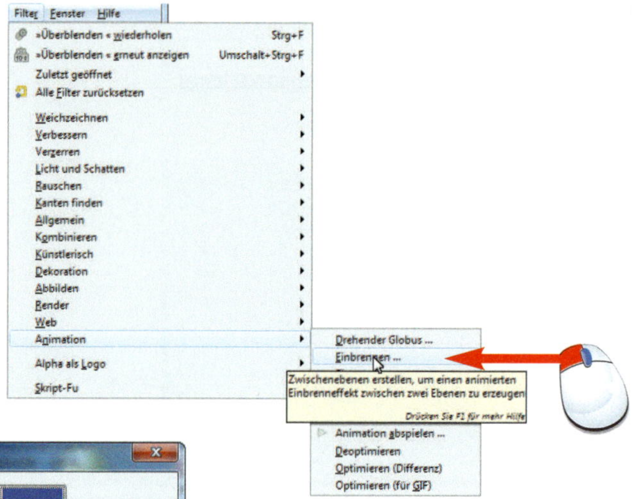

3

1 Da die *Animation*-Filter mit einer unterschiedlichen Anzahl an Ausgangsebenen arbeiten, müssen Sie prüfen, ob die bestehenden Ebenen reichen – im Beispiel sind es zwei.

2 Rufen Sie die Funktion *Filter/Animation/Einbrennen* auf, mit der die beiden Ebenen auf effektvolle Art und Weise ineinander überblendet werden.

3 Wir haben diese Einstellungen verwendet.

Animationen finden Sie oft auf Internetseiten in den Werbebannern. Sie können aber beispielsweise auch kleine Diaschauen mit dieser Möglichkeit zusammenstellen, wie wir an einem kleinen Beispiel demonstrieren wollen.

WISSEN

4

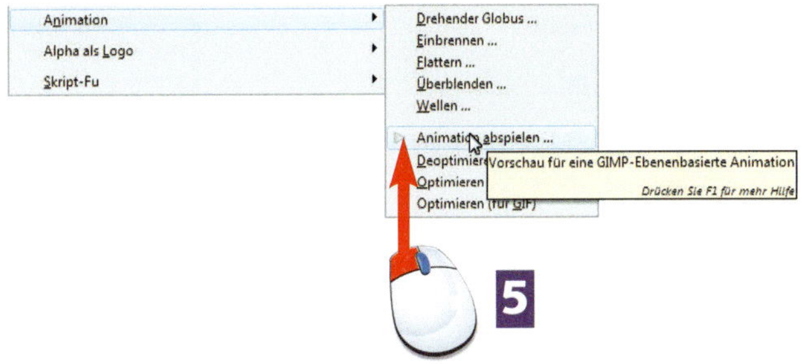

5

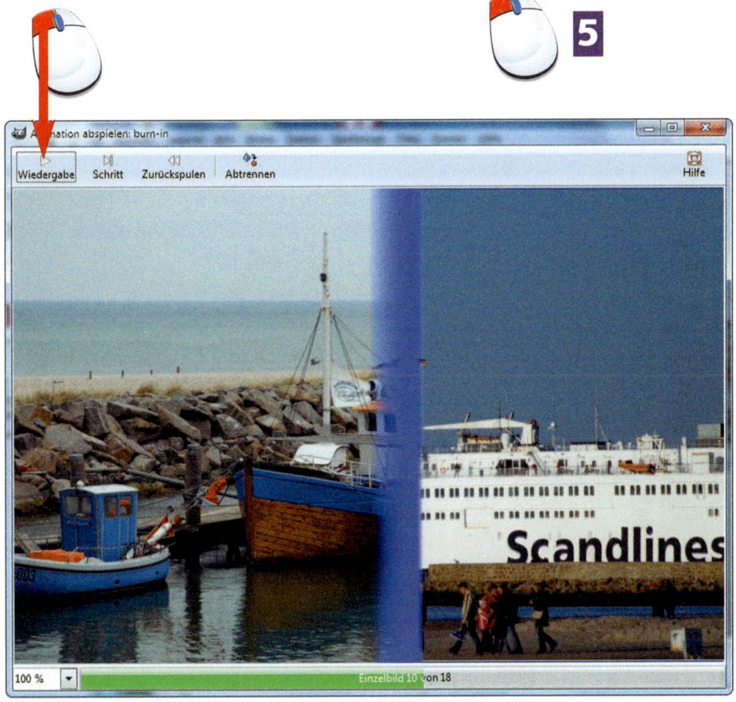

6

4 Nach dem Bestätigen erstellt Gimp die angegebene Zahl an Ebenen. Auf jeder Ebene ist eine leichte Veränderung zu sehen.

5 Um das Ergebnis betrachten zu können, rufen Sie die Funktion *Filter/ Animation/Animation abspielen* auf.

6 Nach dem Drücken der *Wiedergabe*-Schaltfläche wird die Animation in einem eigenen Fenster angezeigt.

Mit der *Abtrennen*-Schaltfläche wird das Filmbild vom Dialogfeld abgekoppelt und kann frei auf dem Bildschirm platziert werden.

HINWEIS

Sie könnten die Einzelbilder auch ansehen, indem Sie die Ebenen nacheinander ein- oder ausblenden – das ist aber sehr aufwendig.

HINWEIS

7

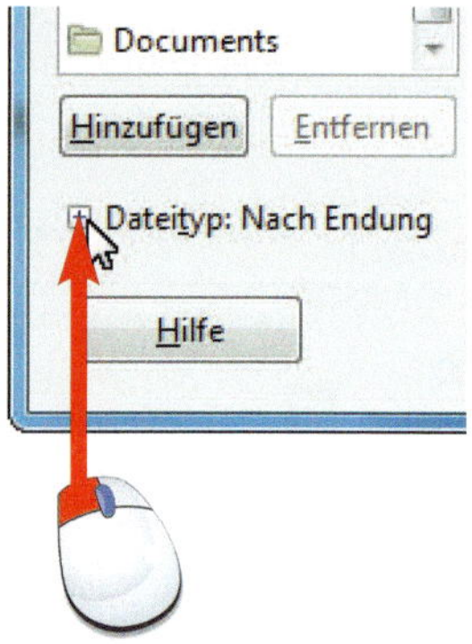

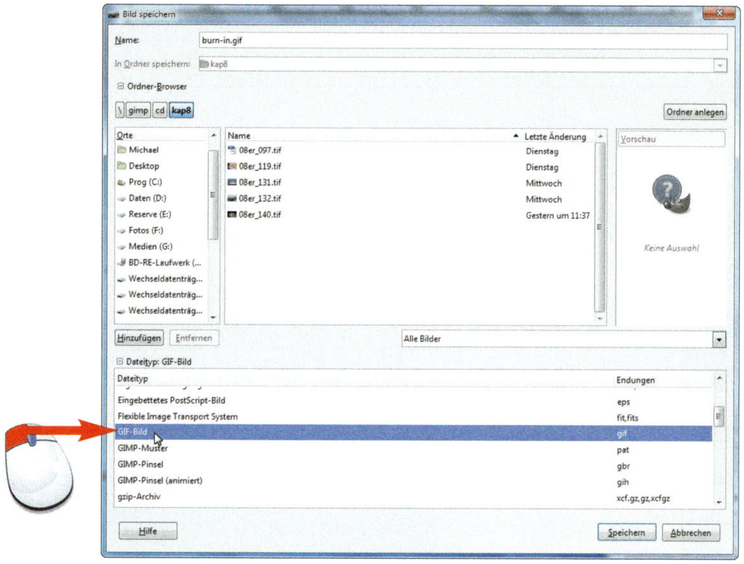

8

9

7 Rufen Sie die Funktion *Datei/Speichern* auf und erweitern Sie das Dialogfeld mit der *Dateityp*-Option.

8 Wählen Sie die Option *GIF-Bild* aus der Liste der verfügbaren Dateitypen aus.

9 Stellen Sie in dem Dialogfeld, das dann geöffnet wird, ein, dass das Ergebnis als Animation gesichert werden soll.

Da das GIF-Dateiformat nur mit 256 verschiedenen Farbnuancen arbeiten kann, eignet sich dieses Format beim Einsatz von Fotos nur eingeschränkt, weil die Bildqualität stark leidet. Je kleiner das Bild ist, umso weniger fällt dieses Manko auf.

WISSEN

10

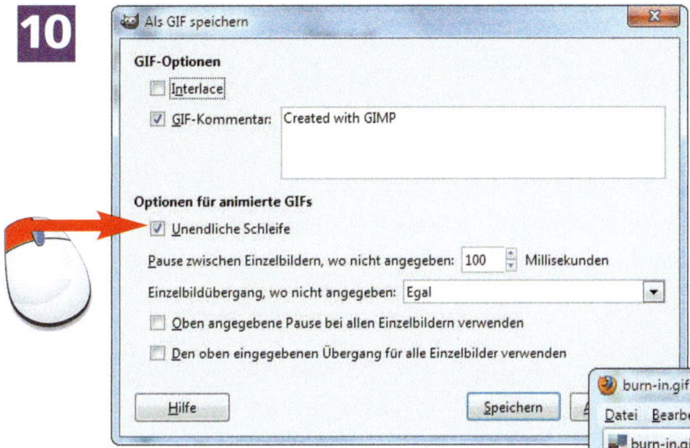

11

10 In den weiteren Optionen, die anschließend eingeblendet werden, legen Sie beispielsweise fest, ob die Animation am Ende wieder von vorne beginnen soll.

11 Das Ergebnis können Sie beispielsweise mit Ihrem Standard Webbrowser betrachten in unserem Beispiel haben wir Mozilla Firefox aufgerufen, um das Bild zu laden.

Ende

Auf die Filter, die Sie im Menü *Filter/Alpha als Logo* finden, gehen wir im nächsten Kapitel ein, da sie sich hauptsächlich auf Texte beziehen.

HINWEIS

Die verfügbaren *Animation*-Filter lohnen durchaus, dass man etwas mit ihnen herumexperimentiert. Es sind einige interessante Effekte dabei.

TIPP

9

Rund um Texte

Start

1

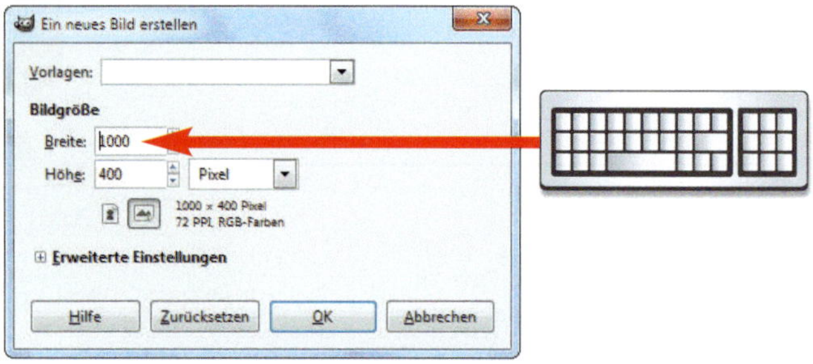

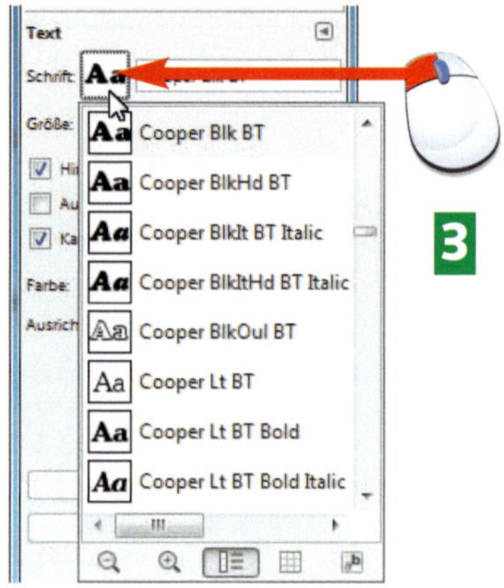

3

2

1 Erstellen Sie mit der Funktion *Datei/Neu* ein neues, leeres Dokument. Wir haben eine Größe von 1.000 x 400 Pixeln verwendet.

2 Rufen Sie aus dem *Werkzeugkasten* das *Text*-Werkzeug auf.

3 Öffnen Sie in den Werkzeugeinstellungen das *Schrift*-Listenfeld und suchen Sie sich einen Schrifttyp aus. Wir haben die Schrift *Cooper Blk BT* ausgesucht.

Texte lassen sich zur Beschriftung oder zum Verzieren von Bildern verwenden. Gimp bietet eine Menge verschiedener Optionen für die Textgestaltung an.

WISSEN

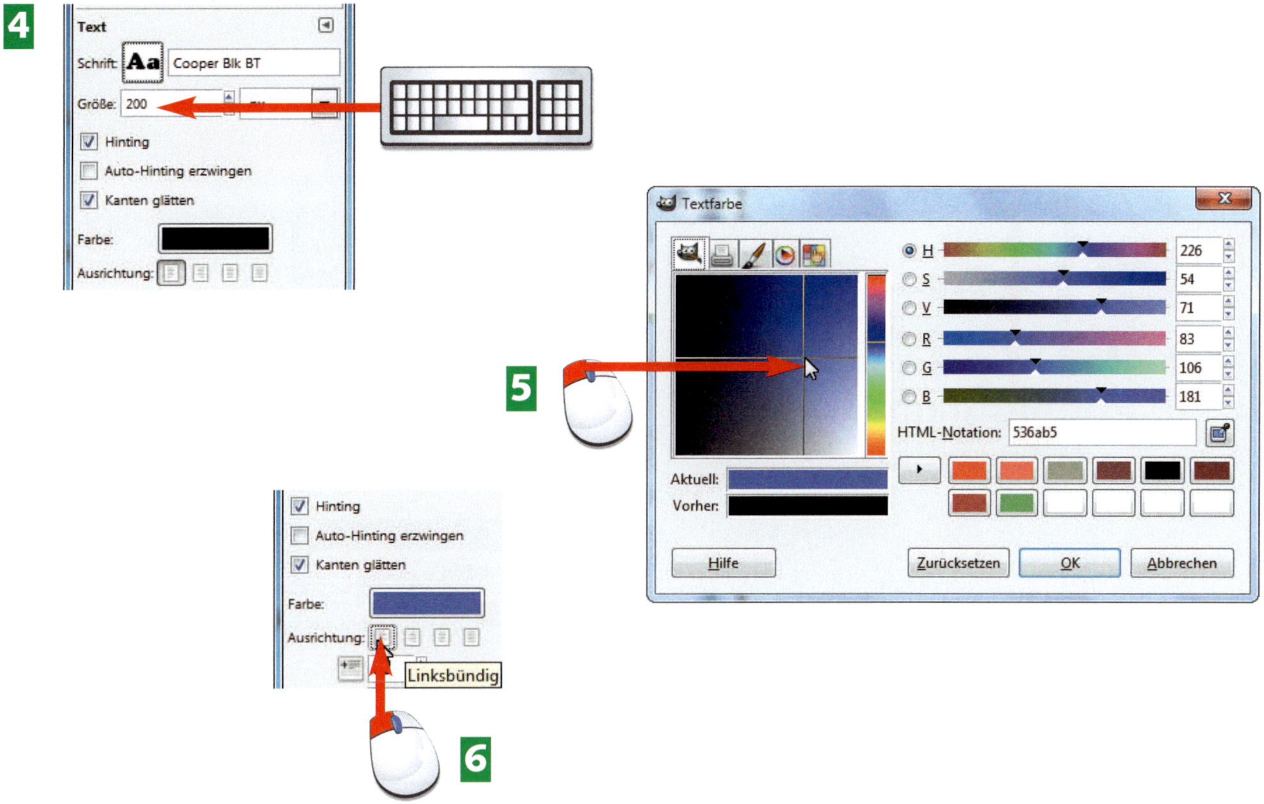

4 Tippen Sie den gewünschten Wert für die Schriftgröße in das Eingabefeld ein – in unserem Beispiel *200* Pixel.

5 Klicken Sie auf das Farbfeld. Damit öffnen Sie den Farbwähler. Klicken Sie in das Spektrum, um die Farbe auszuwählen.

6 Stellen Sie abschließend in den Werkzeugoptionen die Ausrichtung des Textes ein – zum Beispiel linksbündig.

Ende

HINWEIS

In der Schriftenliste sehen Sie rechts neben dem Schriftnamen ein Beispiel, wie die Schrift aussieht.

TIPP

Sie können Farben auch aus dem Bild aufnehmen. Klicken Sie dazu einfach nach dem Aufruf des Pipettensymbols rechts im Dialogfeld auf die betreffende Position im Bild.

HINWEIS

In dem schmalen Balken rechts neben dem Farbspektrum wird der Farbton ausgewählt.

Start

1

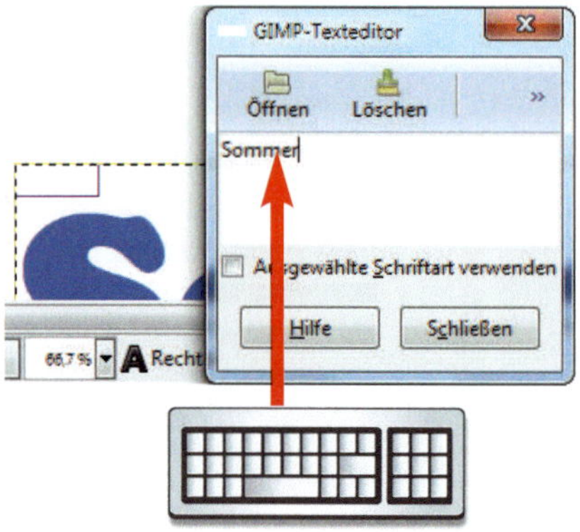

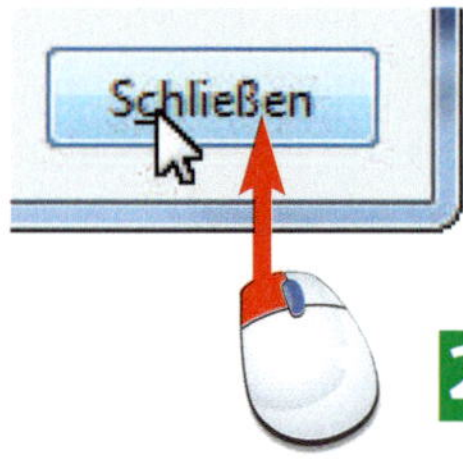

2

3

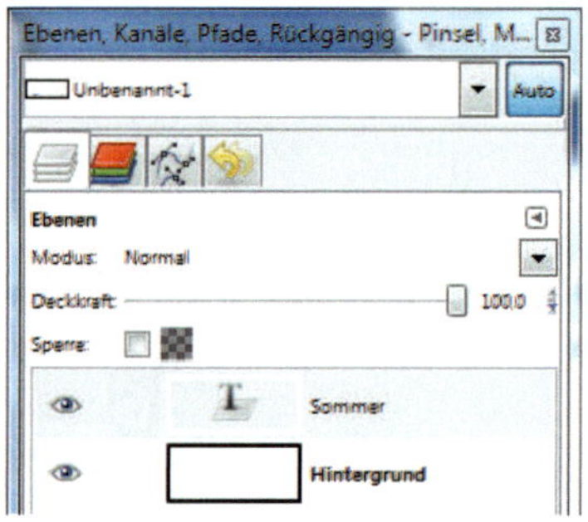

1 Klicken Sie auf die Position, an der der Text beginnen soll. Damit öffnen Sie den Texteditor. Tippen Sie den gewünschten Text ein.

2 Bestätigen Sie die Texteingabe mit der *Schließen*-Schaltfläche.

3 Gimp erstellt automatisch eine neue Ebene, wie ein Blick in den *Ebenen*-Dialog zeigt.

Prinzipiell ist es egal, ob Sie die Texteinstellungen vor oder nach dem Eintippen des Textes anpassen. Da Sie aber die Wirkung besser beurteilen können, wenn die Formatierungen zuerst vorgenommen werden, ist dies der bessere Weg.

WISSEN

4

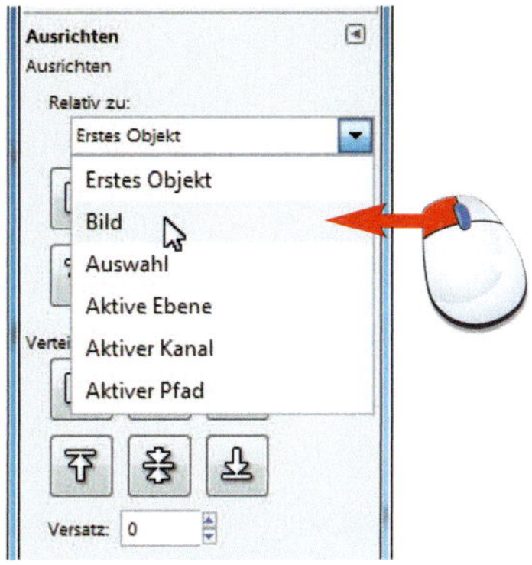

5

6

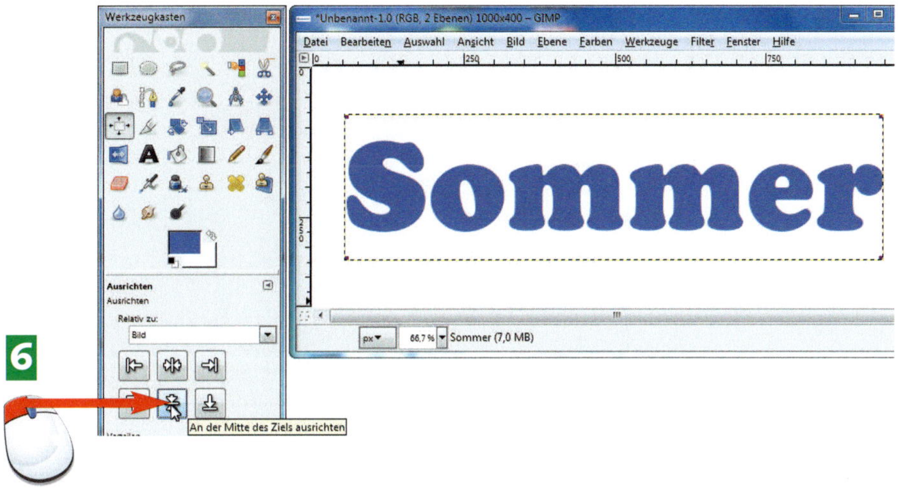

4 Rufen Sie das *Ausrichten*-Werkzeug aus dem Werkzeugkasten auf und klicken Sie auf das Textobjekt, damit in den Werkzeugeinstellungen die Optionen verfügbar werden.

5 Stellen Sie im Listenfeld *Relativ zu* die Option *Bild* ein, damit die Ausrichtung zum Dokument ausgeführt wird.

6 Richten Sie das Objekt nun vertikal und horizontal mittig aus.

Ende

Textebenen werden genauso wie alle anderen Ebenen transformiert. Klicken Sie innerhalb des Rahmens, um die Ebene zu verschieben.

HINWEIS

Auch nach dem Transformieren kann der Text weiterhin editiert werden. Rufen Sie dazu erneut das *Text*-Werkzeug auf.

HINWEIS

Start

1

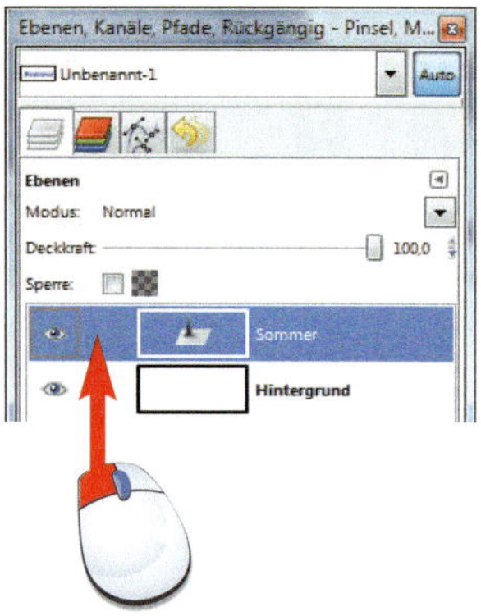

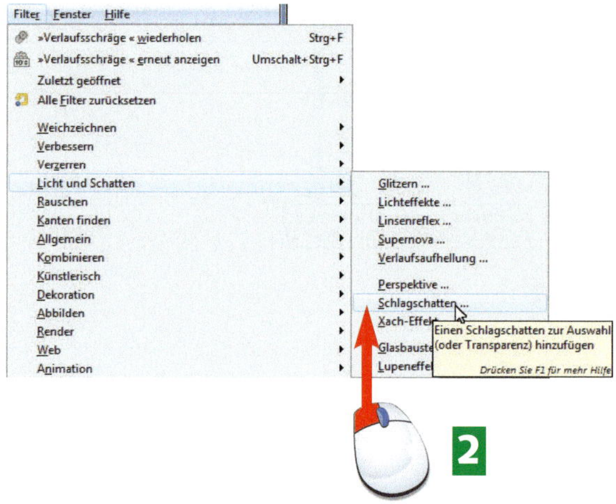

2

3

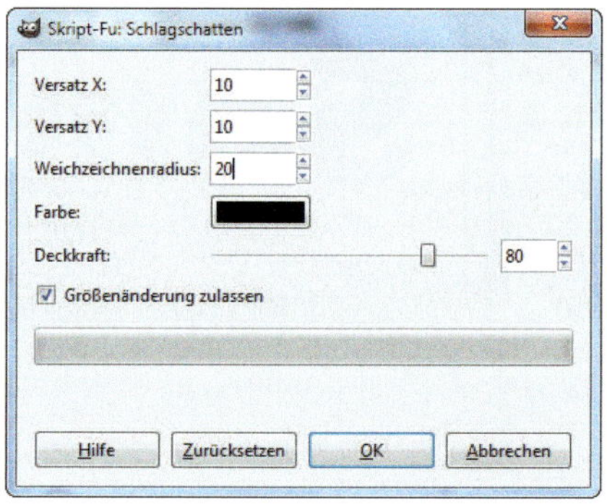

1 Achten Sie darauf, dass im *Ebenen*-Dialog die Textebene markiert ist.

2 Rufen Sie die Funktion *Filter/Licht und Schatten/Schlagschatten* auf.

3 Wir verwenden die abgebildeten Einstellungen.

Textebenen lassen sich im Wesentlichen wie ganz normale Ebenen weiterbearbeiten. So können Sie Effekte anwenden oder die Ebene mit den Transformations-Werkzeugen verändern.

WISSEN

4

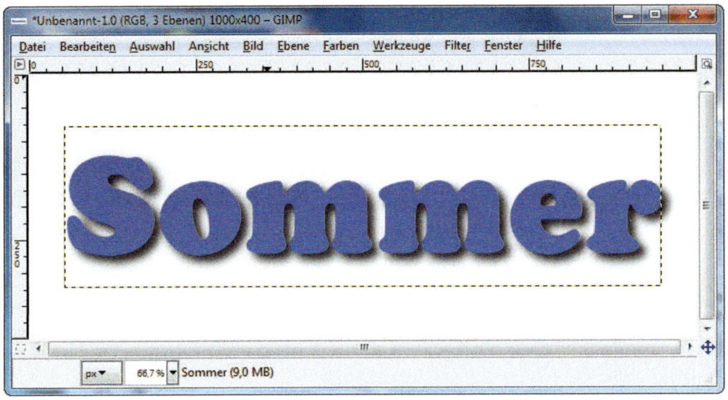

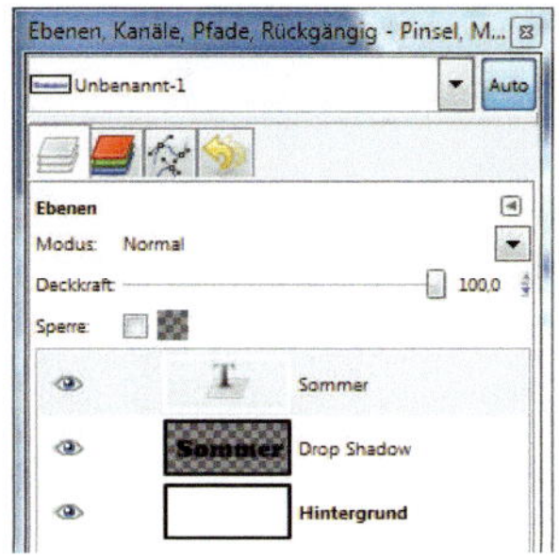

5

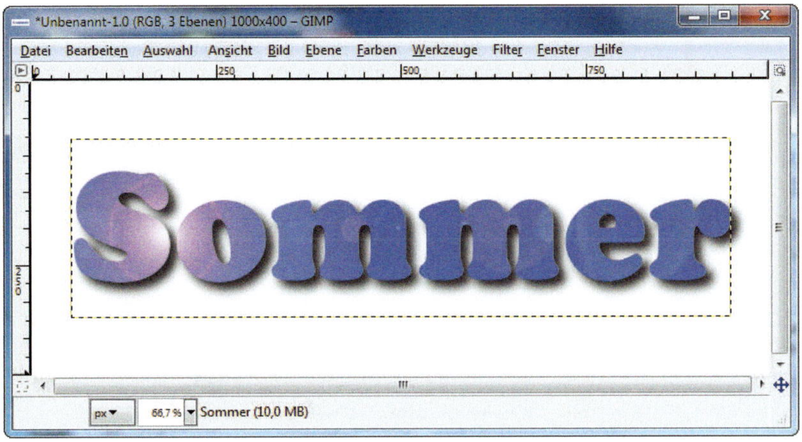

6

4 So entsteht dieses Stadium.

5 Gimp hat eine Schattenebene erstellt, die unter dem Schriftzug platziert wurde.

6 Hier wurde die Textebene markiert und zusätzlich der Filter *Licht und Schatten/Linsenreflex* mit den Standardeinstellungen angewendet.

Ende

Wird der Text nach dem Anwenden des Schlagschattens editiert, wird der Schlagschatten nicht automatisch angepasst. Löschen Sie die Schattenebene und rufen Sie den Schlagschatten erneut auf.

HINWEIS

Wenn Sie den *Linsenreflex* angewendet haben, bleibt die Textebene dennoch editierbar. Dabei geht der *Linsenreflex* allerdings verloren und muss daher erneut angewendet werden.

HINWEIS

Start

1

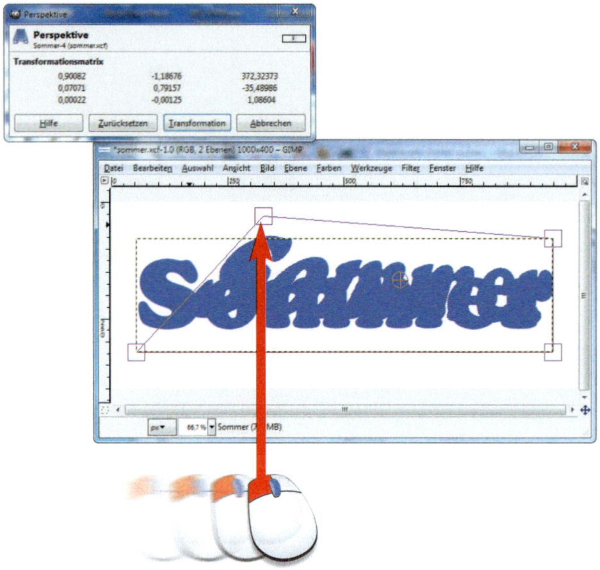

2

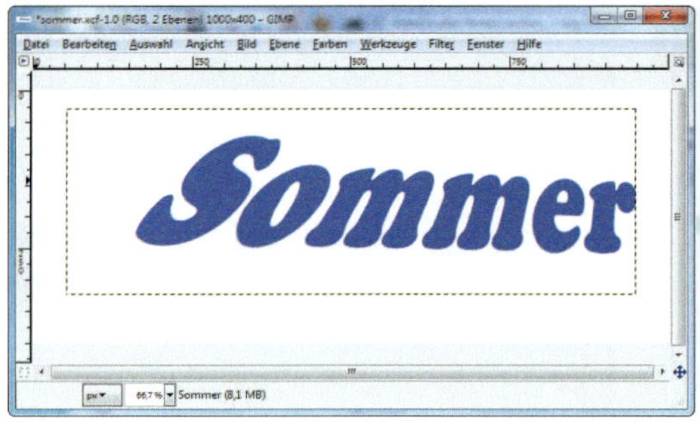

3

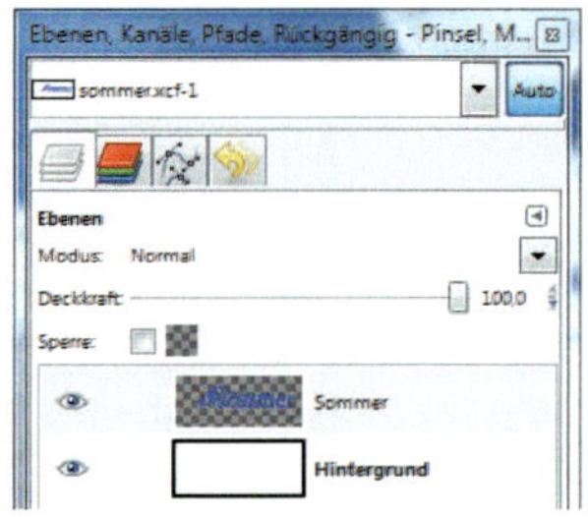

1 Sie können die Transformations-Werkzeuge nutzen, um die Textebene zu verändern, wie hier beispielsweise das *Perspektive*-Werkzeug.

2 Das Ergebnis erscheint normal, ...

3 ... ein Blick in den *Ebenen*-Dialog zeigt aber, dass es sich nunmehr um eine ganz normale Ebene handelt.

Zugegebenermaßen handelt es sich beim *Text*-Werkzeug nicht um das mächtigste Werkzeug von Gimp – hier haben andere Bildbearbeitungsprogramme weit mehr zu bieten. Dennoch gibt es einige erwähnenswerte Optionen.

WISSEN

4

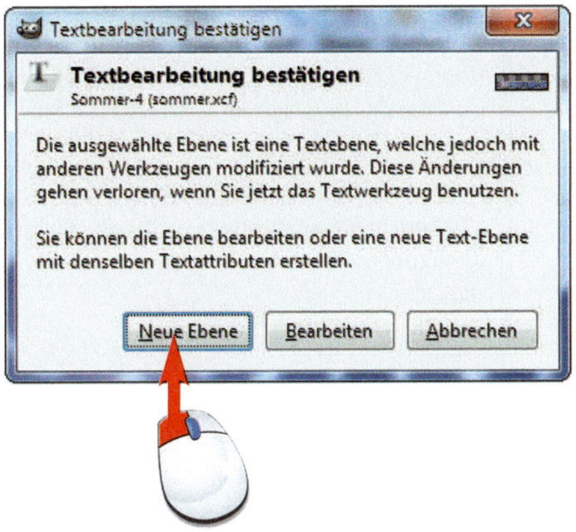

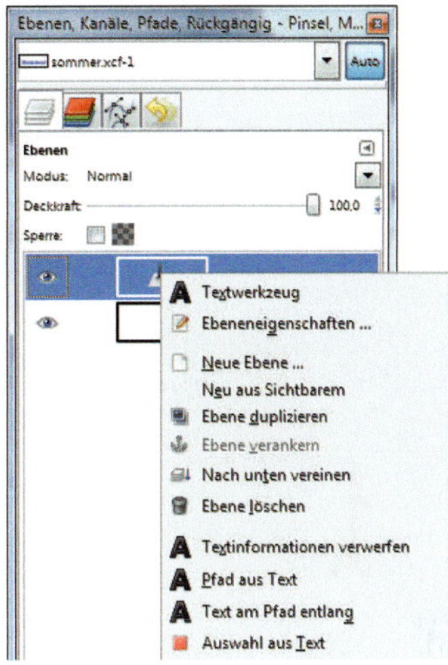

6

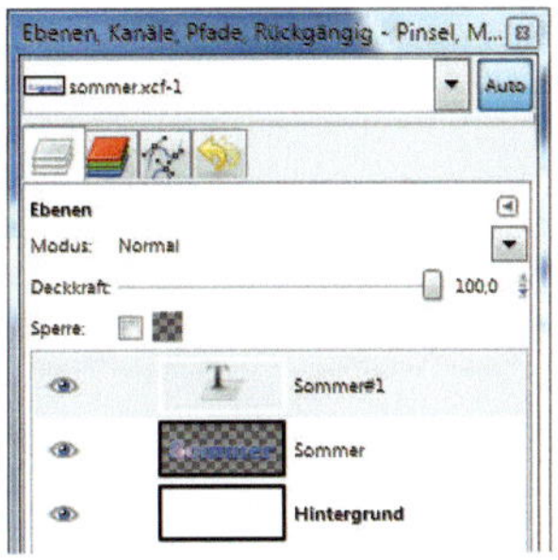

5

4 Wenn Sie eine so umgewandelte ehemalige Textebene im Bildfenster mit dem *Text-Werkzeug* anklicken, erscheint dieses Dialogfeld. Wählen Sie die Option *Neue Ebene*, ...

5 ... wird eine zusätzliche Textebene mit den Original-Schrifteinstellungen erstellt. Die umgewandelte Ebene ist nach wie vor vorhanden.

6 Im Kontextmenü von Textebenen finden Sie diverse Funktionen, wie etwa die Möglichkeit, aus Texten Pfade zu erstellen.

Ende

Pfade lassen sich nutzen, um Texte zu verformen. Dazu dient das *Pfade*-Werkzeug im *Werkzeugkasten*.

FACHWORT

Gimp bietet keine Möglichkeit, einzelne Buchstaben unterschiedlich zu formatieren. Sie müssten alternativ für jeden Buchstaben ein eigenes Textobjekt erstellen.

HINWEIS

Start

1

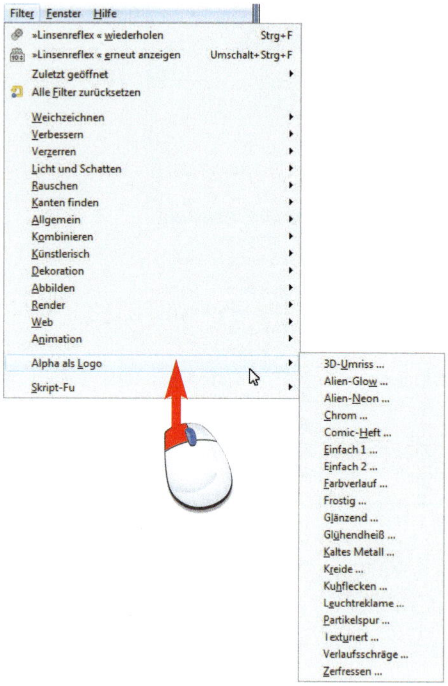

2

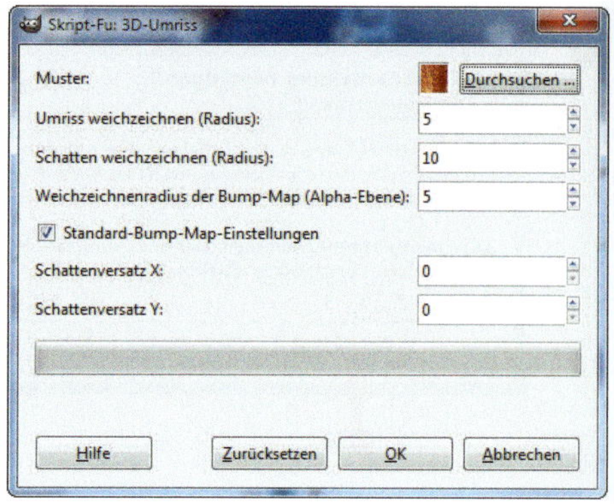

3

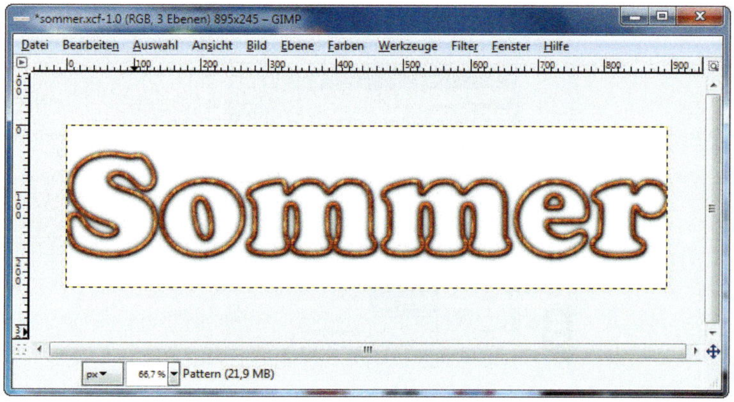

1 Öffnen Sie das Menü *Filter/Alpha als Logo*.

2 Beim Filter *3D-Umriss* haben wir diese Einstellungen verwendet, ...

3 ...was zu diesem Ergebnis führte.

Im Menü *Filter/Alpha als Logo* bietet Gimp 19 teilweise sehr aufwendige Filter an, die sich prima für Textebenen eignen. Das Herumexperimentieren lohnt sich!

WISSEN

4

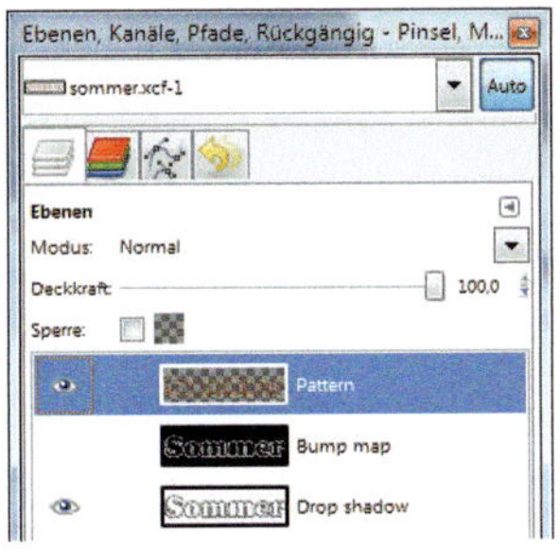

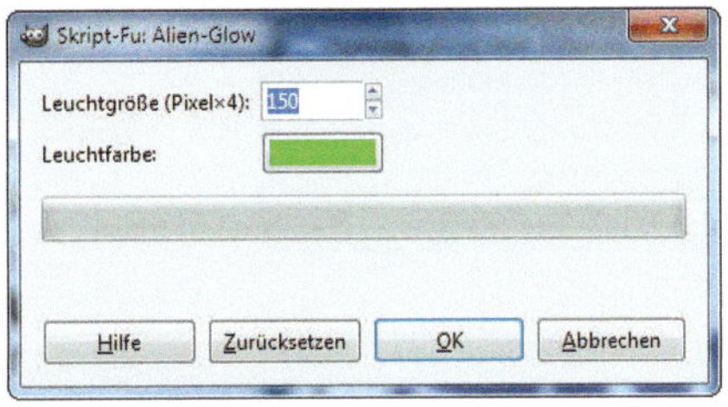

5

6

4 Ein Blick in den *Ebenen*-Dialog zeigt, dass das Ergebnis aus mehreren Ebenen besteht. Das ist üblich bei diesen Filtern.

5 Stellen Sie beim Effekt *Alien-Glow* beispielsweise diese Werte ein.

6 Damit entsteht dieses leuchtende Ergebnis.

Viele Effekte wirken am besten, wenn Sie einen kräftigen Schrifttyp verwenden – wie beim Beispiel die Schrift Cooper.

TIPP

Die Textebenen werden bei diesen Filtern in normale Ebenen umgewandelt. Daher ist der Text anschließend nicht mehr editierbar.

HINWEIS

7

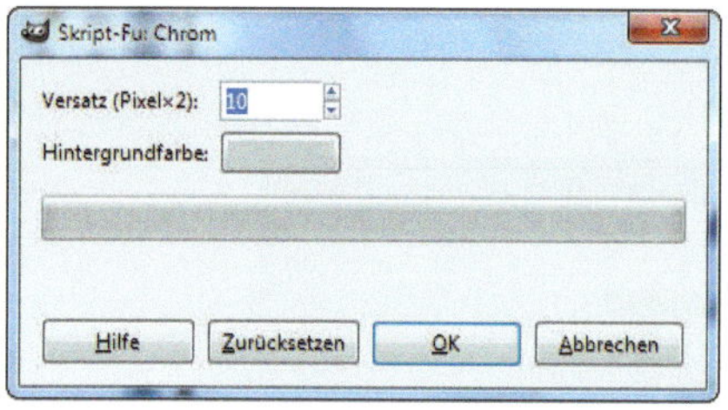

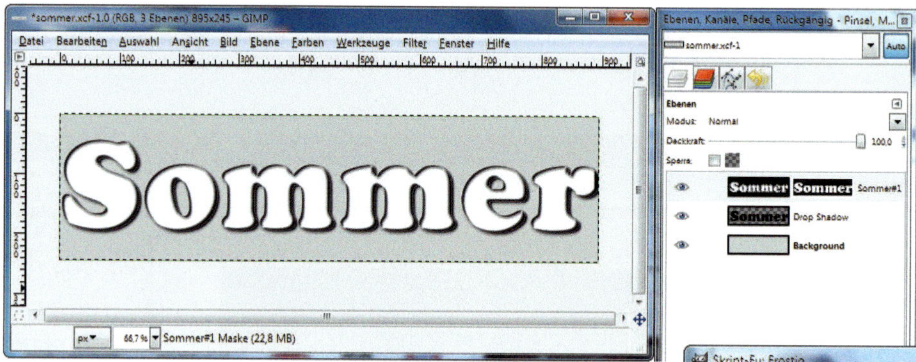

8

9

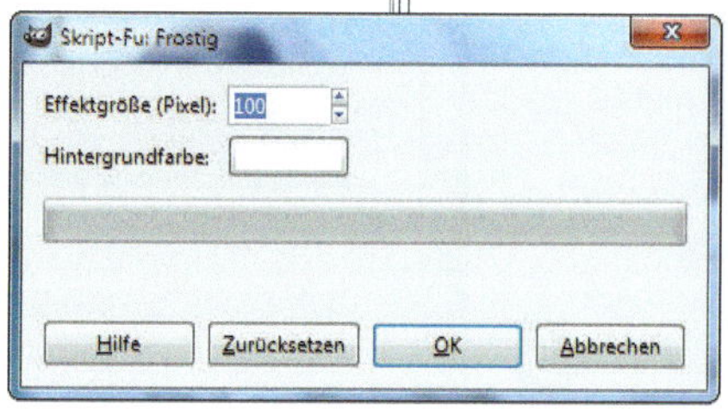

7 Beim *Chrom*-Filter haben wir diese Einstellungen genutzt.

8 Dabei entstand dieses Ergebnis, das aus drei Ebenen besteht.

9 Der *Frostig*-Filter erzeugt mit diesen Einstellungen ...

Das Berechnen einiger dieser Effekte dauert einen Moment – aber das Warten lohnt sich. Die Ergebnisse, die entstehen, sind teilweise sehr beeindruckend, wie die Beispiele hier belegen.

WISSEN

10

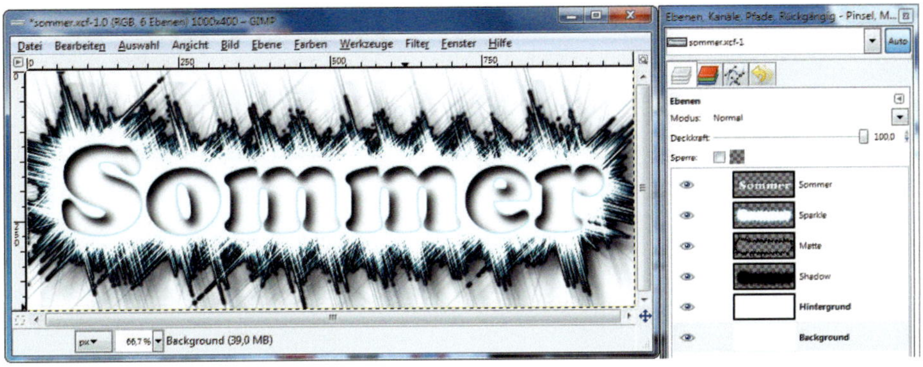

11

12

10 ... dieses Ergebnis, bei dem außer dem Hintergrund vier Ebenen entstanden sind.

11 Für den *Metall*-Filter haben wir diese Einstellungen eingestellt.

12 Dabei kam dieses Ergebnis heraus.

Ende

Falls Ihnen die Wirkung eines Effekts nicht sofort zusagt, rufen Sie die Funktion *Bearbeiten/Rückgängig* und anschließend *Filter/... erneut anzeigen* auf. Passen Sie dann die Werte an.

HINWEIS

Start

1

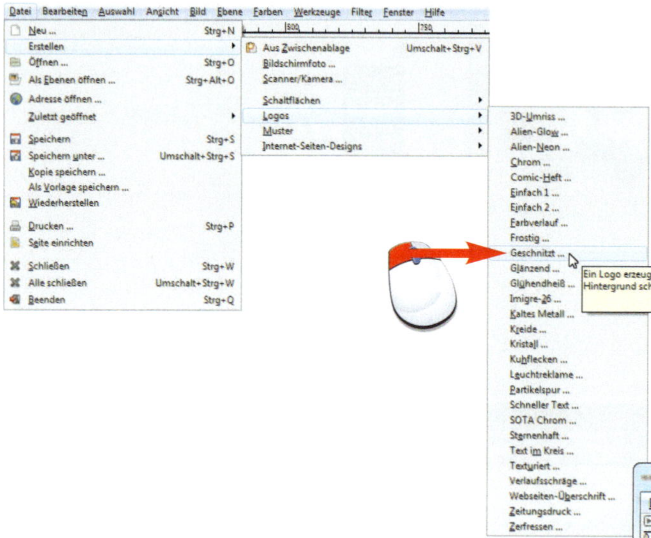

2

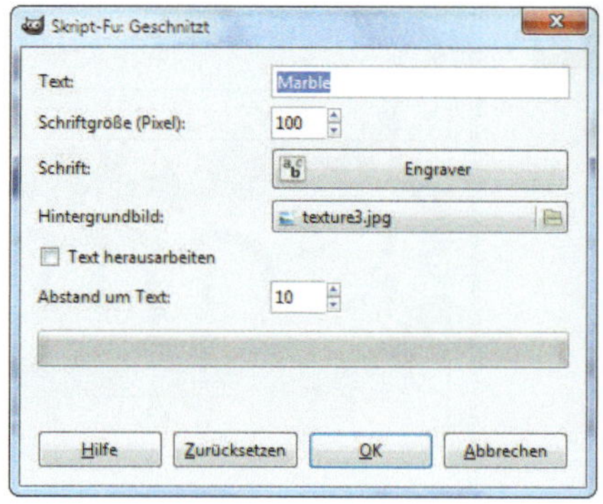

3

1 Rufen Sie die Funktion *Datei/Neu/Logos/Geschnitzt* auf.

2 Mit diesen Einstellungen ...

3 ... wird ein neues Dokument erstellt und ein effektvoller Schriftzug eingefügt.

Mit der Funktion *Datei/Neu/Logos* haben Sie die Möglichkeit, neue Dokumente zu erstellen, die einen Schriftzug enthalten. Viele Funktionen entsprechen dabei denen, die Sie im Menü *Filter/Alpha als Logo* finden – einige sind aber zusätzlich vorhanden, die nicht im *Filter*-Menü zu finden sind.

WISSEN

4

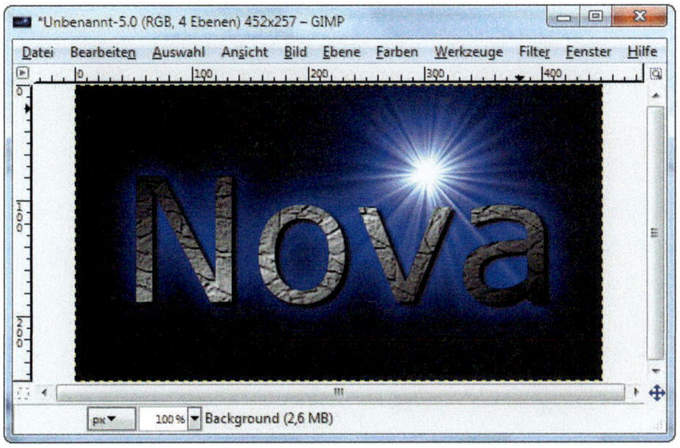

5

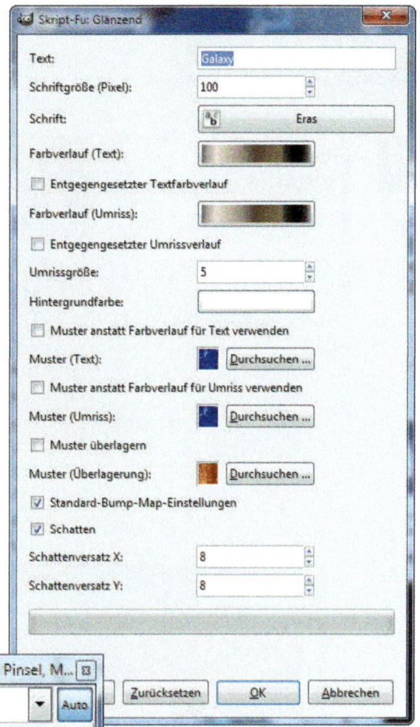

6

4 Der *Sternenhaft*-Filter erzeugt dieses Dokument.

5 Die *Glänzend*-Funktion bietet im Dialogfeld diverse Optionen an, ...

6 ... die zu diesem Ergebnis führen.

Ende

Viele der Filter arbeiten mit vielen Ebenen und auch Ebenenmasken. Werfen Sie einmal ein Blick in den *Ebenen*-Dialog, um zu verstehen, wie die Ergebnisse aufgebaut sind.

TIPP

Die Funktionen im Menü *Datei/Neu/Logos* bieten den Vorteil, dass Sie nicht extra eine Textebene erstellen müssen – dies erledigt Gimp automatisch.

HINWEIS

Start

1

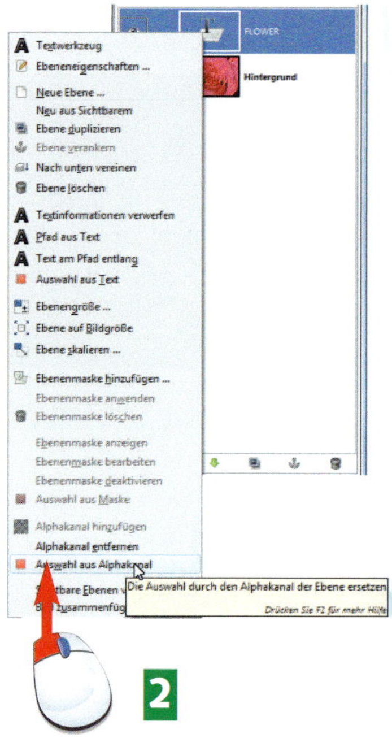

2

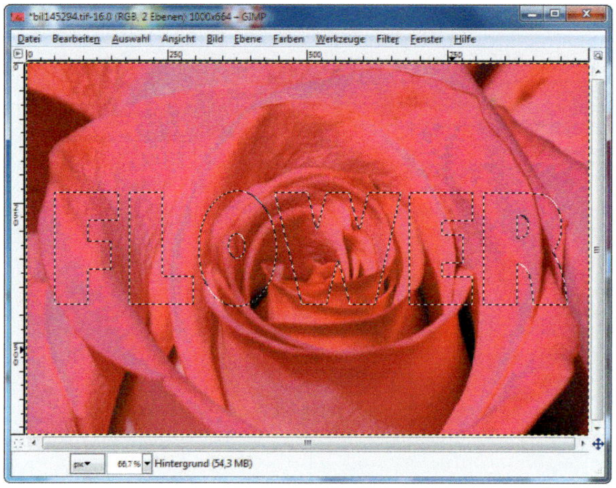

3

1 Öffnen Sie das Bild, das Sie für den Text verwenden wollen, und erstellen Sie eine Textebene. Unsere Einstellungen sehen Sie im Bild.

2 Markieren Sie im *Ebenen*-Dialog die Textebene und rufen Sie aus dem Kontextmenü die Funktion *Auswahl aus Alphakanal* auf.

3 Wenn Sie die Textebene ausblenden, erhalten Sie dieses Zwischenstadium.

Wenn Texte mit einem Foto gefüllt werden, wirken sie für viele Betrachter interessant. Welche Arbeitsschritte nötig sind, um ein solches Ergebnis zu erreichen, zeigen wir Ihnen in diesem Workshop.

WISSEN

4

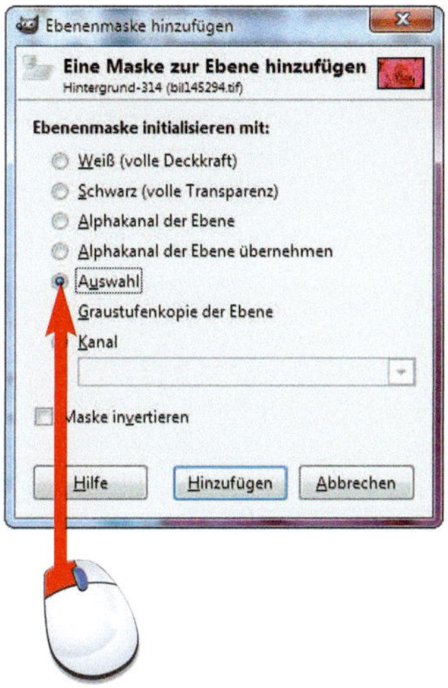

5

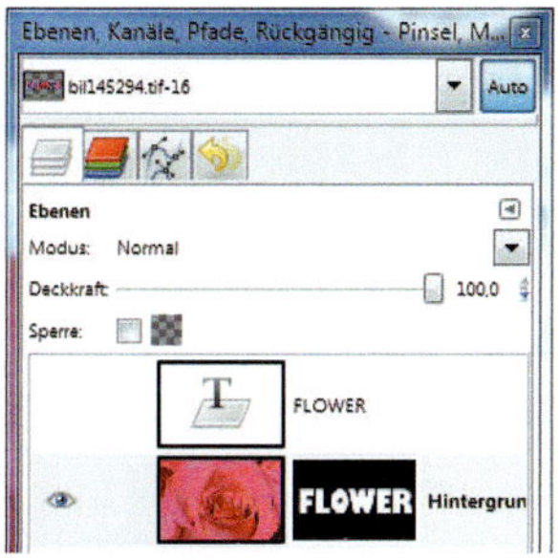

6

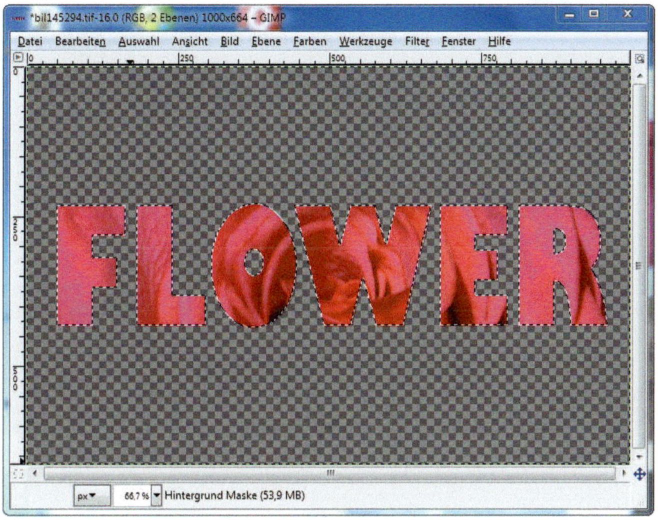

4 Markieren Sie die Hintergrundebene und rufen Sie aus dem Kontextmenü die Funktion *Ebenenmaske hinzufügen* auf. Aktivieren Sie die *Auswahl*-Option im Dialogfeld.

5 Im *Ebenen*-Dialog finden Sie dann die folgende Situation vor, ...

6 ... die zu diesem Zwischenergebnis führt. Alle Bereiche mit dem Karomuster sind nun transparent.

TIPP

Es ist wichtig, immer so flexibel wie möglich zu arbeiten. Daher wurde die Textebene nur ausgeblendet und außerdem mit einer Ebenenmaske gearbeitet.

HINWEIS

Anstatt mit einer Ebenenmaske zu arbeiten, könnten Sie die nicht mehr benötigten Bildteile löschen. Das Arbeiten mit Ebenenmasken ist aber effektiver.

7

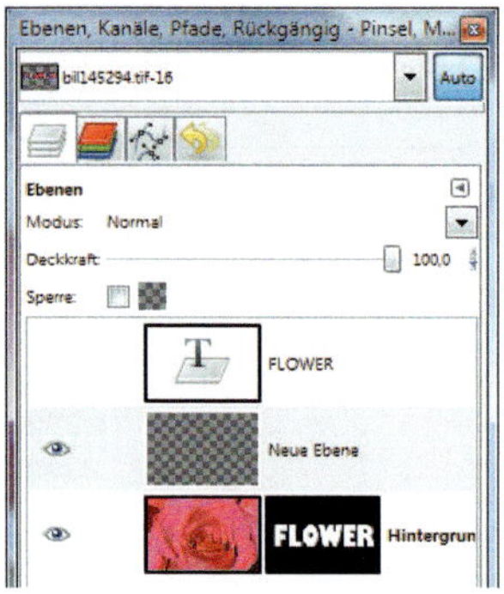

8

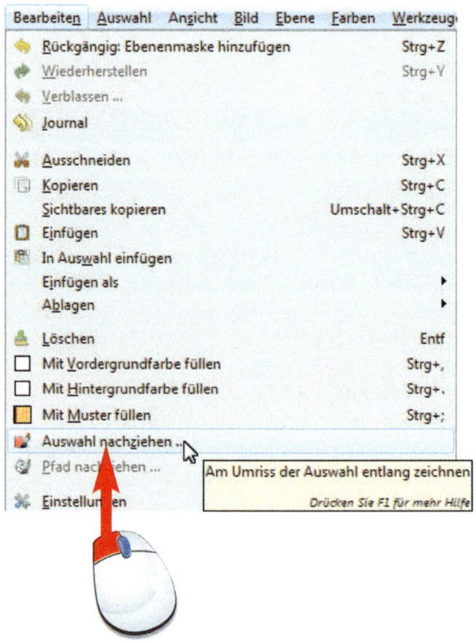

9

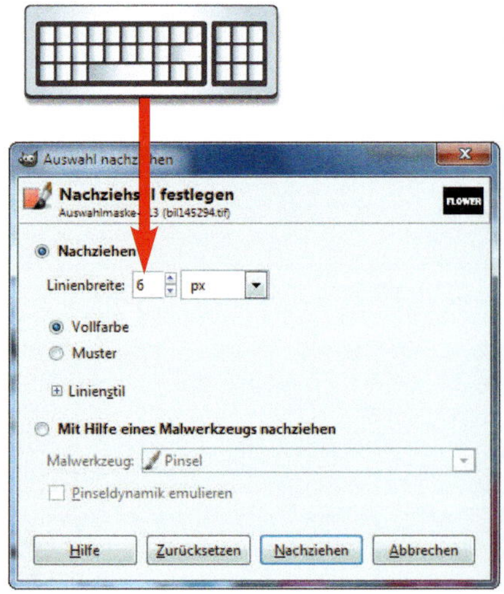

7 Erstellen Sie über dem Hintergrund eine neue, leere Ebene.

8 Stellen Sie als Vordergrundfarbe Weiß ein. Rufen Sie die Funktion *Bearbeiten/Auswahl nachziehen* auf.

9 Stellen Sie eine Linienbreite von 6 Pixeln ein.

Im zweiten Teil des Workshops soll das Ergebnis weiter bearbeitet werden, um noch attraktiver zu erscheinen.

WISSEN

10

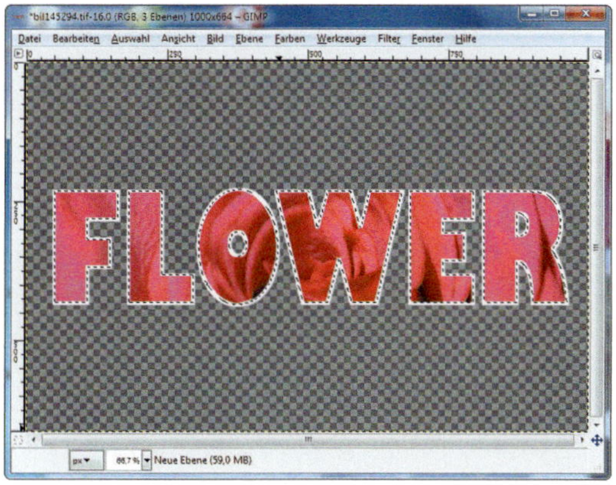

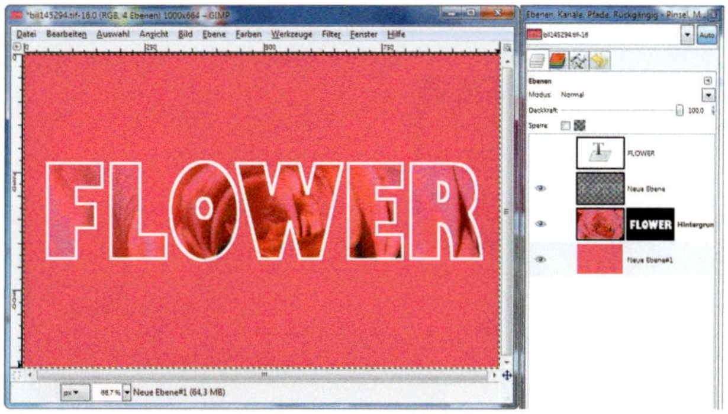

11

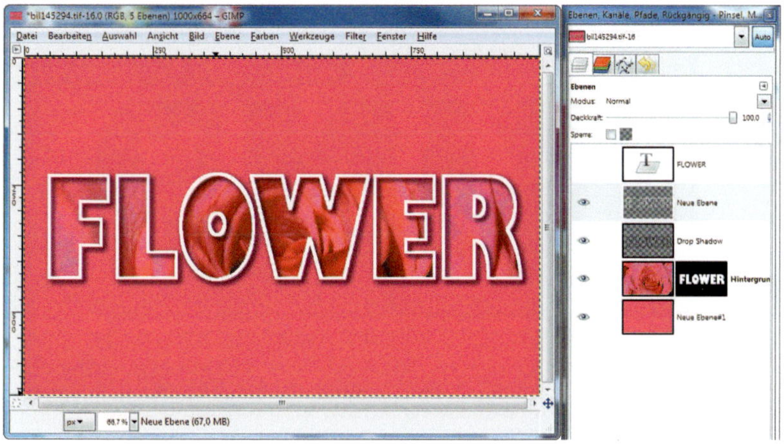

12

10 So entstand dieses Ergebnis.

11 Fügen Sie eine neue Ebene ein und platzieren Sie diese unter dem Hintergrund. Füllen Sie diese Ebene mit einer Farbe.

12 Zur weiteren Verfeinerung können Sie nun noch die Ebene mit der Schriftkontur mit einem schwachen Schlagschatten versehen.

Ende

Da Ebenen immer über der aktiven Ebene neu erstellt werden, müssen Sie die neue Hintergrundebene per Drag & Drop ganz nach unten ziehen.

HINWEIS

Wir haben die Hintergrundfarbe mit der Pipette des Farbwählers aus dem Foto aufgenommen, damit ein harmonisches Ergebnis entsteht.

HINWEIS

Start

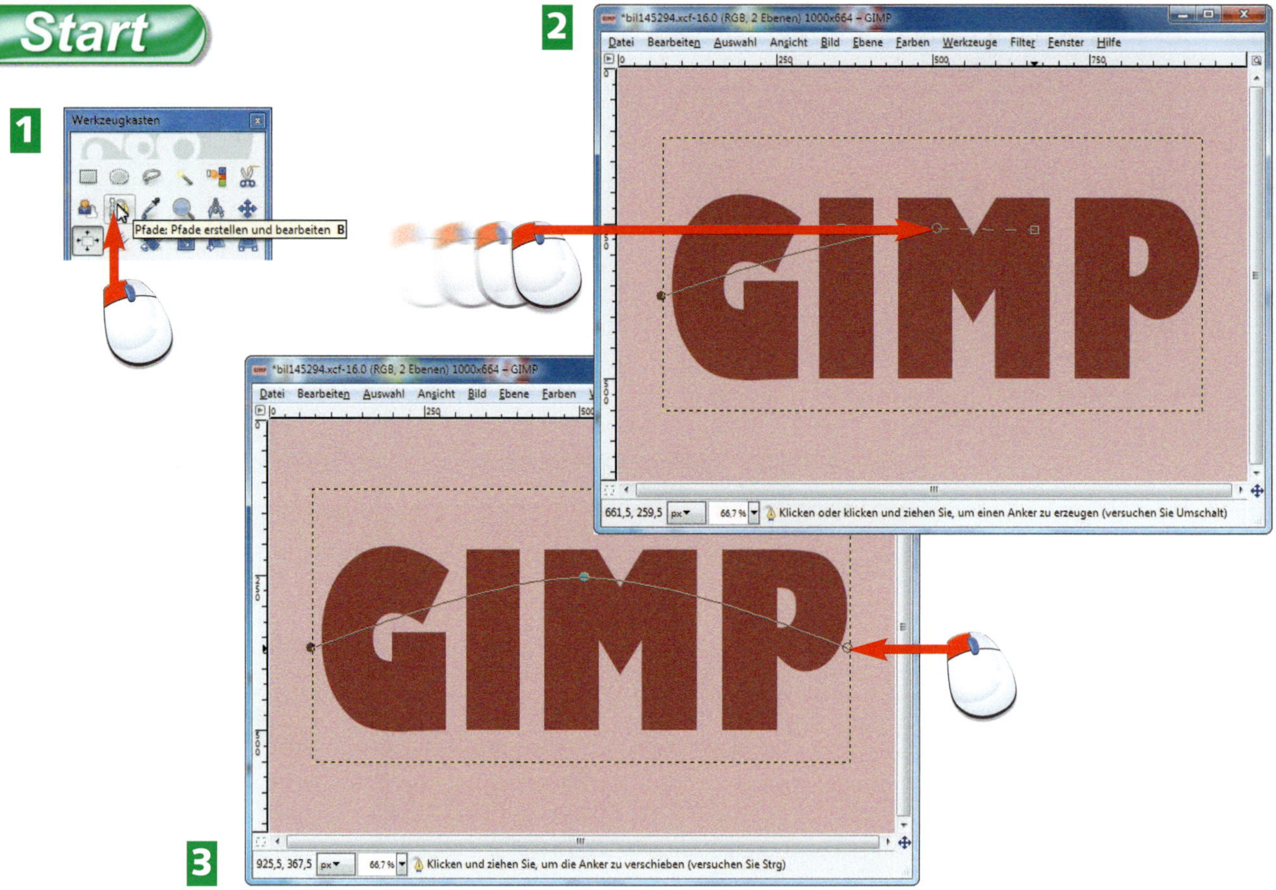

1. Rufen Sie das *Pfade*-Werkzeug aus dem *Werkzeugkasten* auf.
2. Klicken Sie dort, wo der Pfad beginnen soll. Wenn Sie den zweiten Punkt anklicken und die linke Maustaste gedrückt halten, können Sie eine Kurve formen.
3. Klicken Sie auf den Endpunkt.

Das *Pfade*-Werkzeug ist wichtig, wenn Sie beispielsweise nachträglich bestimmte Punkte verändern wollen. Im Gegensatz zu den Pixeln eines Fotos wird bei Pfaden mit Vektordaten gearbeitet.

WISSEN

4

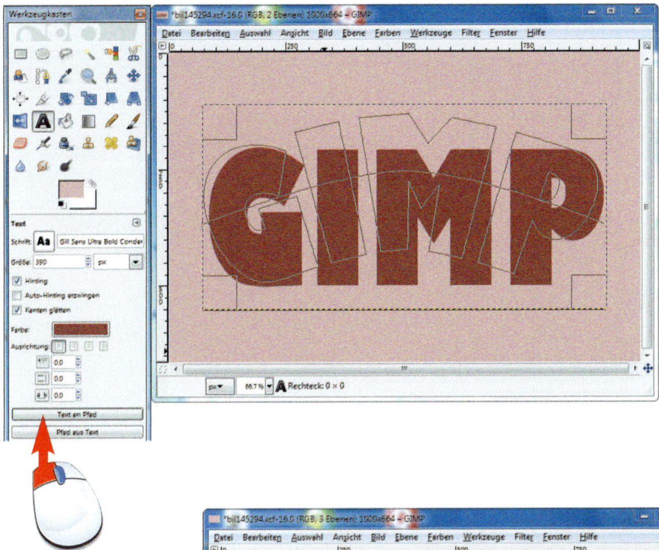

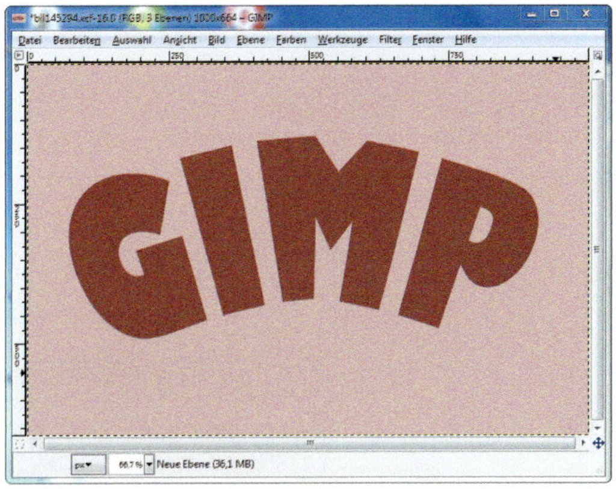

6

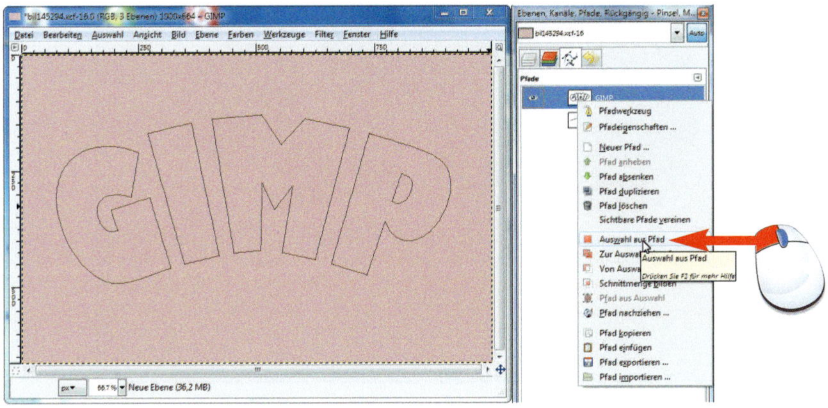

5

4 Rufen Sie das *Text*-Werkzeug auf und klicken Sie auf das Textobjekt. Stellen Sie dann in den Werkzeugeinstellungen die Option *Text an Pfad* ein.

5 Wechseln Sie zum *Pfade*-Dialog. Rufen Sie aus dem Kontextmenü die Funktion *Auswahl aus Pfad* auf.

6 Die Auswahl können Sie nun auf einer neuen Ebene beispielsweise füllen oder mit einer Kontur versehen.

Ende

FACHWORT

Bei **Vektordaten** werden die einzelnen Eigenschaften – wie etwa Höhe, Breite und Position – mathematisch definiert.

HINWEIS

Der verformte Text ist kein Textobjekt mehr und kann daher auch nicht editiert werden.

HINWEIS

Die ursprüngliche Textebene bleibt unverändert erhalten. Sie muss daher ausgeblendet oder gelöscht werden.

Start

1

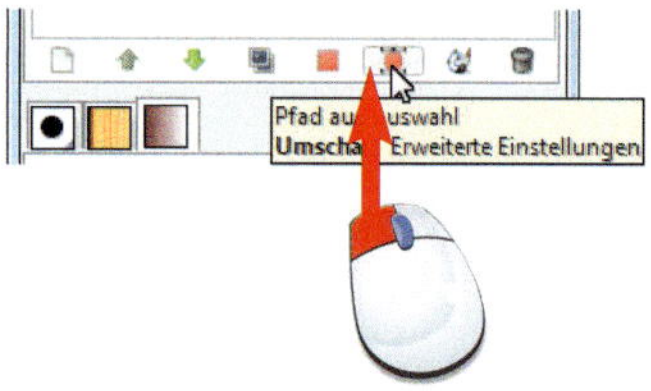

2

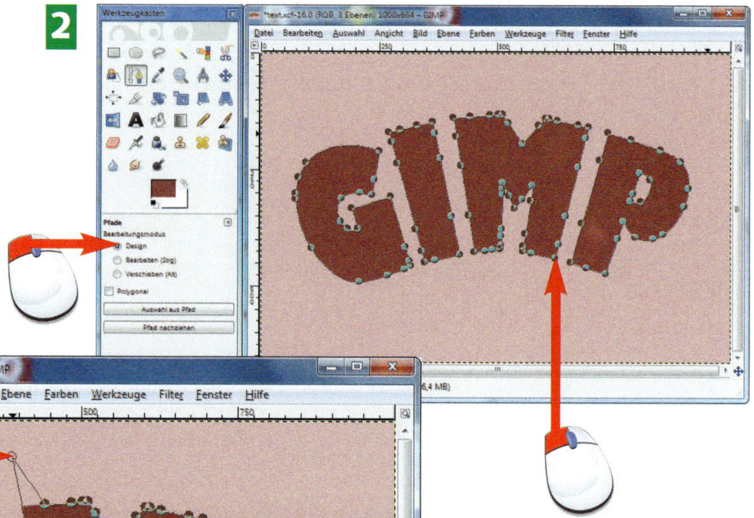

3

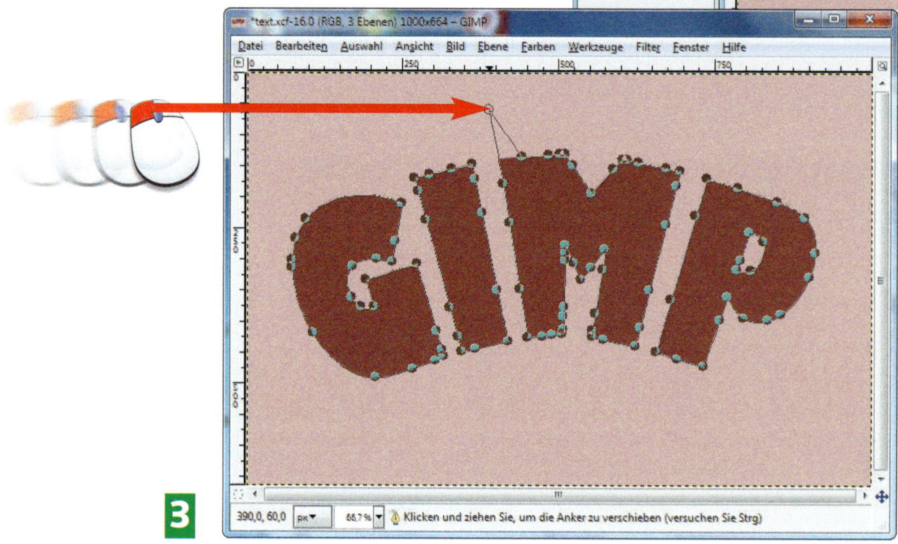

1 Laden Sie den zu bearbeitenden Schriftzug als Auswahl. Rufen Sie aus der Fußzeile des *Pfade*-Dialogs die Funktion *Pfad aus Auswahl* auf.

2 Klicken Sie mit dem *Pfade*-Werkzeug auf den Pfad, damit die Ankerpunkte angezeigt werden. Aktivieren Sie in den Werkzeugeinstellungen die *Design*-Option.

3 Verschieben Sie mit gedrückter linker Maustaste die Ankerpunkte auf neue Positionen.

Das *Pfade*-Werkzeug können Sie auch einsetzen, um Buchstaben zu verformen. So lassen sich effektvolle Schriftzüge erzeugen. Die Vorgehensweise ist dabei relativ einfach.

WISSEN

4

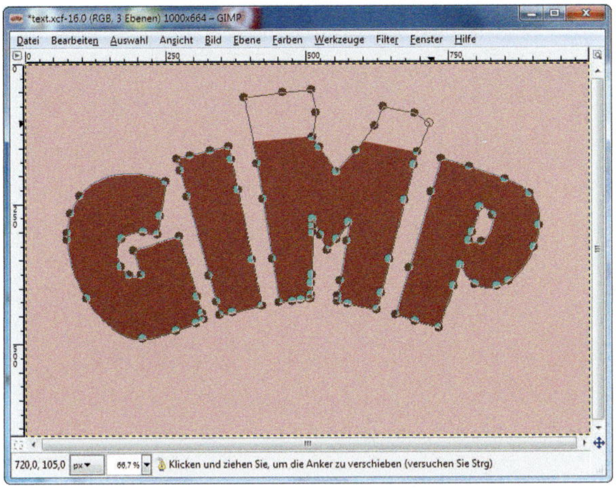

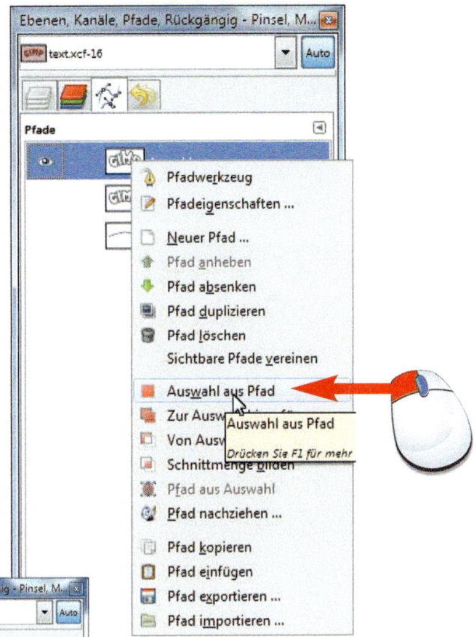

5

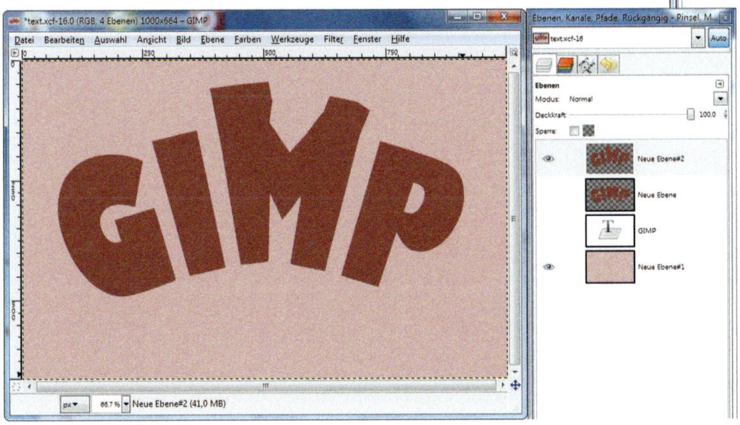

6

4 Nehmen Sie auf diese Art alle Veränderungen vor.

5 Rufen Sie zum Abschluss aus dem Kontextmenü die Funktion *Auswahl aus Pfad* auf ...

6 ... und füllen Sie zum Beispiel die Auswahl auf einer neuen Ebene oder versehen Sie sie mit einer Kontur.

Ende

Im *Design*-Modus können Sie neue Knotenpunkte einfügen oder bestehende verschieben.

TIPP

Im *Bearbeiten*-Modus lassen sich auch Kurven verändern. Die *Verschieben*-Option dient zum Verschieben des Gesamtpfades.

HINWEIS

10

Präsentation der Ergebnisse

Start

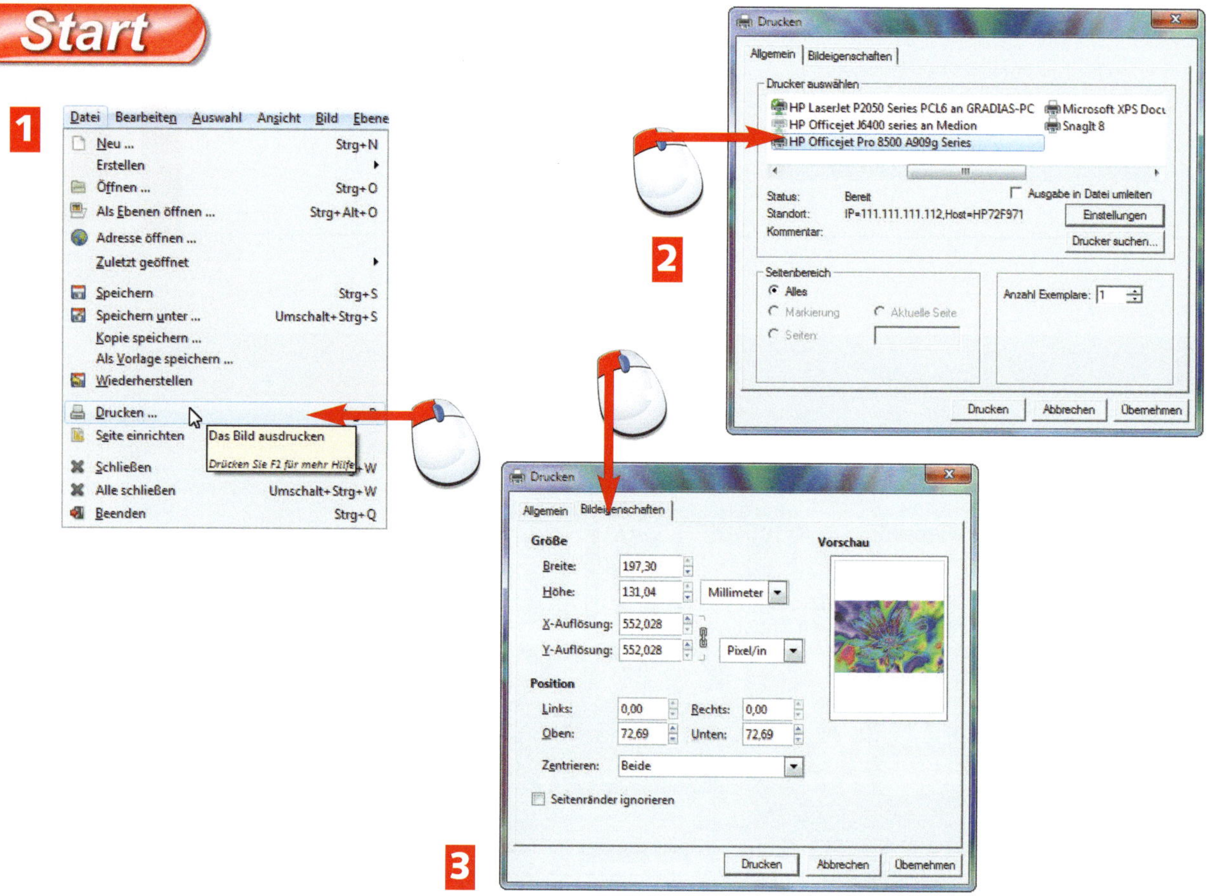

1 Rufen Sie die Funktion *Datei/Drucken* auf.

2 Wählen Sie den Drucker aus, auf dem Sie das Bild ausgeben wollen, und stellen Sie die Anzahl der Ausdrucke ein.

3 Auf der Registerkarte *Bildeigenschaften* legen Sie die Größe des Ausdrucks fest. Außerdem kann hier die Position des Bildes vorgegeben werden.

Gimp greift bei den Druckoptionen im Wesentlichen auf die Windows-eigenen Funktionen zurück.

WISSEN

4

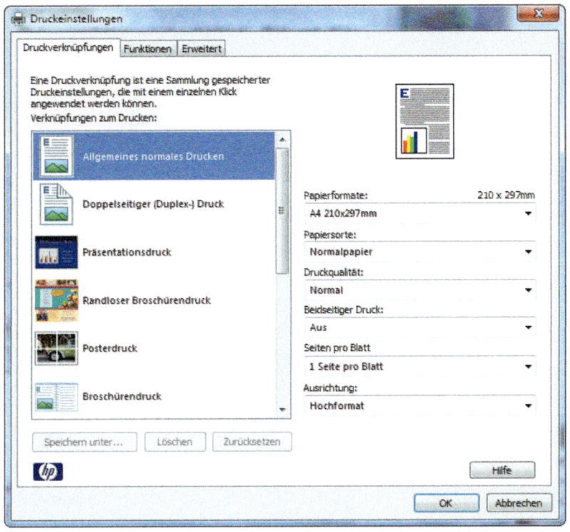

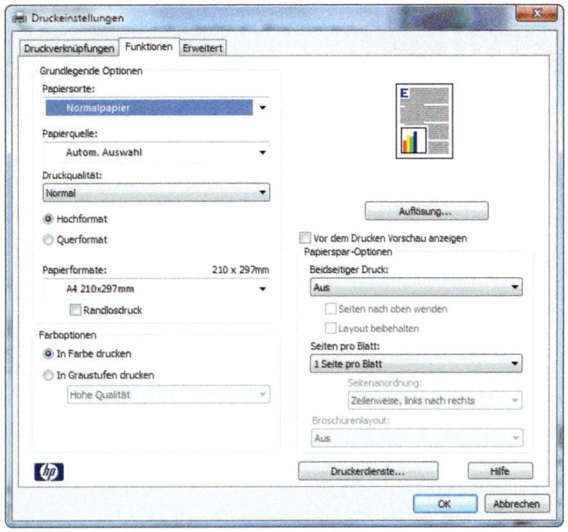

5

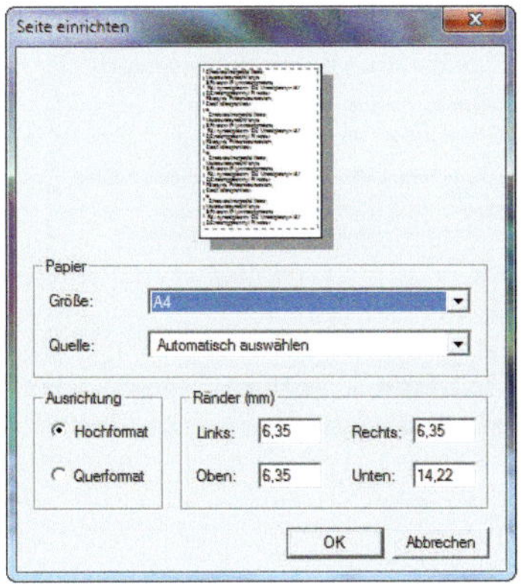

6

4 Wenn Sie auf der *Allgemein*-Registerkarte die *Einstellungen*-Schaltfläche aufrufen, werden die druckerspezifischen Einstellungen angezeigt.

5 Der im Beispiel verwendete HP-Drucker bietet die Optionen auf unterschiedlichen Registerkarten an.

6 Mit der Funktion *Datei/Seite einrichten* legen Sie unter anderem die Ausrichtung fest.

Ende

Die Druckoptionen können sich deutlich unterschieden – je nach verwendetem Drucker.

HINWEIS

Es ist empfehlenswert, vor dem Drucken das Bild auf die Zielgröße zu skalieren.

TIPP

Start

1

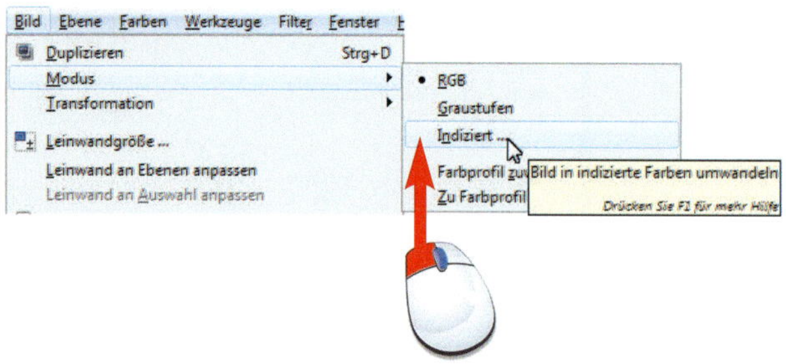

2

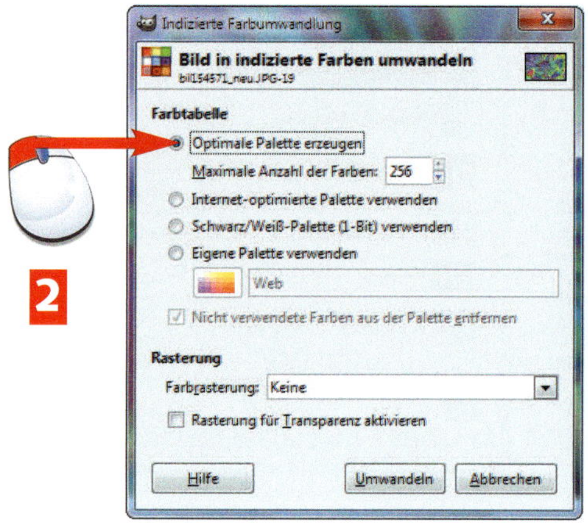

3

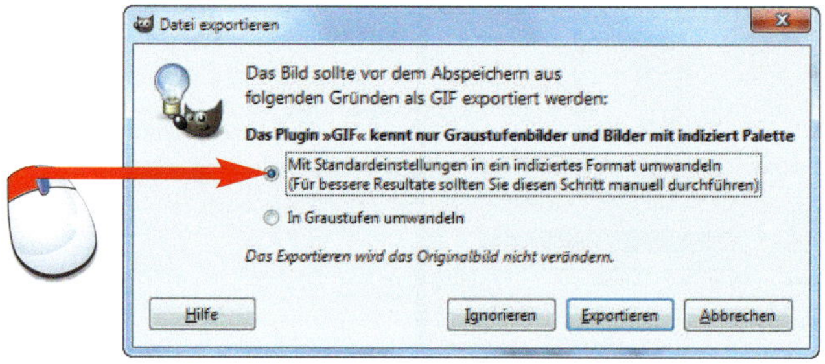

1 Wenn Sie ein Bild im GIF-Format speichern wollen, sollten Sie die Funktion *Bild/Modus/Indiziert* aufrufen.

2 Damit wird die Farbanzahl auf 256 reduziert. Mehr Farben unterstützt das GIF-Format nämlich nicht.

3 Falls Sie das Bild nicht umgewandelt haben, werden Sie beim Speichern im GIF-Dateiformat darauf hingewiesen.

Wenn Sie Bilder für das Internet vorbereiten oder sie als E-Mail-Anhang versenden wollen, müssen Sie ein paar Punkte beachten. So sollten Bilder im E-Mail-Anhang beispielsweise nicht allzu groß sein – daher ist das Verkleinern der Bilder Pflicht. Außerdem sollten Sie das Ergebnis im GIF- oder JPEG-Dateiformat sichern.

WISSEN

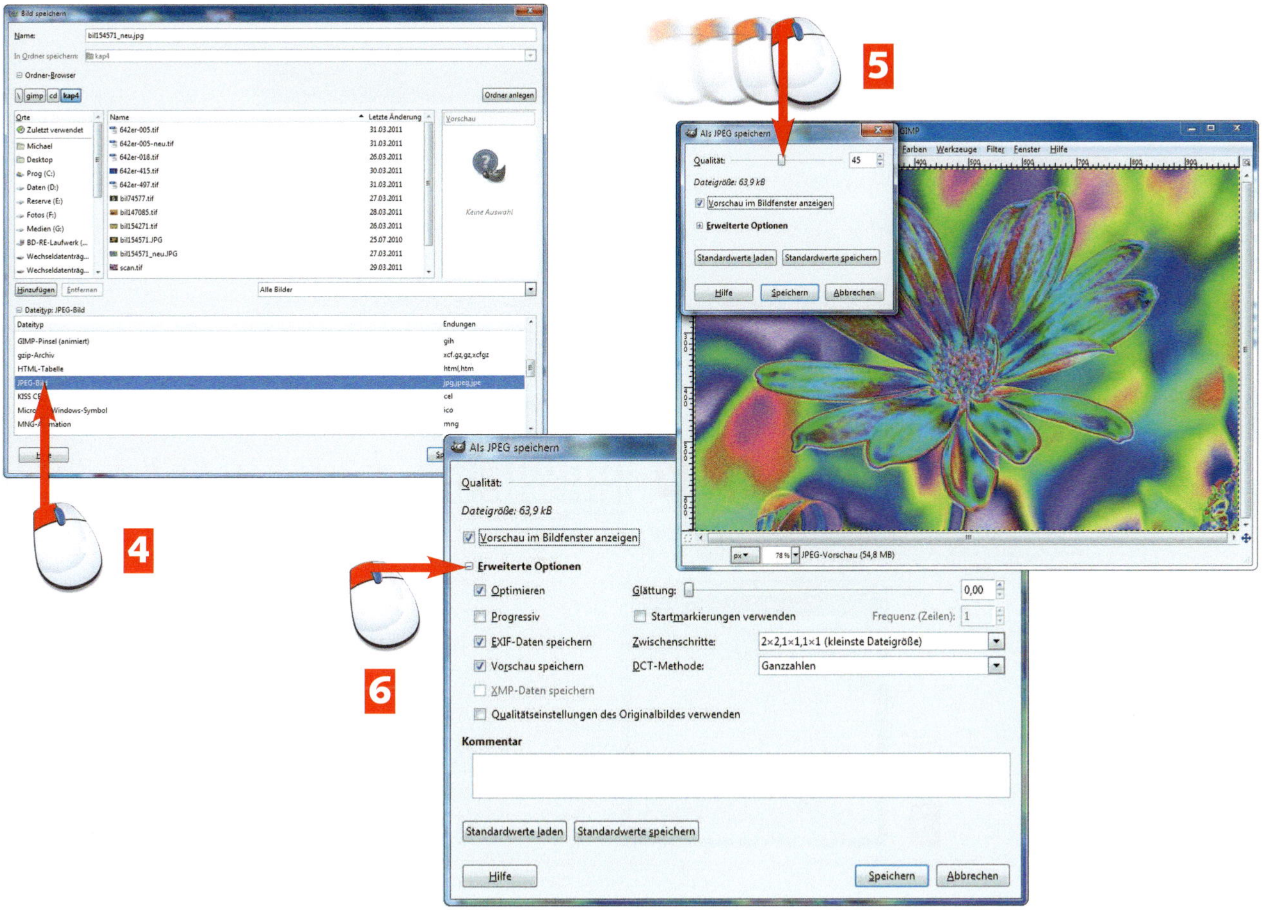

4 Wählen Sie beim Speichern des Bildes das JPEG-Dateiformat in der *Dateityp*-Liste aus.

5 Wenn Sie die Option *Vorschau im Bildfenster anzeigen* aktivieren, können Sie im Bild kontrollieren, wie stark sich die Komprimierung auswirkt.

6 Klicken Sie auf den Eintrag *Erweiterte Optionen*, um zusätzliche Optionen im Dialogfeld anzuzeigen.

Ende

HINWEIS

E-Mail-Anhänge sollten meist nicht größer als etwa 1.000 Pixel in der Breite sein. Um weiteren Speicherplatz zu sparen, können Sie das Ergebnis etwas stärker komprimieren.

TIPP

In den zusätzlichen Optionen können Sie beispielsweise festlegen, ob die Exif-Daten eines Fotos erhalten bleiben sollen.

HINWEIS

Das JPEG-Format ist meist die beste Wahl, da es die volle Farbanzahl unterstützt, womit Fotos am natürlichsten wiedergegeben werden.

Start

1

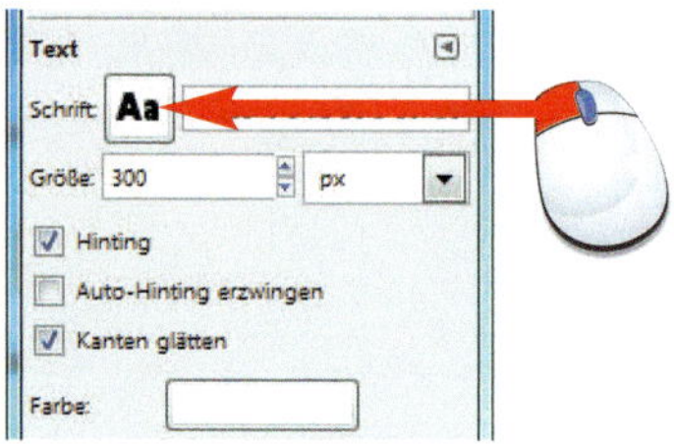

2

3

1 Stellen Sie die gewünschten Schriftformatierungen in den Werkzeugeinstellungen ein. Unsere Einstellungen sehen Sie in der Abbildung.

2 Um das Copyright-Symbol zu erreichen, drücken Sie die Tastenkombination Strg + ⇧ + Alt und tippen Sie die Zeichenfolge *U00A9* ein.

3 Sobald Sie die Tasten loslassen, wird die Zeichenfolge durch das Copyright-Symbol ersetzt.

Leider ist es im Internet eine Unsitte geworden, das Urheberrecht zu umgehen. Daher schützen viele Anwender ihre Fotos ein wenig, indem sie Wasserzeichen mit einem Copyright-Vermerk anbringen.

WISSEN

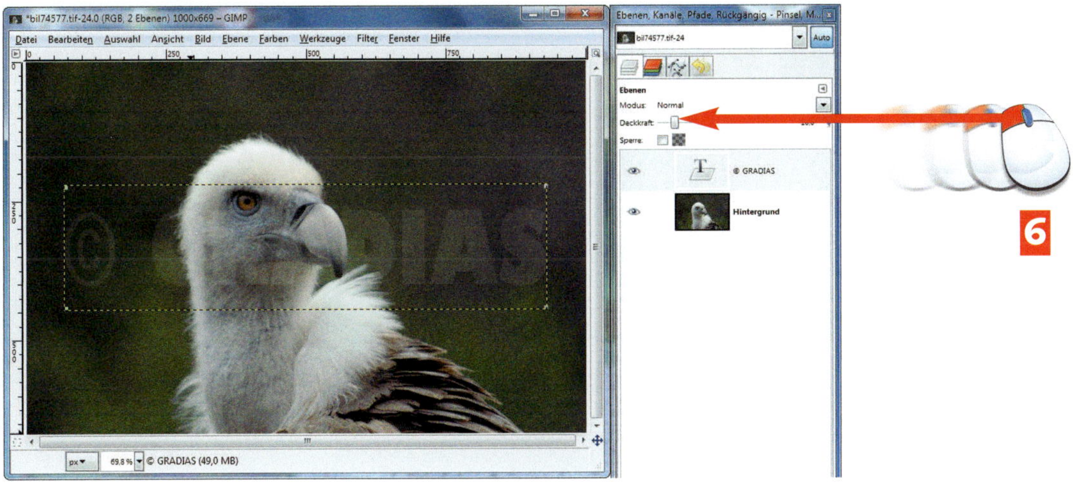

4 Den Rest des Textes können Sie dann ganz normal eintippen.

5 Nutzen Sie das *Ausrichten*-Werkzeug, um den Text mittig zu platzieren.

6 Reduzieren Sie im *Ebenen*-Dialog die Deckkraft der Textebene – beispielsweise auf *10%*.

Ende

Windows bietet eine Zeichentabelle an, die Sie über die Datei *Charmap.exe* erreichen. Dort finden Sie auch die Zeichenfolgen der Sonderzeichen.

Der **Unicode** ist ein internationaler Code für Zeichensysteme. Hier erreichen Sie diverse Sonderzeichen.

TIPP

FACHWORT

Start

1

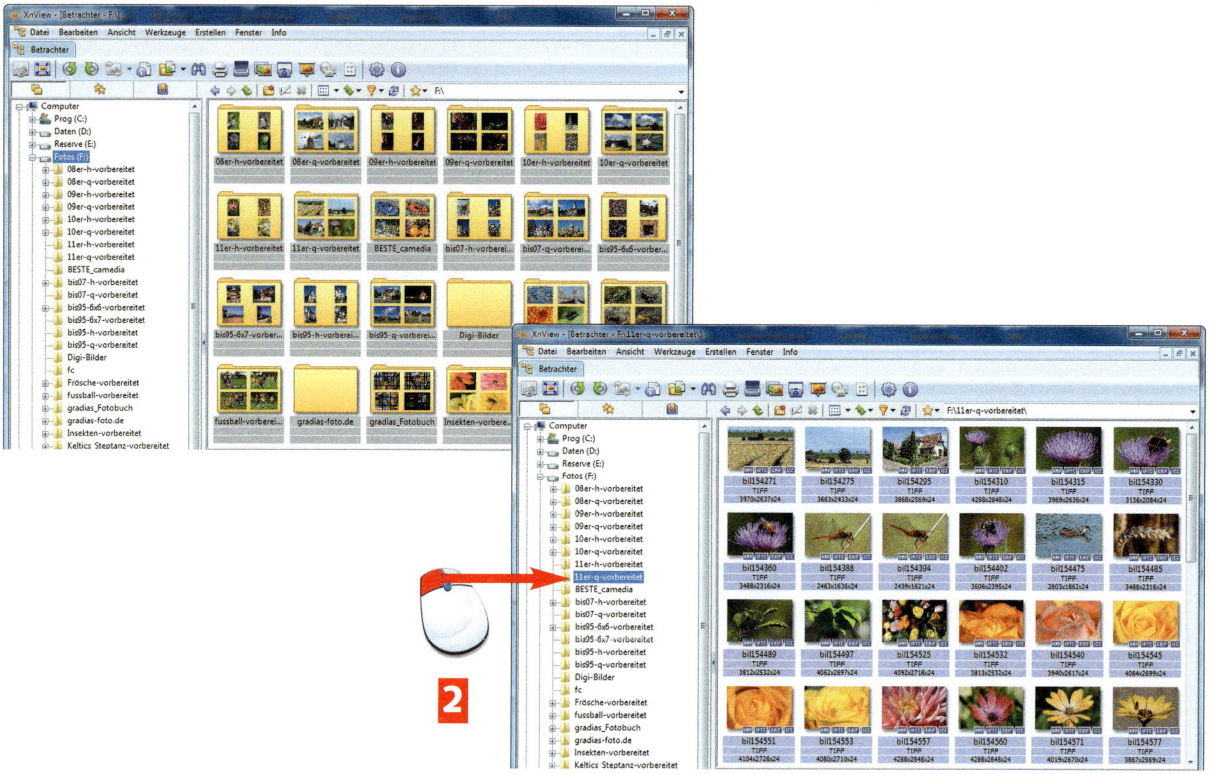

1 Starten Sie XnView.

2 Wechseln Sie zu dem Verzeichnis, in dem sich die Bilder befinden, die Sie in einer Diaschau betrachten wollen.

Für die Bildverwaltungs- und -betrachtungsaufgaben, die Sie mit Gimp nicht erledigen können, bietet sich XnView an, das Sie ebenfalls kostenlos aus dem Netz herunterladen können (http://www.xnview.de). XnView ist ein sehr leistungsfähiges Programm.

WISSEN

3

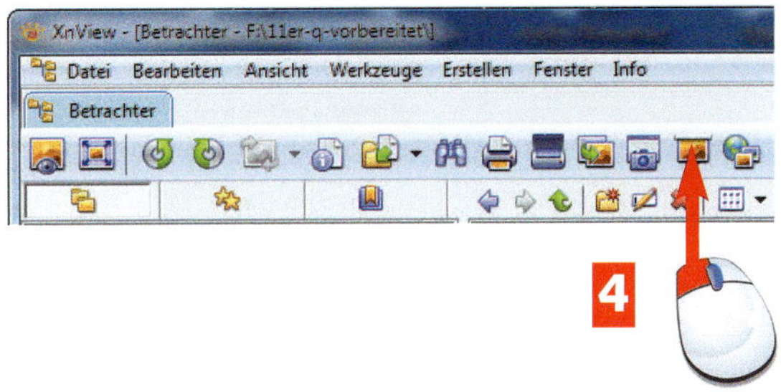

4

5

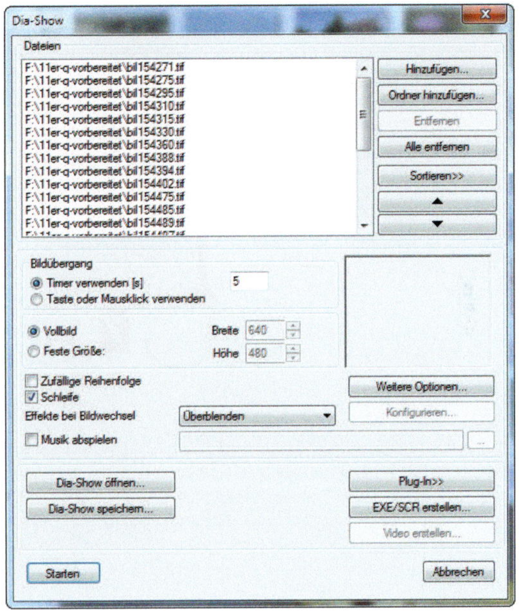

3 Markieren Sie alle Bilder, die in die Diaschau aufgenommen werden sollen. Markierte Bilder erkennen Sie an einer blauen Umrandung.

4 Rufen Sie die *Dia-Show*-Option aus der Symbolleiste auf.

5 In diesem Dialogfeld werden die Einstellungen vorgenommen.

Mit der *Hinzufügen*-Schaltfläche lassen sich weitere Bilder zur Diaschau hinzufügen, die beim Aufruf der Funktion nicht markiert waren.

HINWEIS

Mit der Timer-Option stellen Sie die Anzeigedauer der einzelnen Fotos ein.

HINWEIS

6

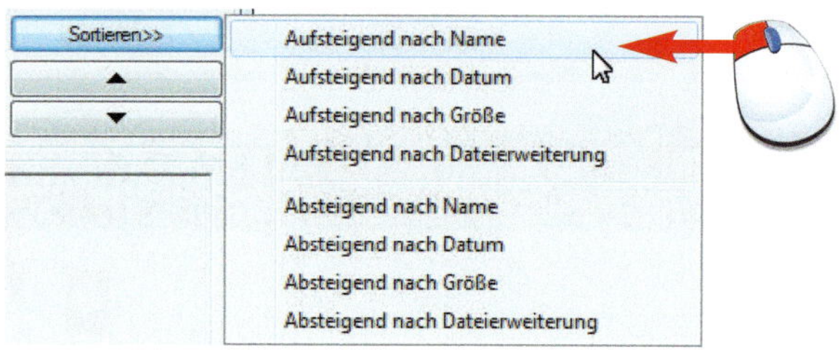

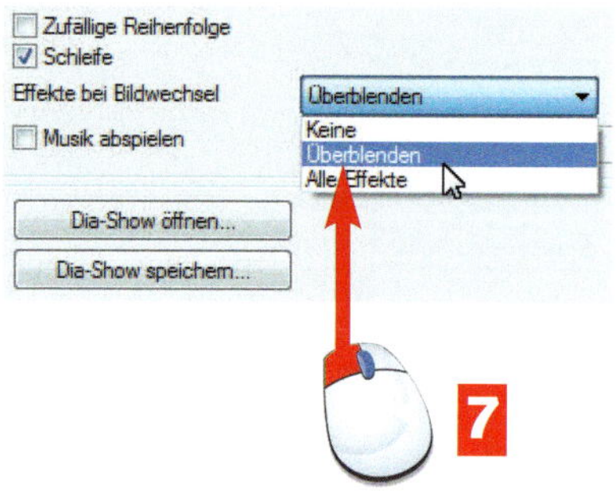

7

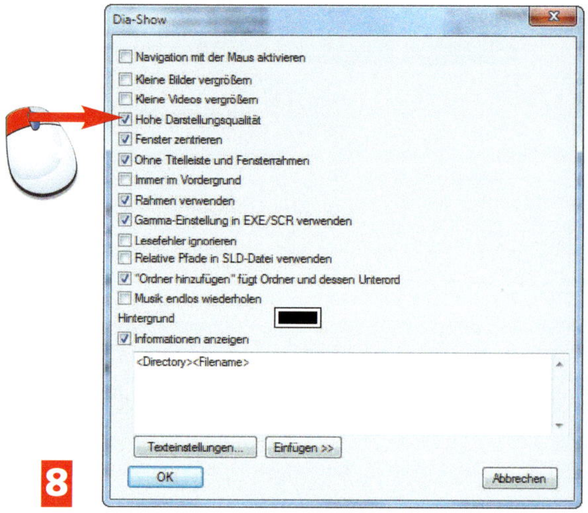

8

6 Mit der *Sortieren*-Schaltfläche legen Sie fest, in welcher Reihenfolge die Bilder angezeigt werden sollen.

7 Im Listenfeld *Effekte bei Bildwechsel* stellen Sie beispielsweise ein, dass die Bilder ineinander überblendet werden sollen.

8 Wenn Sie die Schaltfläche *Weitere Optionen* aufrufen, können Sie in diesem Dialogfeld zum Beispiel die Bildqualität einstellen.

XnView bietet diverse Optionen für die Diaschau an. Praktisch ist es auch, dass Sie die Diaschau speichern können. So können Sie die Diaschau beispielsweise für Ihre Freunde verfügbar machen.

WISSEN

9

10

9 Speichern Sie die Diaschau und starten Sie sie anschließend mit der *Starten*-Schaltfläche.

10 Alle Bilder werden nun nacheinander in einer Vollbildansicht auf dem Bildschirm angezeigt.

Ende

Mit der Option *Musik abspielen*, haben Sie die Möglichkeit, einen Musiktitel abzuspielen. XnView unterstützt sowohl WAV- als auch MPEG-Audiodateien.

HINWEIS

Wenn Sie die Option *Schleife* aktivieren, wird nach dem letzten Bild die Diaschau wieder von vorne angezeigt.

HINWEIS

11

Arbeitserleichterungen und Voreinstellungen

Start

1

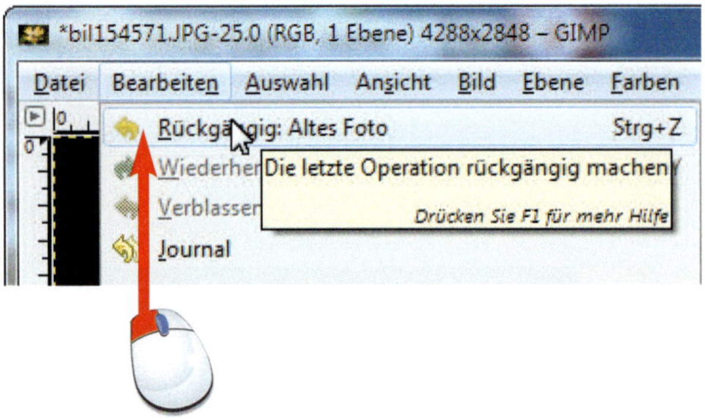

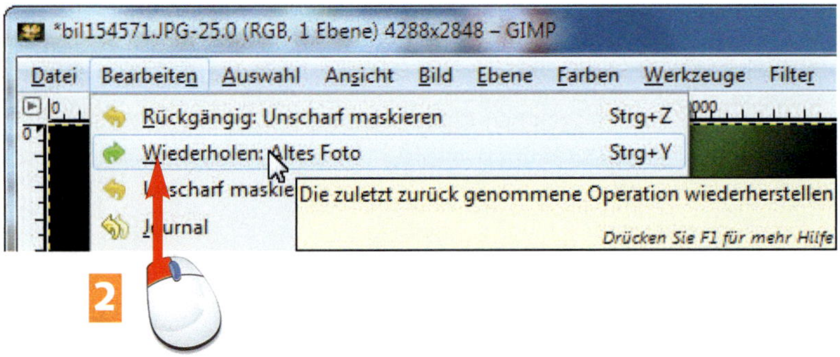

1 Nehmen Sie mit der Menüfunktion *Bearbeiten/Rückgängig* den letzten Arbeitsschritt zurück.

2 Klicken Sie auf diesen Menüeintrag, um einen zurückgenommenen Arbeitsschritt wiederherzustellen. Es lohnt, sich die Tastenkombinationen einzuprägen: um Arbeitsschritte zurückzunehmen Strg + Z oder wiederherzustellen Strg + Y.

Niemand arbeitet fehlerfrei. Das macht aber auch nichts. Natürlich stellt Gimp Möglichkeiten zur Verfügung, um Fehler zu korrigieren. So können Sie beispielsweise Arbeitsschritte zurücknehmen, wenn Sie sich vertan haben.

WISSEN

3

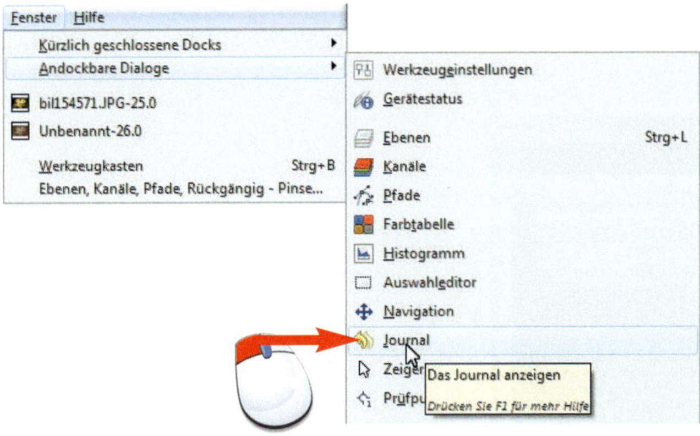

4

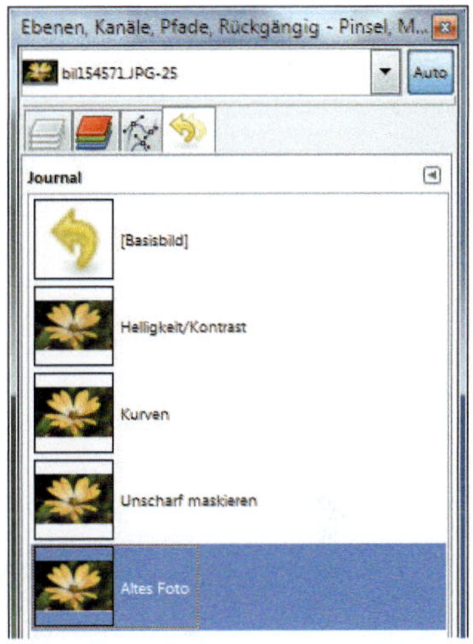

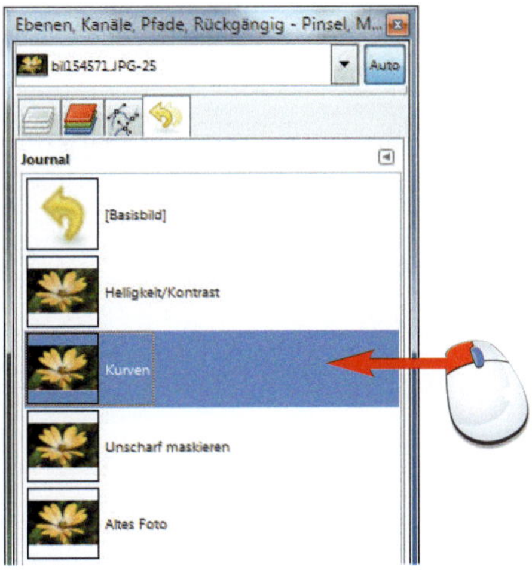

5

3 Im *Fenster*-Menü finden Sie einen besonderen Dialog. Rufen Sie die Funktion *Andockbare Dialoge/Journal* auf.

4 In dem Dialog listet Gimp alle Arbeitsschritte auf, die Sie seit dem Öffnen des Dokuments vorgenommen haben.

5 Klicken Sie auf den Eintrag, zu dessen Arbeitsstadium Sie zurückkehren wollen.

Ende

Wollen Sie alle Arbeitsschritte zurücknehmen, die Sie seit der letzten Speicherung des Dokuments vorgenommen haben, verwenden Sie die Menüfunktion *Datei/Wiederherstellen*.

HINWEIS

Rufen Sie mehrfach die *Rückgängig*-Funktion auf, wenn Sie mehrere Arbeitsschritte zurücknehmen wollen.

HINWEIS

Start

1

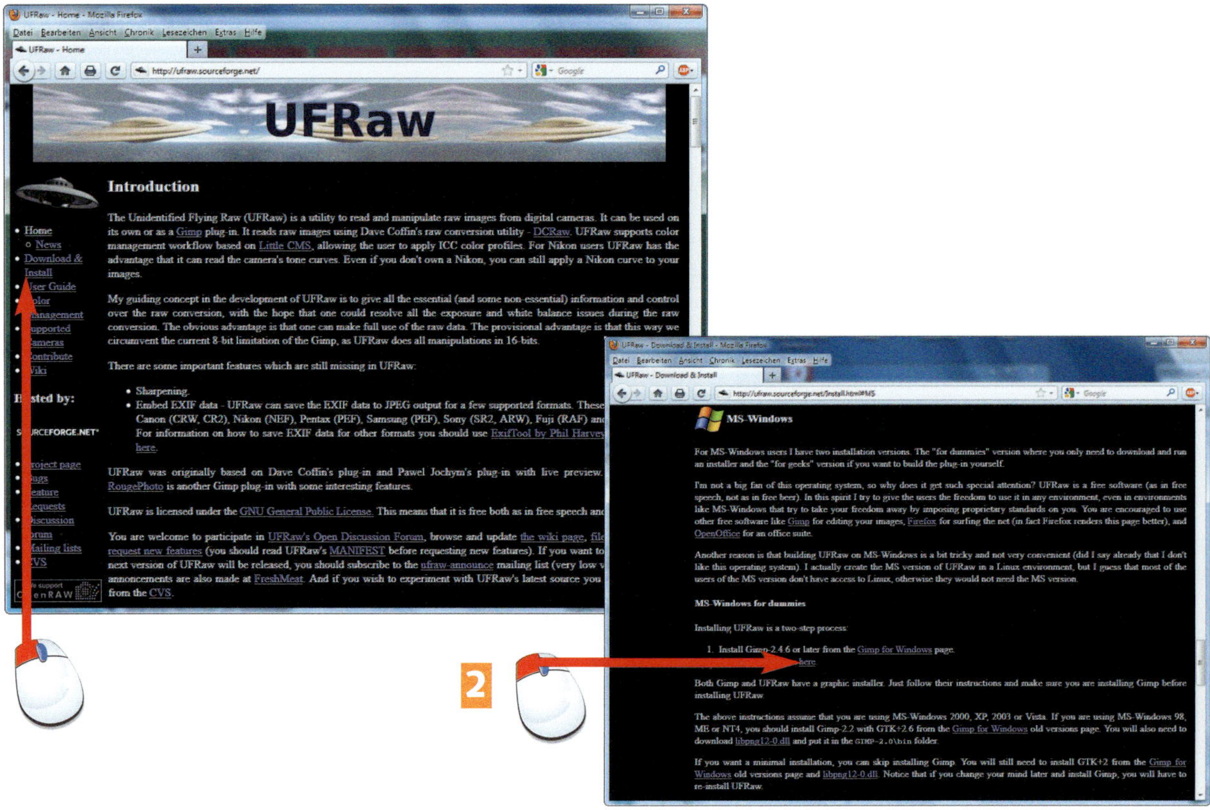

2

1 Laden Sie die Webseite http://ufraw.sourceforge.net und rufen Sie den Link *Download & Install* auf.

2 Suchen Sie den Windows-Abschnitt und laden Sie die Programmdatei herunter.

Von Hause aus können Sie mit Gimp keine RAW-Bilder öffnen. Sie finden aber im Internet ein kostenloses Plug-in, das entweder mit Gimp zusammenarbeiten oder als Standalone-Variante genutzt werden kann. Das Plug-in heißt UFRaw.

WISSEN

3

4

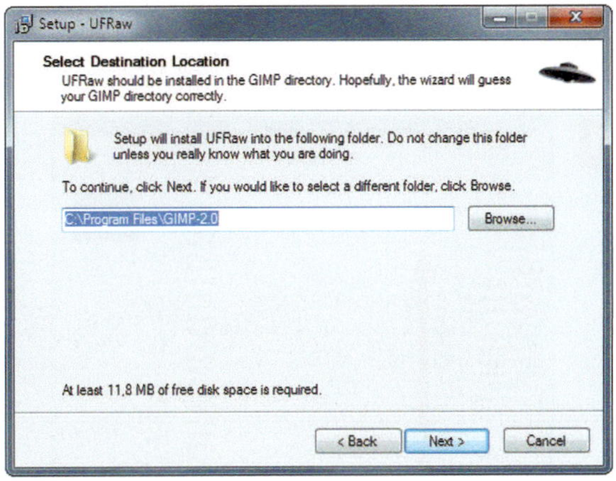

5

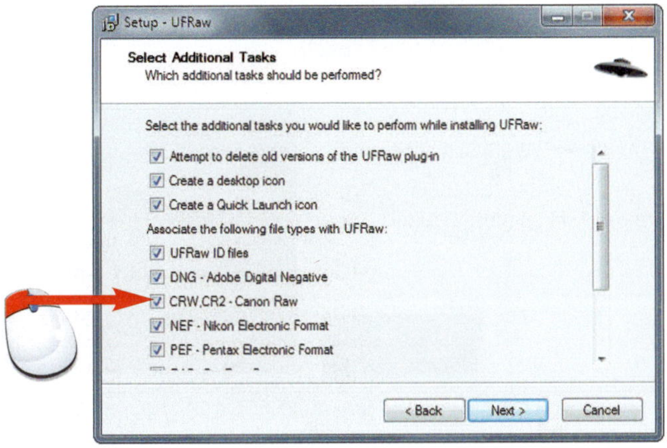

3 Starten Sie das Setup-Programm. Ein Assistent begleitet Sie durch die notwendigen Arbeitsschritte. Mit der *Next*-Schaltfläche gelangen Sie jeweils zum nächsten Schritt.

4 Achten Sie darauf, dass die Installation in dem Verzeichnis erfolgt, in dem Sie Gimp installiert haben.

5 Legen Sie fest, mit welchen Dateitypen das Plug-in verknüpft werden soll.

Ende

RAW-Dateien werden verwendet, um die Kamera-Rohdaten zu erhalten. Die Einstellungen werden dann nachträglich im Bildbearbeitungsprogramm vorgenommen.

FACHWORT

UFRaw ist ein leistungsfähiges Tool, um RAW-Bilder zu bearbeiten und daher uneingeschränkt zu empfehlen.

HINWEIS

Start

1

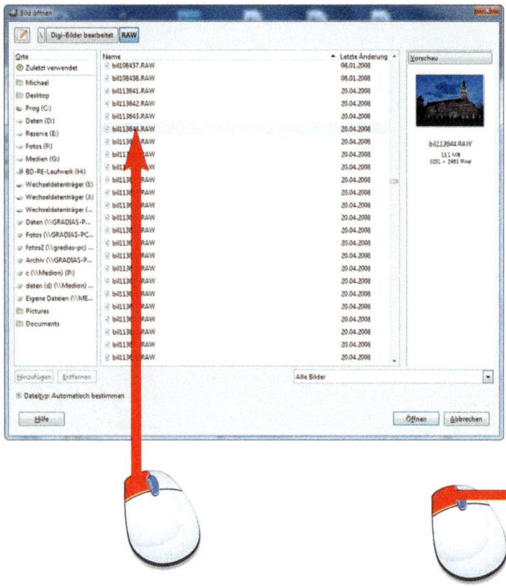

2

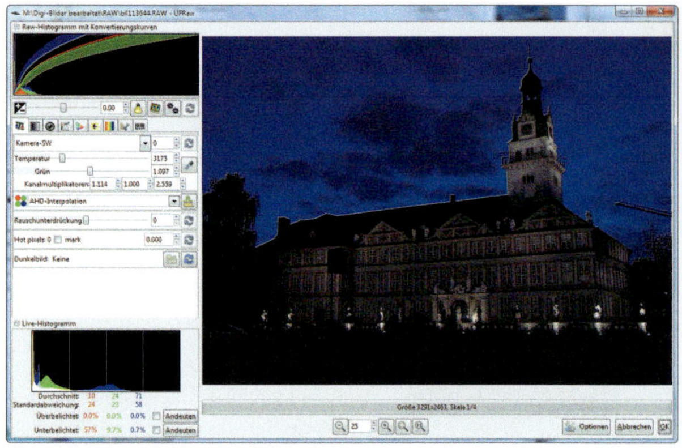

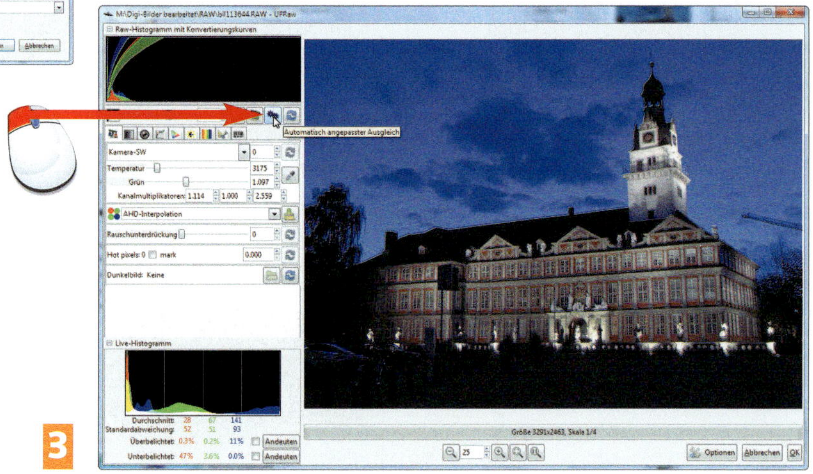

3

1 Öffnen Sie in Gimp mit der Funktion *Datei/Öffnen* das zu bearbeitende RAW-Bild.

2 UFRaw wird damit automatisch gestartet. In einem eigenen Arbeitsbereich werden vielfältige Funktionen bereitgestellt.

3 Klicken Sie auf die *Automatisch*-Option, wenn die geeigneten Einstellungen automatisch vorgenommen werden sollen

Viele Fotografen benutzen bei ihrer digitalen Kamera gerne das RAW-Format, das die unbehandelten „Rohdaten“ der Kamera enthält. So können Sie die gewünschten Bildoptimierungen nachträglich in Gimp vornehmen. Dies ist in vielen Fällen flexibler als die Bearbeitung der Daten mit den kamerainternen Funktionen.

WISSEN

4

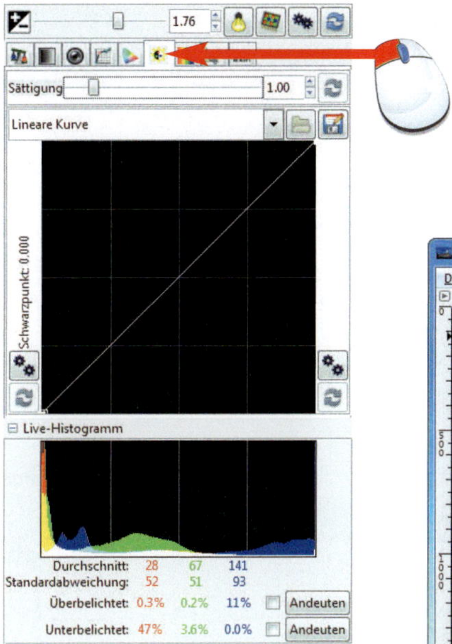

5

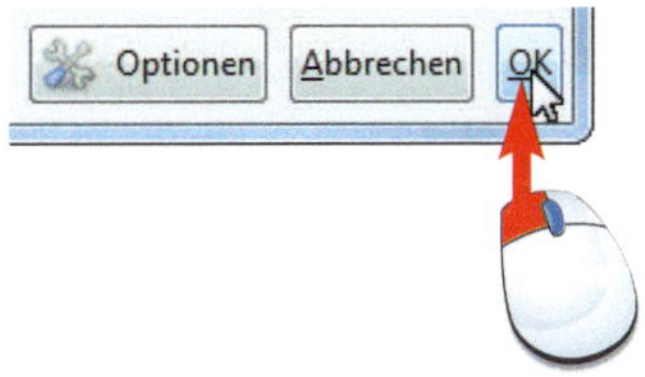

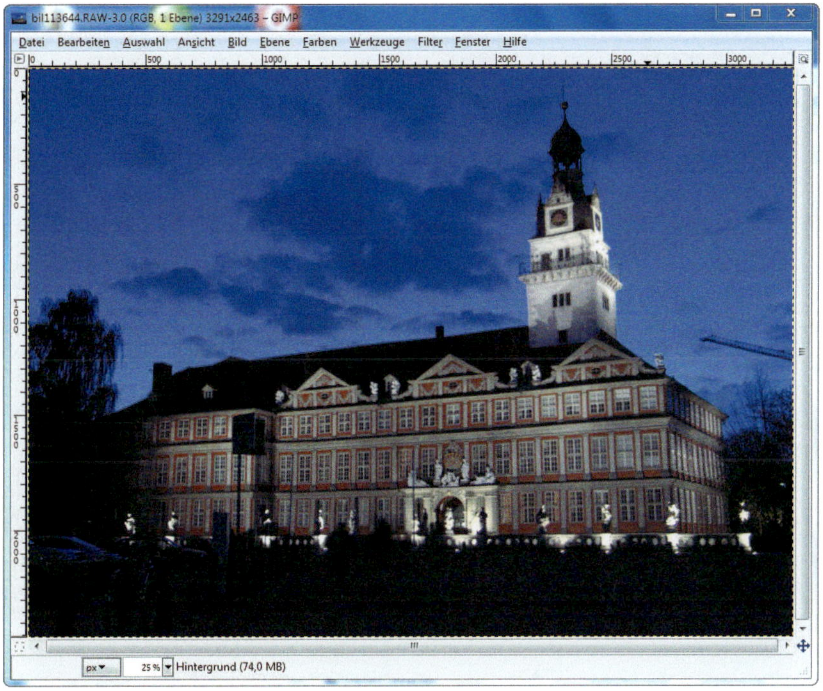

6

4 Die vielen Optionen zum Anpassen sind auf diversen Registerkarten untergebracht.

5 Sind alle Einstellungen vorgenommen, können Sie das Bild mit der *OK*-Schaltfläche ...

6 ... in Gimp laden und dort wie gewohnt weiterbearbeiten.

Ende

Wenn Sie Ihre RAW-Fotos beispielsweise in einem Textbearbeitungsprogramm weiterverarbeiten möchten, ist es zwingend nötig, die Bilder in ein anderes Dateiformat zu konvertieren – wie etwa JPEG.

HINWEIS

Wenn Sie überlegen, Ihre Fotos im RAW-Format aufzunehmen, müssen Sie aber bedenken, dass die Dateigrößen drastisch größer sind, als wenn Sie JPEG-Bilder verwenden würden.

HINWEIS

Start

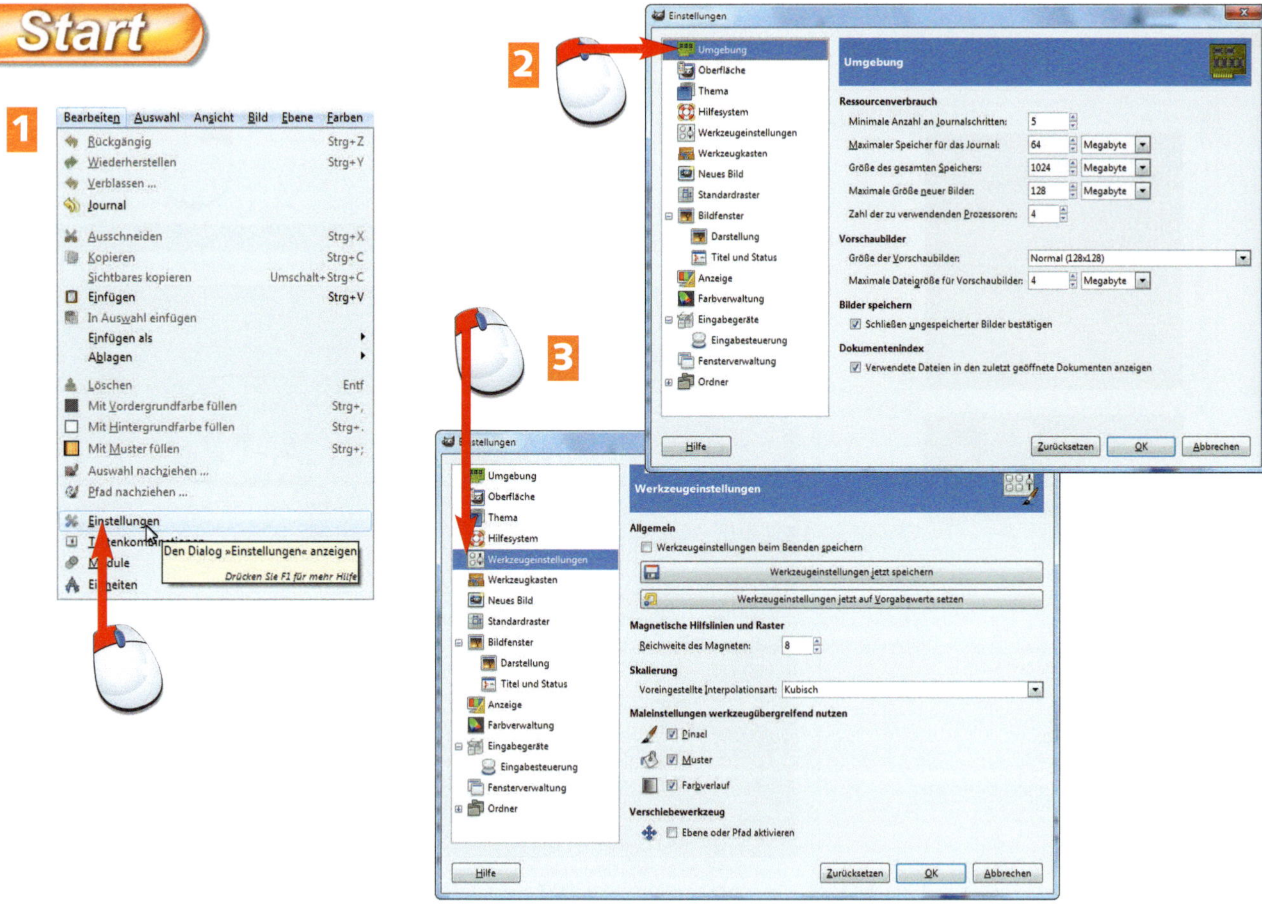

1 Rufen Sie die Funktion *Bearbeiten/Einstellungen* auf.

2 Die Voreinstellungen sind thematisch gegliedert. Wählen Sie die verschiedenen Rubriken über das Listenfeld links aus.

3 In der Rubrik *Werkzeugeinstellungen* haben Sie beispielsweise die Möglichkeit, die aktuellen Werkzeugeinstellungen zu speichern oder sie auf die Ausgangswerte zurückzusetzen.

Es ist durchaus empfehlenswert, einmal einen Blick in die Voreinstellungen zu werfen. So können Sie sich Ihre Arbeit mit Gimp ein wenig erleichtern.

WISSEN

4

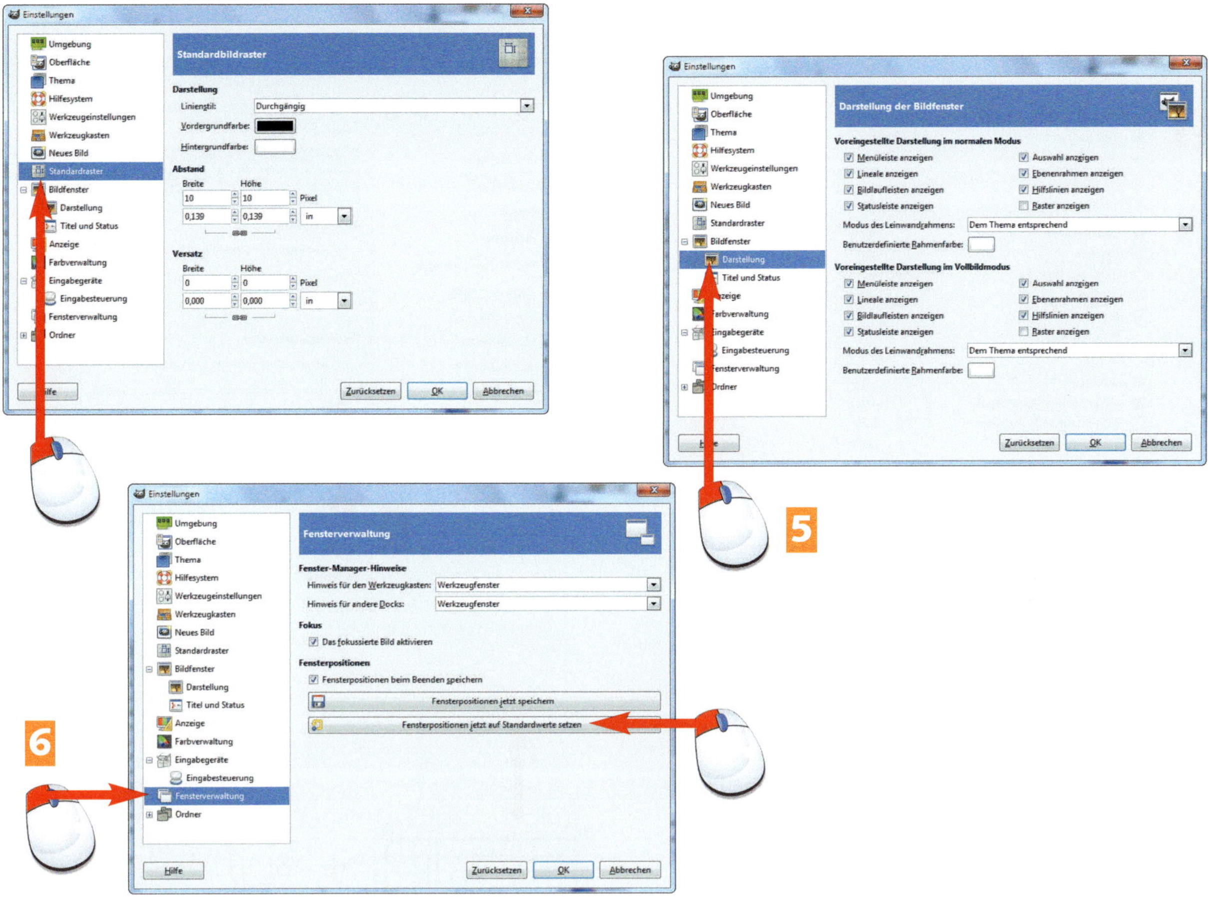

4 Legen Sie in der Rubrik *Standardraster* fest, welche Maßeinheiten für die Raster gelten sollen.

5 Geben Sie in der Rubrik *Bildfenster/Darstellung* an, was im Bildfenster angezeigt werden soll. Auch die Anzeige im Vollbildmodus kann hier variiert werden.

6 Um die Fenster wieder auf die ursprünglichen Positionen zu setzen, wechseln Sie zur *Fensterverwaltung*-Rubrik.

Ende

Die Option *Maximaler Speicher für das Journal* in der Rubrik *Umgebung* legt fest, wie viele Arbeitsschritte sich Gimp „merkt". Damit bestimmen Sie, wie viele Arbeitsschritte Sie zurücknehmen können.

HINWEIS

Für die Bildbearbeitung werden stets Daten ausgelagert. Daher ist es wichtig, dass Sie ausreichend Speicher bereitstellen.

HINWEIS

Start

1

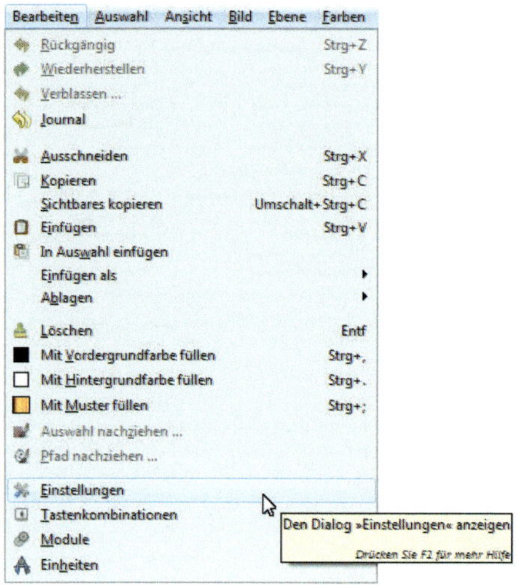

2

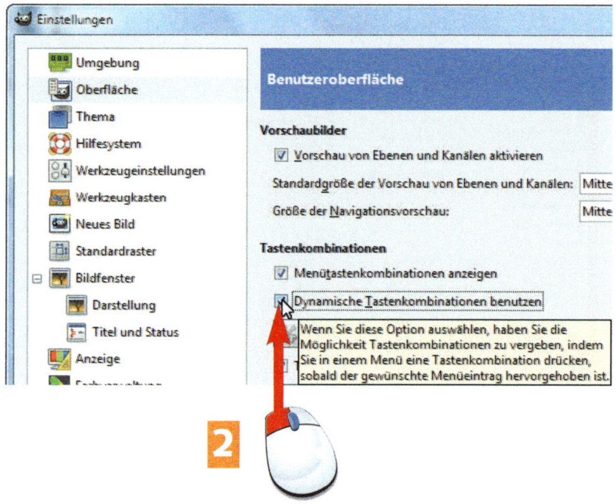

3

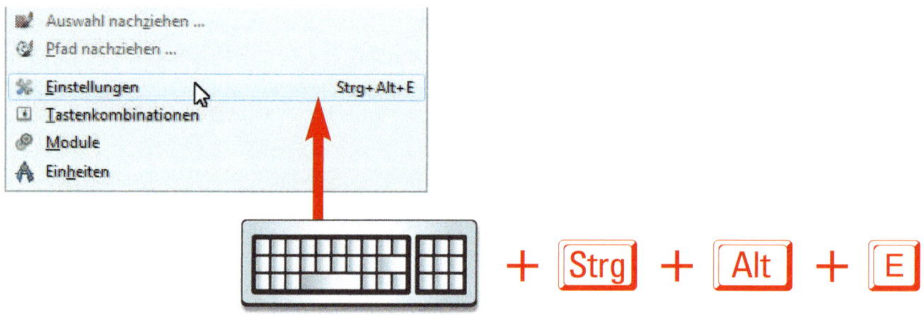

1 Viele Funktionen lassen sich standardmäßig über Tastenkombinationen aufrufen – aber nicht alle. Sie sehen die verfügbaren Tastenkürzel am Ende der Funktionseinträge.

2 Aktivieren Sie in der *Oberfläche*-Rubrik der *Einstellungen* die Option *Dynamische Tastenkombinationen benutzen*.

3 Wechseln Sie zur Funktion, der Sie eine Tastenkombination zuweisen wollen und bewegen Sie den Mauszeiger einen Moment lang nicht. Geben Sie dann die gewünschte Tastenkombination ein, die dann gleich angezeigt wird.

Gimp bietet viele Möglichkeiten zur Personalisierung an. So können Sie zum Beispiel auf unterschiedliche Art und Weise die Tastenkürzel Ihren Bedürfnissen anpassen.

WISSEN

4

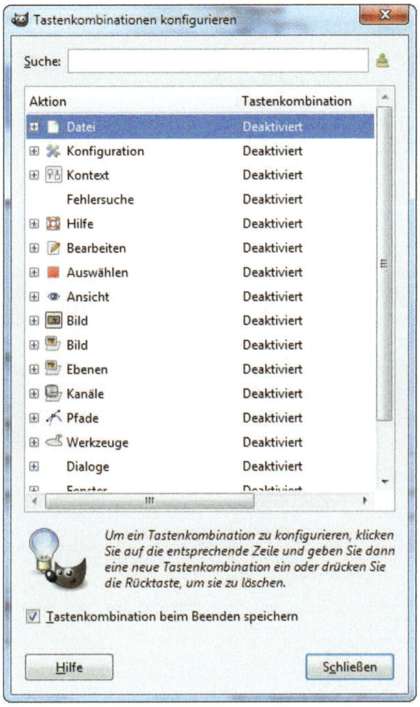

5

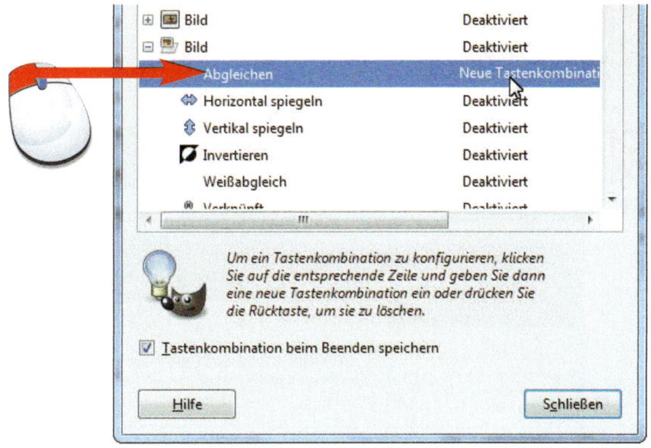

6

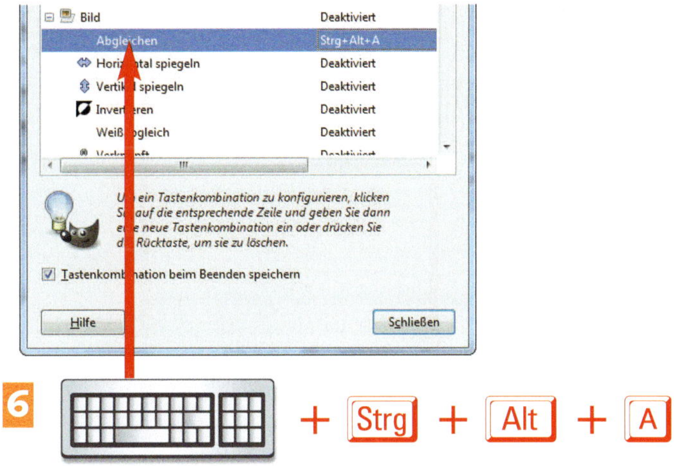

4 Sie können die Tastenkombinationen auch in diesem Dialogfeld anpassen, das Sie über die Schaltfläche *Tastenkombinationen konfigurieren* in der *Oberfläche*-Rubrik der *Einstellungen* aufrufen.

5 Klicken Sie auf den zu ändernden Eintrag ...

6 ... und tippen Sie die neue Tastenkombination ein.

Ende

HINWEIS

Sie können auf diese Art auch den Werkzeugen andere Tastenkombinationen zuweisen.

HINWEIS

Wenn Sie eine Tastenkombination einstellen wollen, die bereits für eine andere Funktion verwendet wird, erhalten Sie einen entsprechenden Hinweis, ob sie überschrieben werden soll.

Start

1

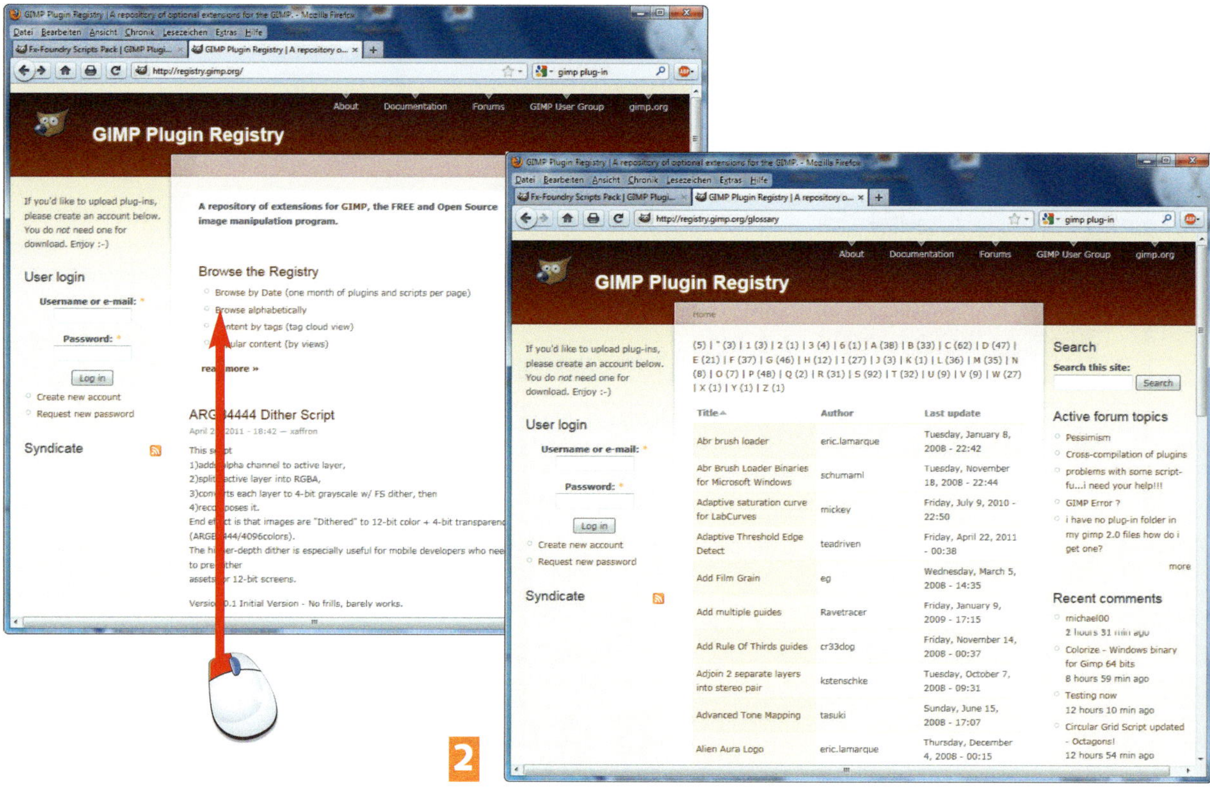

2

1 Rufen Sie beispielsweise die Webseite http://registry.gimp.org auf.

2 In der alphabetischen Auflistung finden Sie Details zu den Skripten.

Bei Skript-Fu handelt es sich um Textdateien, mit denen Gimp angewiesen wird, bestimmte Befehlsfolgen selbstständig auszuführen. Im Internet finden sich diverse Skripte, mit denen Sie Gimp erweitern können.

WISSEN

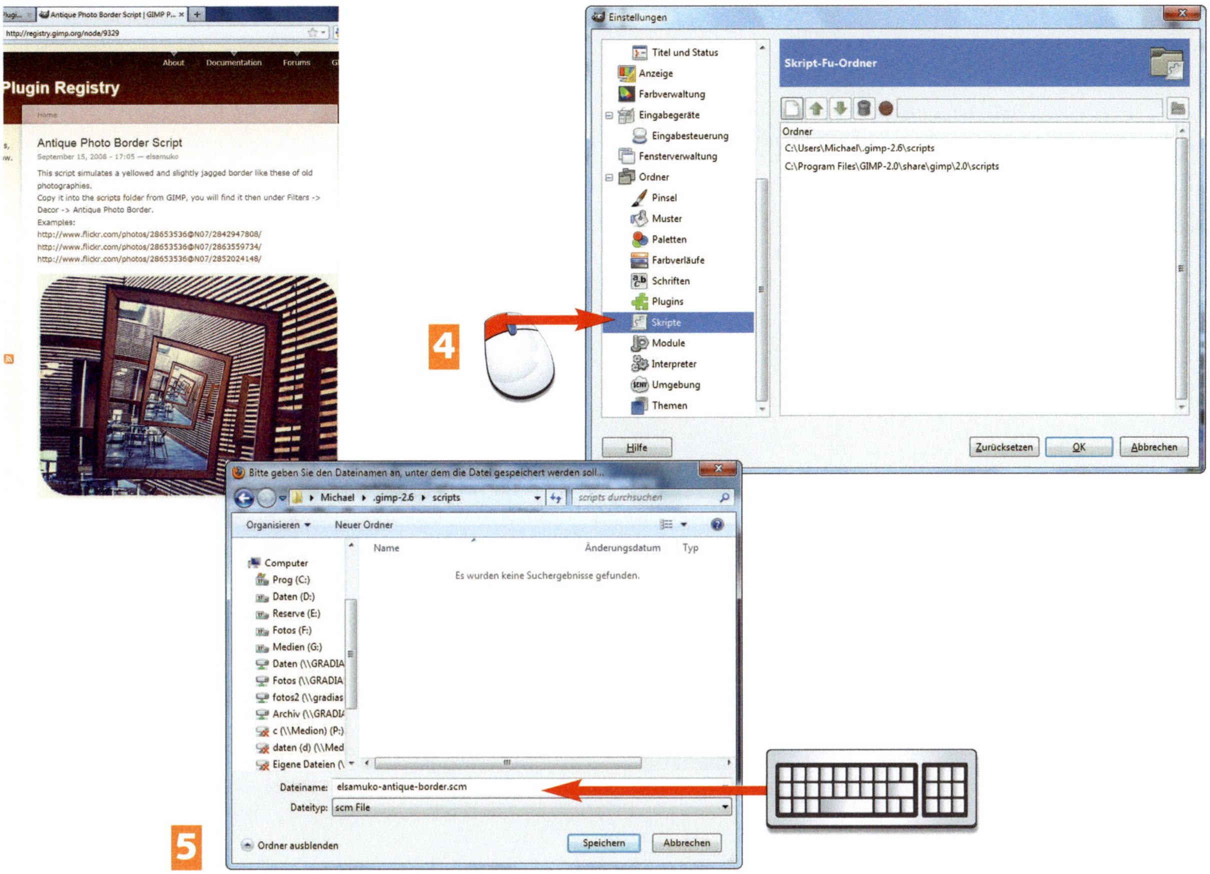

3 Für ein Beispiel haben wir das Skript *Antique Photo Border* ausgesucht.

4 Sehen Sie in den Einstellungen in der Rubrik *Ordner/Skripte* nach, wo Ihre Gimp-Skripte gespeichert sind ...

5 ... und laden Sie das neue Skript in dieses Verzeichnis herunter.

Es ist wichtig, dass Sie die Skripte im richtigen Verzeichnis ablegen, damit Gimp sie anschließend finden kann.

HINWEIS

Stöbern Sie ein wenig auf der Webseite. Es lohnt sich. Dort werden diverse interessante Effekte bereitgestellt.

TIPP

6

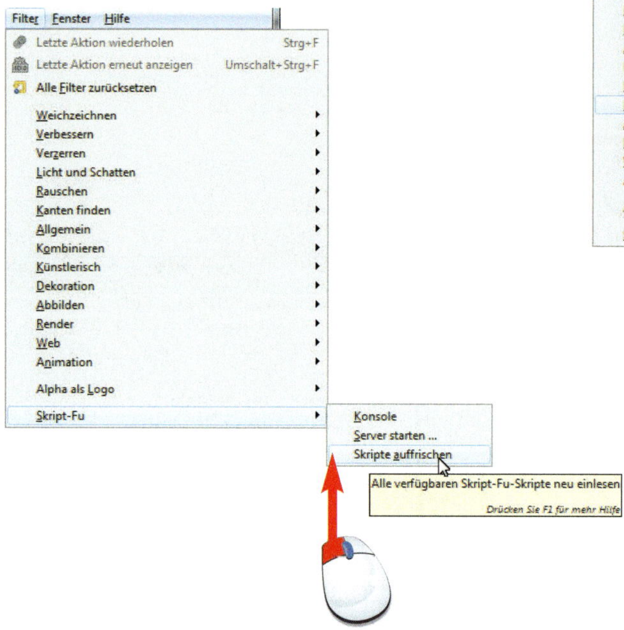

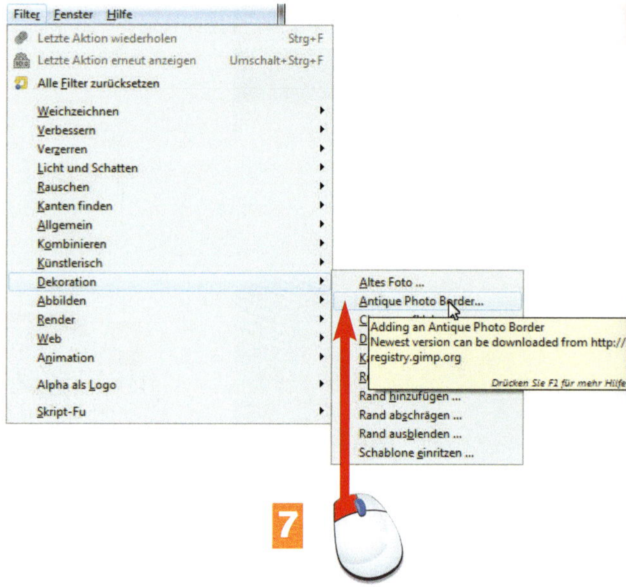

6 Um das neue Skript verfügbar zu machen, müssen Sie die Funktion *Filter/Skript-Fu/Skripte auffrischen* aufrufen.

7 Das neu aufgenommene Skript finden Sie nun im Menü *Filter/Dekoration*.

Es ist sehr unterschiedlich, wo die Skripte nach dem Aktualisieren zu finden sind. Einige sind in den üblichen *Filter*-Menüs zu finden – andere fügen eigene Menüpunkte hinzu.

WISSEN

8

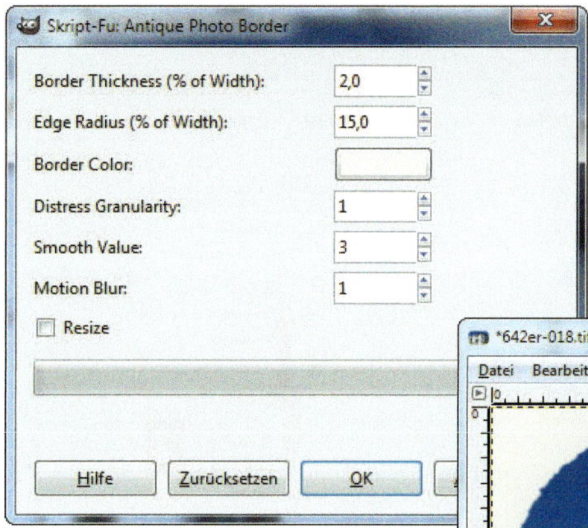

9

8 Die Bedienung erfolgt so, wie Sie es auch von den anderen Effektfiltern gewohnt sind.

9 So erhalten Sie mit den abgebildeten Werten dieses Ergebnis.

Ende

Es ist sinnvoll, auf der Webseite die Hinweise zu den Skripten zu lesen. Oft erfahren Sie hier auch die Voraussetzungen für den Einsatz oder für welche Bilder sich das Skript gut eignet.

HINWEIS

Falls Ihnen ein heruntergeladenes Skript doch nicht gefällt, löschen Sie es einfach wieder aus dem *Skripte*-Verzeichnis. Nach dem Auffrischen ist es aus den Menüs wieder verschwunden.

TIPP

Start

1

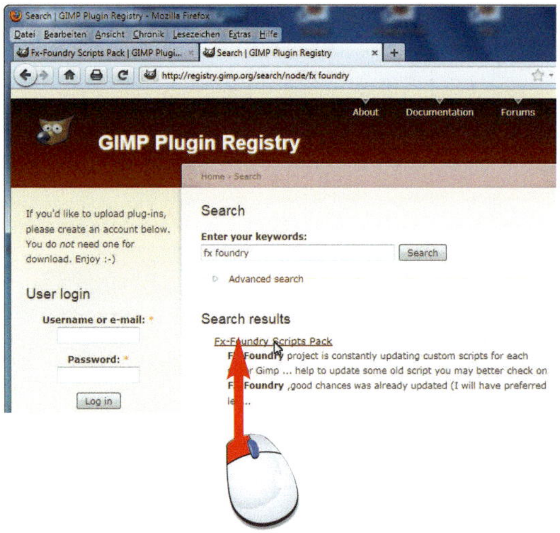

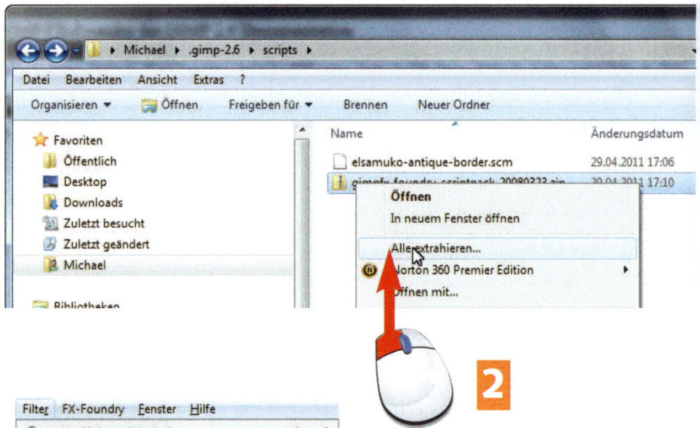

2

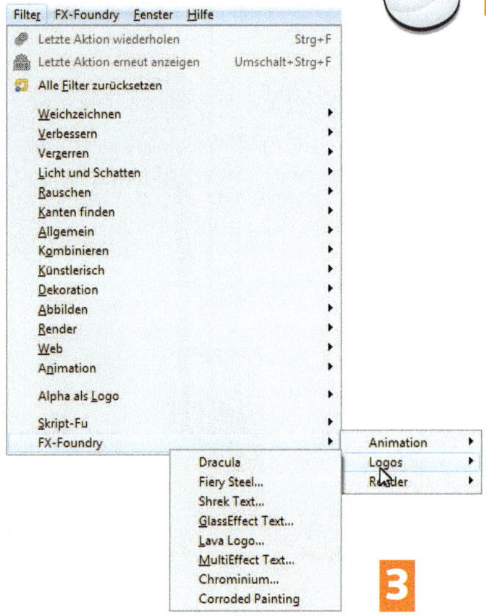

3

1 Suchen Sie auf der Webseite http://registry.gimp.org nach *FX Foundry*.

2 Da die Skriptsammlung in einem Zip-Archiv verpackt ist, müssen Sie die Skripte erst extrahieren, bevor Sie die Plug-ins auffrischen.

3 Einige der Effekte sind in unterschiedlichen Untermenüs im *Filter*-Menü zu finden.

Eine Skriptsammlung ist besonders erwähnenswert: FX-Foundry. Bald 100 Skripte enthält dieses Paket. Darunter sind viele nützliche Filter, um beispielsweise Bilder zu verfremden.

WISSEN

4

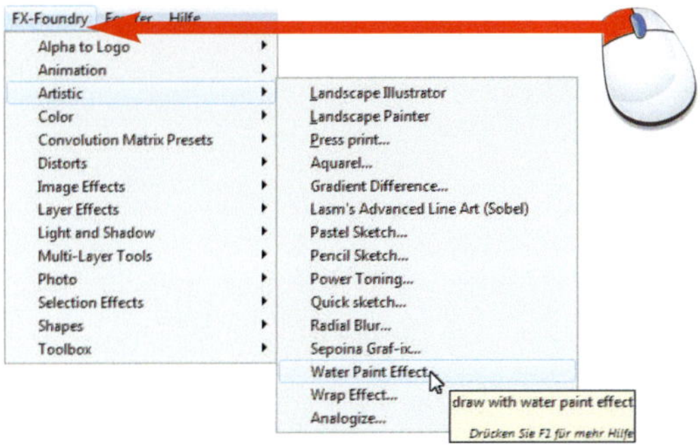

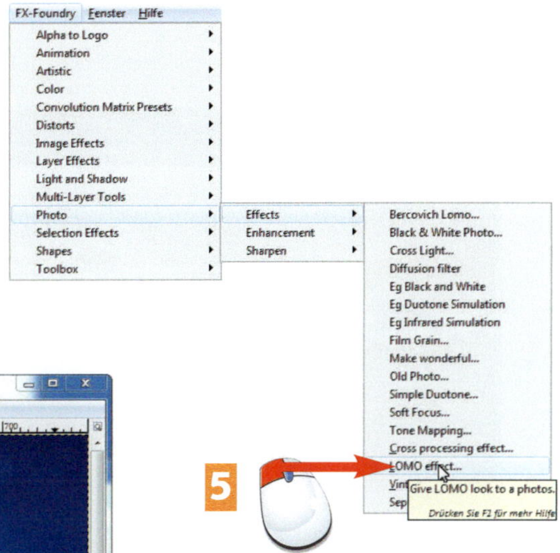

5

6

4 Außerdem gibt es einen zusätzlichen Menüeintrag, der die *FX-Foundry*-Skripte enthält.

5 Für ein Beispiel haben wir die Funktion *FX-Foundry/Photo/Effects/LOMO effect* ausprobiert, ...

6 ... die zu diesem Ergebnis führte.

Ende

Stöbern Sie ein wenig in dieser Effektsammlung. Es lohnt sich, wobei man aber anmerken muss, dass nicht jeder Effekt bei jedem Bild gut wirkt.

TIPP

Verschiedene Skripte arbeiten mit Ebenen – andere verändern das Gesamtbild.

HINWEIS

Zusätzliche Pinsel installieren

Start

1

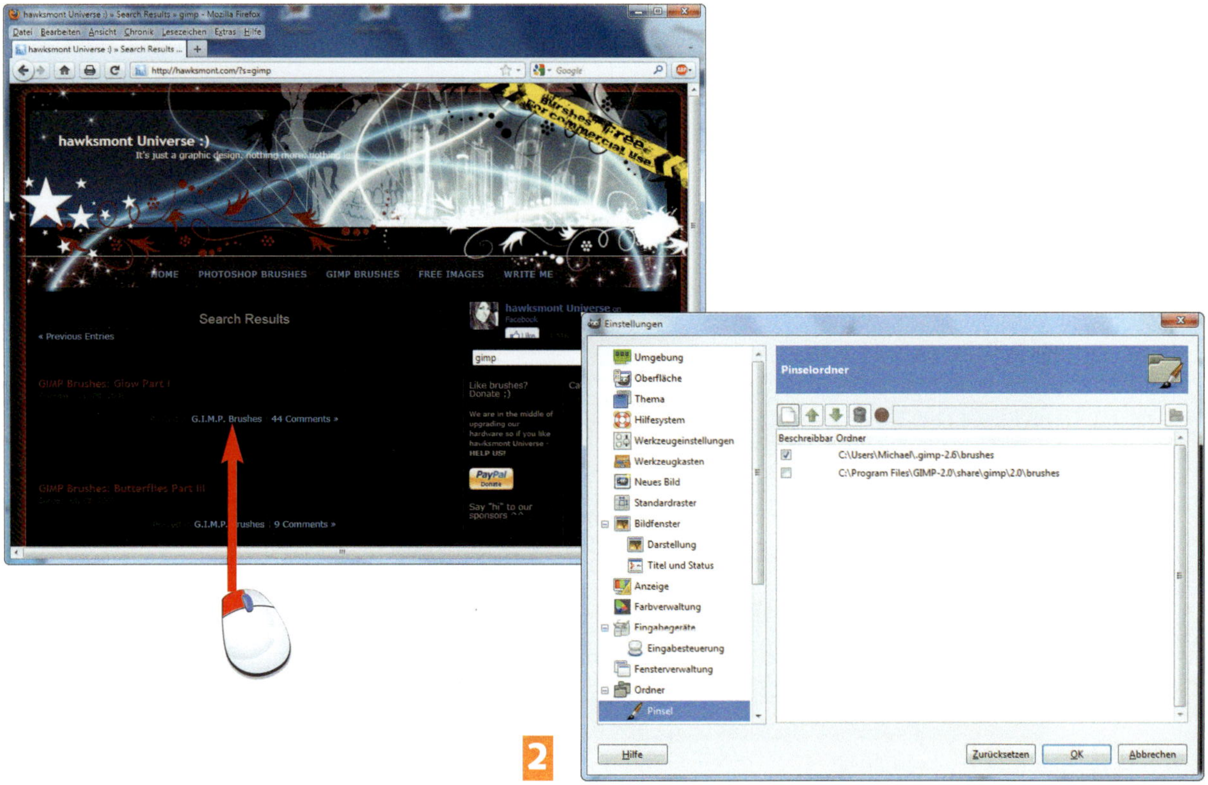

1 Rufen Sie beispielsweise die Webseite http://hawksmont.com auf und geben Sie als Suchbegriff *Gimp* ein, um die Gimp-Pinsel zu suchen. Sie erhalten dann eine große Anzahl an verschiedenen Pinselsätzen.

2 Sehen Sie in den Einstellungen in der Rubrik *Ordner/Pinsel* nach, wo die Pinsel gespeichert werden ...

Gimp kann in vielen Bereichen erweitert werden. So können Sie beispielsweise auch zusätzliche Pinselspitzen aus dem Internet herunterladen.

WISSEN

3

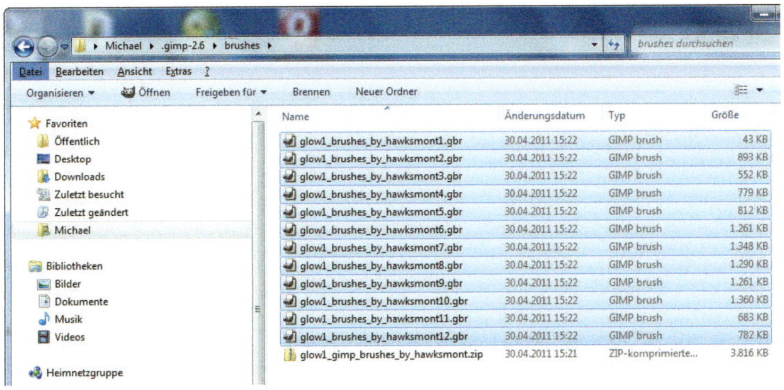

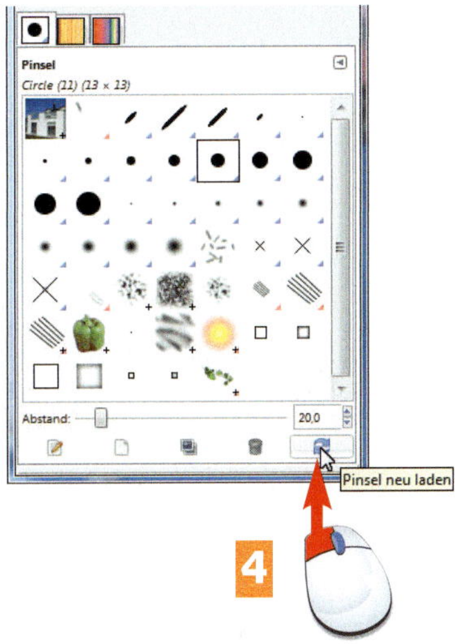

4

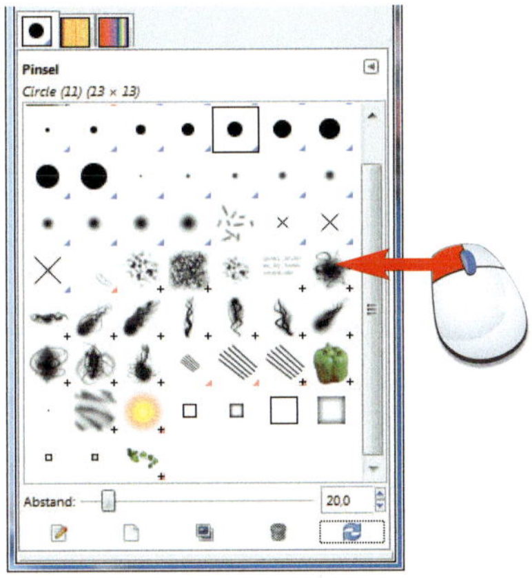

5

3 ... und extrahieren Sie dort alle Dateien mit der Endung *.gbr*.

4 Wechseln Sie zum *Pinsel*-Dialog und rufen Sie zum Erneuern der Liste diese Schaltfläche auf.

5 Anschließend sind die zusätzlichen Pinsel zum Einsatz bereit.

Ende

Auf dieselbe Art und Weise können Sie auch die anderen Listen erweitern und etwa neue Verläufe oder Muster hinzufügen.

HINWEIS

Pinsel müssen nicht einfach rund sein und einen harten oder weichen Rand haben. Sie können auch Pinsel mit sehr komplexen Formen zum Malen verwenden.

HINWEIS

Scanner		Gerät zum Digitalisieren von Aufsichtsvorlagen, wie beispielsweise Papierabzügen von Fotos. Beim Scannen wird die analoge Vorlage abgetastet. Durch dieses Digitalisieren können auch analoge Fotos nachträglich im Rechner bearbeitet werden.
Scharfzeichnen		Bilder, die unscharf sind, können nachträglich mithilfe eines → Bildbearbeitungsprogramms geschärft werden. Hier sind allerdings Grenzen gesetzt. Ein völlig unscharfes Foto kann nicht in ein perfekt scharfes umgewandelt werden.
Spitzlichter		Die sogenannten Spitzlichter treten durch Reflexionen in Fotos auf – etwa bei Sonneneinstrahlung auf metallischen Oberflächen. Sie fallen bei digitalen Fotos gelegentlich recht unangenehm auf.

Auflösung

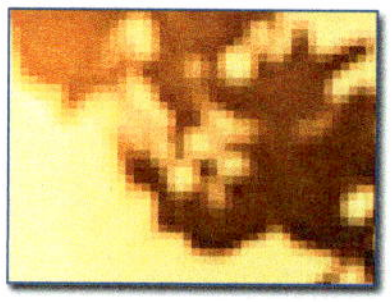

Je mehr Pixel auf einer festgelegten Strecke (→ DPI) untergebracht sind, umso höher ist die Auflösung. Bei hohen Auflösungen sind viele Details erkennbar. Dafür wächst die Dateigröße.

Auswahl

Sollen nur Teile eines Fotos verändert werden, muss der gewünschte Bereich markiert – ausgewählt – werden. Zum Auswählen von Bildteilen werden verschiedene Werkzeuge angeboten.

Backup

Um digitale Daten vor Verlust zu bewahren, sollten in regelmäßigen Abständen Sicherheitskopien der Daten angefertigt werden. Auf diese Backups kann im Notfall zurückgegriffen werden.

Bildbearbeitung

Sollen Digitalfotos im Rechner verändert werden, wird dazu ein Bildbearbeitungsprogramm benötigt. Dort werden beispielsweise Funktionen zur Optimierung oder Verfremdung des Fotos bereitgestellt.

Bildoptimierung

Fotos die bei der Aufnahme nicht ganz so gut gelungen sind, lassen sich nachträglich im Rechner verbessern. Die → Bildbearbeitungsprogramme stellen Funktionen bereit, um zum Beispiel Helligkeit und → Kontrast des Fotos zu verbessern. Völlig misslungene Bilder werden damit allerdings auch nicht zu Topfotografien.

Blendenflecke

Bei Gegenlichtaufnahmen treten bei der Fotografie sogenannte Blendenflecke auf. Diese Reflexe entstehen durch den Aufbau der Linsen und sind je nach verwendetem Objektiv unterschiedlich. Mithilfe von Effekten eines → Bildbearbeitungsprogramms lassen sie sich nachträglich als Gestaltungsmittel in Fotos einfügen.

Brillanz

Unter brillanten Fotos versteht man eine kontrastreiche und detaillierte Bildqualität. Bei kontrastarmen Fotos spricht man dagegen von „flauen" Bildern. Die Brillanz eines Fotos kann mithilfe eines → Bildbearbeitungsprogramms nachträglich verbessert werden.

Browser

Je mehr Dateien sich auf dem Rechner befinden, umso schwieriger wird das Auffinden einer bestimmten Datei. Dabei sind Browser hilfreich, die den Inhalt von Ordnern mit kleinen → Vorschaubildern anzeigen. XnView ist zum Beispiel ein solcher Browser.

CCD-Chip

(siehe Digitalkameras)

CMYK

Farbmodell, das beim Druck verwendet wird. Die Druckfarben setzen sich aus **C**yan (ein Hellblau), **M**agenta (ein Rosa) und **Y**ellow (Gelb) zusammen. Dazu kommt Schwarz, das mit einem **K** für Kontrast gekennzeichnet ist.

Collage

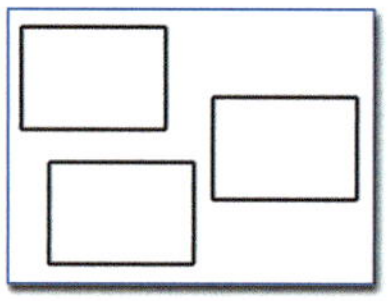

Werden mehrere Fotos in einem Dokument zusammengefasst, spricht man von einer Collage. Diese Collagen werden verwendet, um Bilder attraktiver zu präsentieren. Digitale Fotoalben sind ein solches Beispiel.

Dateiendung, Dateiformat

Jede Datei wird mit einer Dateiendung versehen, um das Dateiformat zu erkennen. → JPEG, → GIF und → TIFF sind derartige Beispiele. Die Dateiendungen lassen sich auch mit einem Programm verbinden. Wird dann diese Datei aufgerufen, startet Windows das damit verbundene Programm automatisch.

Dateigröße

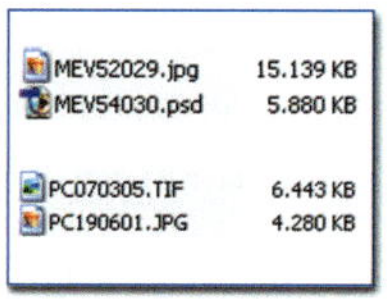

Je höher die → Auflösung eines Fotos ist, umso mehr Pixel enthält es. Jedes Pixel benötigt Speicherplatz. So entstehen bei der digitalen Fotografie schnell sehr große Dateien.

Datenträger

Auf Datenträgern werden Ihre digitalen Daten gesichert. Dies können fest im Rechner installierte Datenträger – → Festplatten – oder transportable Datenträger sein. In diese Kategorie gehören auch die Speicherkarten von digitalen Kameras.

Dialogfelder

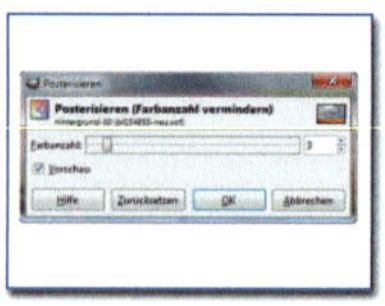

Einige Funktionen werden in gesonderten Fenstern bereitgestellt, den sogenannten Dialogfeldern. Je nach aufgerufener Funktion können in den Dialogfeldern wenige oder auch sehr viele Funktionen untergebracht sein.

Digitalkameras

Digitale Kameras arbeiten nicht mit einem Film, wie es früher üblich war, sondern mit einem CCD-Chip, der die eintreffenden Lichtstrahlen in elektrische Ströme umwandelt und das Ergebnis auf einer Speicherkarte sichert. Die Bilder werden dann auf den Rechner übertragen und dort bearbeitet.

DPI

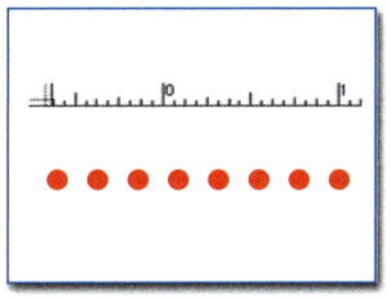

Dots (Punkte) **p**ro **I**nch (2,54 Zentimeter) ist das Maß für die Auflösung von Bildern. Je höher dieser Wert ist, umso mehr Details enthält das Bild. Ist der Wert zu niedrig, werden die einzelnen → Pixel des Bilds sichtbar. Dies sollte nicht passieren.

Drag & Drop

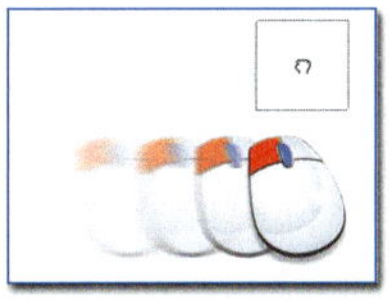

Drag & Drop kommt aus dem Englischen und bedeutet „Ziehen und Ablegen". Damit haben Sie die Möglichkeit, Vorgänge mit der Maus durchzuführen. So können Sie beispielsweise eine Datei per Drag & Drop verschieben.

Ebenen

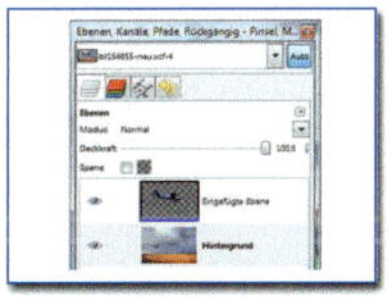

Standardmäßig bestehen Fotos nur aus dem Hintergrund. In → Bildbearbeitungsprogrammen haben Sie zusätzlich die Option, Ebenen hinzuzufügen, um beispielsweise Texte oder andere Fotos darauf zu platzieren. Die Ebenen kann man sich wie übereinanderliegende Folien vorstellen.

Effektfilter

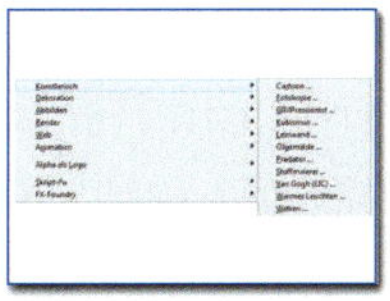

Wo früher Pinsel, Pastellkreiden oder Aquarellfarben zum Einsatz kamen, werden heute Effektfilter in → Bildbearbeitungsprogrammen verwendet. Als Ausgangsmaterial dienen „ganz normale" Fotos.

EPS

(**E**ncapsulated **P**ost**S**cript) Ein Dateiformat, das für Vektorgrafiken verwendet wird, die Sie zum Beispiel mit Grafikprogrammen à la CorelDRAW erstellen. Es wird auch für grafische Darstellungen wie etwa Schriftzüge verwendet.

Exif-Daten

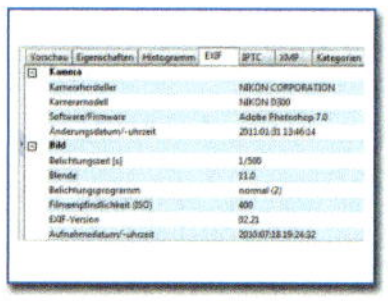

(**Ex**changeable **I**mage **F**ile) Kameras speichern bei der Aufnahme automatisch diverse Daten mit dem Foto. Die Exif-Daten enthalten unter anderem Informationen über das Aufnahmedatum und die verwendeten Aufnahmeeinstellungen.

Export

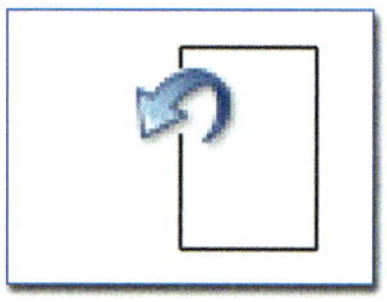

Sollen Fotos zum Beispiel in ein anderes Dateiformat umgewandelt werden, muss das Bild in das gewünschte Format exportiert werden. Dabei bleibt die Ausgangsdatei unverändert.

Farbstich

Zeigen Fotos in den Grautönen Farben, spricht man von einem Farbstich. Zur Analyse eines Farbstichs muss allerdings eine neutral graue Fläche im Foto vorhanden sein. Bei der Korrektur eines Farbstichs werden alle Farben so verändert, dass der Farbstich in den grauen Partien verschwindet.

Festplatte

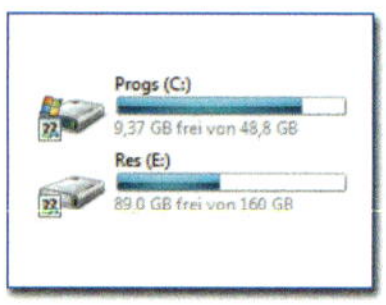

Auf der Festplatte werden die digitalen Daten gespeichert. Je nach Größe der Festplatte können Sie sehr viele Fotos dauerhaft sichern. Es gibt sowohl interne (im Rechner montierte) als auch externe (außerhalb des Rechners befindliche) Festplatten.

Freistellen

Sollen an den Rändern des Fotos Bereiche „abgeschnitten" werden, spricht man vom Freistellen des Bilds. Beim Zuschneiden-Werkzeug besteht außerdem die Möglichkeit, ein bestimmtes Seitenverhältnis vorzugeben.

Gammawert

Der Gammawert verändert die mittleren → Tonwerte eines Fotos. Je höher der Gammawert ist, umso heller wird das Bild. Als Standardwert gilt der Wert 1,0. Einstellungen unterhalb dieses Wertes dunkeln das Foto ab. Veränderungen sollten für eine natürliche Wirkung nur in kleinen Schritten vorgenommen werden.

GIF

Ein Dateiformat, das oft für Bilder im Internet verwendet wird. Da die Anzahl der Farben bei diesem Grafikformat auf 256 beschränkt ist, eignet es sich für gestaltete Grafiken, wie etwa Schriftzüge. Da dieses Dateiformat mehrere Bilder enthalten kann, wird es auch für kleine Animationen verwendet.

Graustufen

Schwarz-weiße Bilder werden auch Graustufenbilder genannt. Hier werden nur die Farben Schwarz und Weiß sowie deren Abstufungen verwendet. 256 verschiedene Nuancen stehen zur Verfügung.

Histogramm

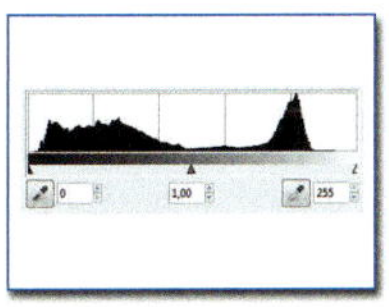

Ein Histogramm ist die grafische Darstellung der im Foto vorhandenen → Tonwerte. Je häufiger ein Tonwert vorkommt, umso höher ist im Histogramm der „Tonwertberg".

(Histogramm)

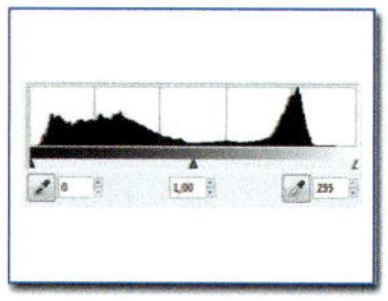

Jedes Pixel im Bild besitzt eine bestimmte Helligkeit, die als Tonwert bezeichnet wird. Die Tonwerte werden aus den Farbtönen Rot, Grün und Blau zusammengesetzt.

Import

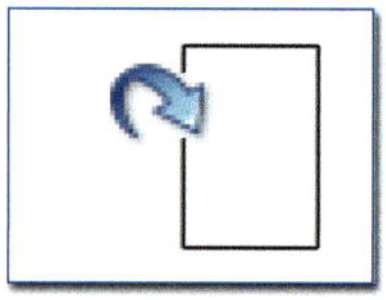

Wollen Sie in ein bestehendes Dokument andere Dokumente aufnehmen, spricht man vom Importieren. Das aufgenommene Dokument kann dabei ruhig ein anderes → Dateiformat besitzen.

JPG, JPEG

Grafikformat, das oft für Bilder im Internet verwendet wird. Auch bei Digitalkameras ist dies das gängige Dateiformat. Da es den → TrueColor-Modus unterstützt, ist es für Fotos besser geeignet, als für plakative Grafiken.

Kolorieren

Werden schwarz-weiße Fotos eingefärbt, spricht man vom Kolorieren. Sie können das gesamte Foto oder nur Teile davon einfärben. Sepiafarbene Fotos sind ein gutes Beispiel für diese Technik.

Komprimierung

Mit der Komprimierung werden die Dateigrößen der Fotos deutlich verkleinert. JPEG komprimiert Fotos beispielsweise auf einen Bruchteil ihrer Ausgangsgröße. Je stärker der Komprimierungsgrad ist, umso deutlicher fällt die schlechtere Bildqualität auf, daher muss ein vernünftiger Kompromiss zwischen Dateigröße und Bildqualität gefunden werden.

Kontrast

Der Unterschied vom hellsten Farbton zum dunkelsten Farbton eines Fotos wird Kontrast genannt. Je ähnlicher Farbtöne sind, umso weniger Kontrast weist das Foto auf. Der maximale Kontrast entsteht zwischen den Farben Weiß und Schwarz.

Konturen

Dort, wo in einem Foto helle Bereiche auf dunkle Bereiche stoßen, analysieren → Bildbearbeitungsprogramme Konturen. Diese Konturen können für Effektfilter verwendet werden.

Landscape

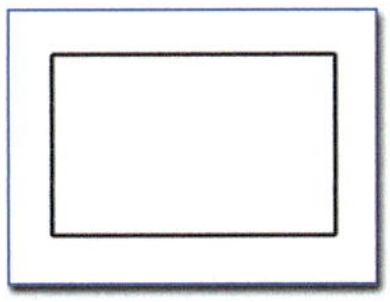

Dokumente, die im Querformat ausgerichtet werden, tragen die Bezeichnung Landscape.

Lichter

Die hellen Töne eines Bilds bezeichnet man im Fachjargon als Lichter. Bei einem Landschaftsfoto sind dies beispielsweise Bereiche im bewölkten Himmel.

Masken, Maskierung

→ Auswahlbereiche werden auch Masken genannt, da damit Bildteile vor Veränderungen geschützt werden können.

Menüfunktionen

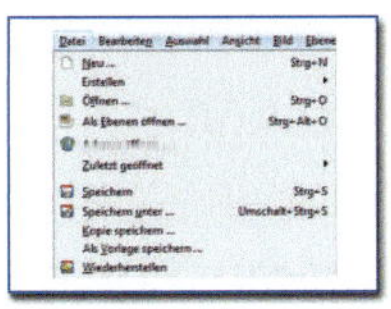

In den meisten Windows-Programmen finden Sie am oberen Rand des Arbeitsbereichs Texteinträge. Nach dem Anklicken werden verschiedene Befehle angezeigt.

Metadaten

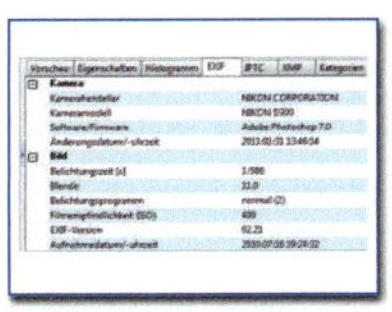

(siehe Exif)

Negativ

Werden bei Fotos alle Farben „umgedreht“, spricht man von einem Negativ. Invertieren ist ein anderer Ausdruck für dieses Verfahren. Dabei wird aus Schwarz Weiß und umgekehrt. Negative Darstellungen lassen sich als Gestaltungselemente nutzen.

Partition

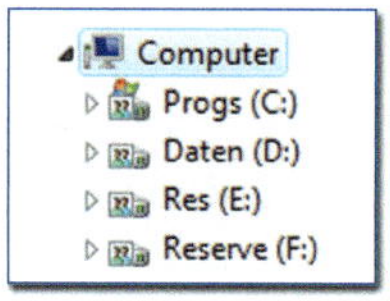

Zur besseren Ordnung kann die → Festplatte in verschiedene „Teile“ aufgeteilt werden, die man Partitionen nennt. Für diese Aufgabe gibt es diverse Programme. Das Partitionieren sollte, wenn möglich, direkt nach dem Kauf eines Rechners erfolgen, da dabei Daten verloren gehen könnten.

PDF

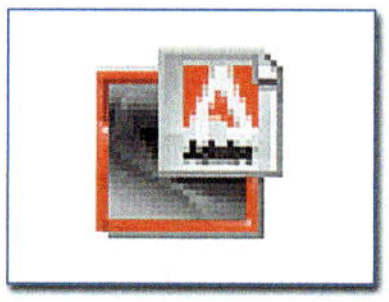

(**P**ortable **D**ocument **F**ormat) Ein Dateiformat, das für fertig gestaltete Dokumente zum Beispiel im Internet verwendet wird. Dabei bleibt das Aussehen unabhängig von dem verwendeten Betriebssystem und der verwendeten Software erhalten.

Pfad

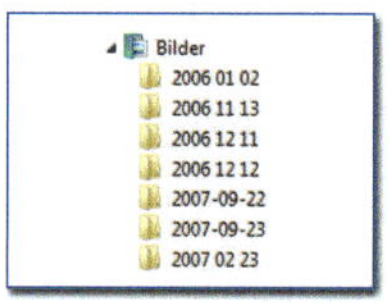

Auf der Festplatte werden zur Strukturierung Ordner angelegt. In diesen Ordnern können wieder Unterordner enthalten sein. Wo sich eine Datei auf dem Rechner befindet, wird als Pfad bezeichnet (Beispiel: C:\Eigene Bilder\Foto1.jpg).

Pixel

Digitale Fotos bestehen aus lauter kleinen quadratischen Punkten: den Pixeln. Der Begriff kommt von der englischen Bezeichnung Picture Element. Je mehr Pixel in einem Foto enthalten sind, umso mehr Details werden sichtbar.

Porträt

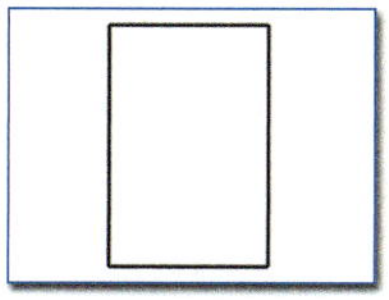

Dokumente, die im Hochformat ausgerichtet werden, tragen die Bezeichnung Porträt.

Präsentation

Sind alle digitalen Fotos fertig gestaltet und optimiert, wollen Sie diese bestimmt Ihren Freunden vorführen. Für diese Präsentation haben Sie viele Optionen. Das Spektrum reicht von der digitalen Fotoshow bis zur Präsentation in einer Web-Fotogalerie oder auf einer → VCD.

Rendering

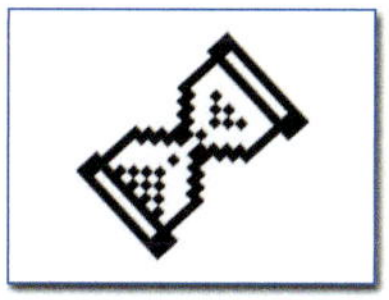

Das endgültige Berechnen veränderter Daten eines Fotos wird Rendern genannt. Da das Umrechnen vieler Pixel aufwendig ist, kann das Rendern bei einigen Filtern etwas Zeit in Anspruch nehmen.

Retusche

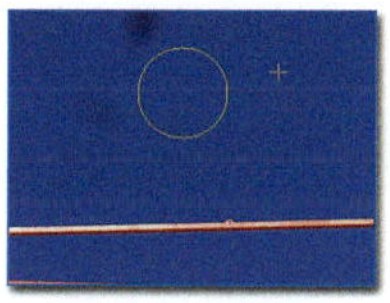

Werden Fotos ausgebessert oder überarbeitet, spricht man vom Retuschieren. Auch das „Verfälschen" von Bildinhalten gehört zu diesem Themenbereich. So ist es heutzutage ohne Weiteres möglich, Personen aus Fotos zu entfernen und/oder sie vor einem neuen Hintergrund wieder einzufügen.

RGB-Modus

Der **R**ot/**G**rün/**B**lau-Farbmodus wird bei digitalen Fotos verwendet. Jedes Pixel setzt sich aus diesen drei Farbwerten zusammen.

Sättigung

Die Sättigung beschreibt die Intensität eines Farbtons. Ist ein Farbton nur schwach gesättigt, ähnelt er einem eingefärbten Grauton. Je stärker die Sättigung ist, umso leuchtender wirkt die Farbe.

Scanner

Gerät zum Digitalisieren von Aufsichtsvorlagen, wie beispielsweise Papierabzügen von Fotos. Beim Scannen wird die analoge Vorlage abgetastet. Durch dieses Digitalisieren können auch analoge Fotos nachträglich im Rechner bearbeitet werden.

Scharfzeichnen

Bilder, die unscharf sind, können nachträglich mithilfe eines → Bildbearbeitungsprogramms geschärft werden. Hier sind allerdings Grenzen gesetzt. Ein völlig unscharfes Foto kann nicht in ein perfekt scharfes umgewandelt werden.

Spitzlichter

Die sogenannten Spitzlichter treten durch Reflexionen in Fotos auf – etwa bei Sonneneinstrahlung auf metallischen Oberflächen. Sie fallen bei digitalen Fotos gelegentlich recht unangenehm auf.

Startmenü

Unten links auf dem Windows-Arbeitsbereich ist das Startmenü zu finden. Nach dem Anklicken werden in einem Menü die installierten Programme angezeigt. Nach dem Aufruf eines Programms startet dieses.

Stil

Sollen bestimmte Effekte an mehreren Bildern angewendet werden, bietet es sich an, die Einstellungen in einem sogenannten Stil zu speichern. Das Übertragen auf andere Fotos ist dann sehr einfach.

Strichzeichnung

Zeichentechnik, die lediglich aus hellen und dunklen Bereichen besteht, wie zum Beispiel eine Federzeichnung. Diese traditionelle Zeichentechnik lässt sich mithilfe der Effekte in → Bildbearbeitungsprogrammen leicht simulieren.

Tags

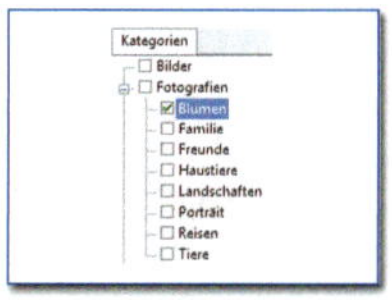

Um Fotos eindeutig zu identifizieren, besteht die Möglichkeit, zusätzliche Informationen zu speichern, wie etwa Suchbegriffe oder Beschreibungen. Diese Tags nutzt zum Beispiel XnView zum Sortieren.

Tastenkombination

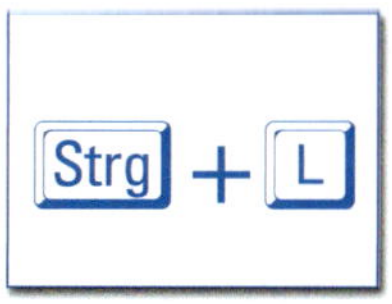

Einige Funktionen lassen sich zusätzlich auch über die Tastatur aufrufen. Meist ist dazu das gleichzeitige Drücken mehrerer Tasten notwendig. Mit diesem Verfahren erreichen Sie die gewünschte Funktion schneller. Daher lohnt sich das Einprägen der gängigsten Tastenkombinationen.

Thumbnail

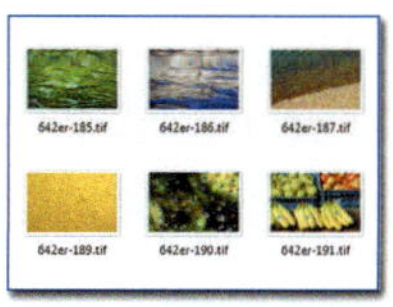

(Daumennagel) Im Browser werden Miniaturbilder der Datei angezeigt, die auch als Thumbnails bezeichnet werden. So fällt die Auswahl einer Datei leichter.

Tiefen

Die Schattenbereiche eines Fotos sind die dunklen Bildteile. Sie werden im Fachjargon auch als Tiefen des Bilds bezeichnet.

TIFF

Ein gängiges Dateiformat zum Speichern unkomprimierter Fotos. Dabei bleibt die volle Bildqualität erhalten – es entstehen aber größere Dateien. Dieses Dateiformat kommt häufig bei Druckerzeugnissen zum Einsatz.

Tonwert

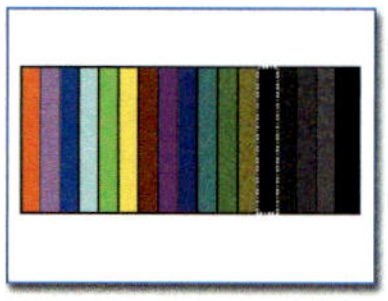

Jedes Pixel eines Fotos besitzt einen Wert, der aus den Farbtönen Rot, Grün und Blau zusammengesetzt ist. Dieser Wert wird Tonwert genannt. Besitzen die Farbwerte alle denselben Wert, entstehen graue Töne.

Transparenz

Durchsichtige Teile eines Bilds werden transparent genannt. Diese Transparenz lässt sich beispielsweise einsetzen, um Bilder mit einem verformten Rand aufzulockern. Da Transparenz am Bildschirm nicht dargestellt werden kann, wird zur Verdeutlichung ein Karomuster verwendet.

TrueColor-Modus

In diesem Farbmodus wird die maximal mögliche Farbanzahl von 16,7 Millionen unterschiedlichen Farbtönen bereitgestellt. Durch die nuancierte Farbwiedergabe ist dieser Farbmodus für Fotos sehr gut geeignet.

TWAIN

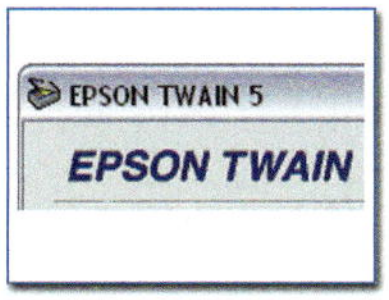

Bei jedem → Scanner wird ein Programm mitgeliefert, das den Scanner ansteuert. Dieses sogenannte TWAIN-Modul wird direkt aus dem verwendeten → Bildbearbeitungsprogramm aufgerufen.

Unschärfe

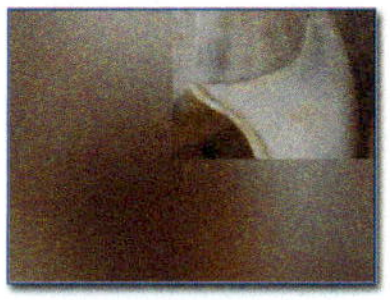

Normalerweise sind unscharfe Bilder unerwünscht. Das sogenannte Weichzeichnen kann aber auch als interessanter Bildeffekt für die Hintergrundgestaltung verwendet werden.

VCD

(**V**ideo-**CD**) Fotos können in einer Diaschau zusammengefasst und auf eine CD gebrannt werden. Dazu bietet sich beispielsweise das Format Video-CD an.

Vektorgrafik

Grafik, deren Dateiformat eine objektorientierte beziehungsweise vektororientierte Basis hat. Im Gegensatz zum Pixelbild werden die Objekte mathematisch definiert – wie beispielsweise die Anfangs- und Endpunkte von Linien. Dadurch ergeben sich sehr kleine Dateigrößen.

Verlauf

Werden zwei Farben ineinander überblendet, spricht man von einem Farbverlauf. Farbverläufe werden für Gestaltungen verwendet – beispielsweise für einen farbenprächtigen Hintergrund.

Vorschau

Wenn ein Bild verändert werden soll, wird meist ein Vorschaubild angeboten. So kann die voraussichtliche Wirkung der Veränderung beurteilt werden, ohne dass das Foto endgültig verändert wird. Erst nach dem Zuweisen wird die Veränderung auf das Bild übertragen.

Weichzeichnen

(siehe Unschärfe)

Weitergabe

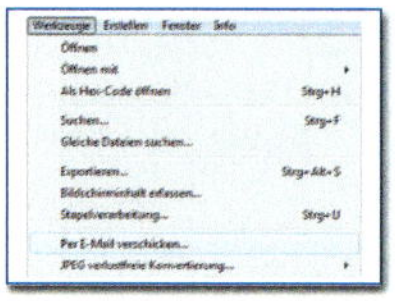

Wenn Sie Ihre Fotos oder Kreationen mit anderen Menschen teilen wollen, können Sie die Weitergabe-Möglichkeit nutzen und das Ergebnis als E-Mail-Anhang oder auf CD/DVD weitergeben. Auch PDF-Diashows sind dabei möglich.

Zauberstab

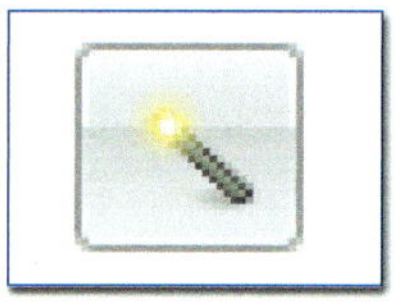

Eins der am meisten verwendeten Auswahlwerkzeuge ist der Zauberstab. Damit nehmen Sie Farben mit demselben Tonwert in die Auswahl auf. Mit dem Schwellenwert wird festgelegt, wie ähnlich die Tonwerte dem angeklickten Tonwert sein müssen, um in die Auswahl aufgenommen zu werden.

Zuschneiden

Wenn es überflüssige Bildteile am Rand des Fotos gibt, können Sie diese nachträglich abschneiden. Dies kann vorkommen, wenn Sie nicht nah genug an ein Motiv herangehen können.

Zoom

Um Details in einem Foto besser zu erkennen, kann die Ansichtsgröße verändert werden. Sie können in das Bild hineinzoomen. Die tatsächliche Größe des Fotos verändert sich dabei nicht.